中国第一历史档案馆馆藏档案全宗概述

中国第一历史档案馆 编

国家图书馆出版社

图书在版编目（CIP）数据

中国第一历史档案馆馆藏档案全宗概述 / 中国第一
历史档案馆编 . — 北京：国家图书馆出版社，2023.9
（2023.12 重印）

ISBN 978-7-5013-7815-9

Ⅰ . ①中… Ⅱ . ①中… Ⅲ . ①中国第一历史档案馆—
档案资料—汇编 Ⅳ . ① G279.21

中国国家版本馆 CIP 数据核字（2023）第 069734 号

书　　名	中国第一历史档案馆馆藏档案全宗概述	
著　　者	中国第一历史档案馆　编	
责任编辑	程鲁洁	
封面设计	翁　涌	

出版发行　国家图书馆出版社（北京市西城区文津街 7 号　　100034）
　　　　　（原书目文献出版社　北京图书馆出版社）
　　　　　010-66114536　63802249　nlcpress@nlc.cn（邮购）
网　　址　http://www.nlcpress.com
排　　版　九章文化
印　　装　北京科信印刷有限公司
版次印次　2023 年 9 月第 1 版　2023 年 12 月第 2 次印刷

开　　本　787×1092　1/16
印　　张　21
字　　数　367 千字
书　　号　ISBN 978-7-5013-7815-9
定　　价　168.00 元

新馆正门

西华门老馆正门

内阁大库

实录库

皇史宬金匮

玉牒库

满文木牌

奏折匣

大明皇帝勅諭剌麻失家攝囉

朕惟佛氏之興其來已遠西土之人久事崇
信其教以空寂為宗以普度為心化導善類
覺悟群迷功德之著無間幽顯有能尊崇其
教以導引夫一方之人去其昏迷之風無侵
強不至凌弱大不至虐小息爭閗之患生同歸
於仁壽之中同安於泰和之世上足以陰翊
皇度下足以勸善化俗其功德所及豈不遠
哉今剌麻失家攝囉演如來之教法悟大乘
之真詮以慈悲導引一方以善行化農類所在
土官軍民人等聽從本僧徒便備行蓋弘顧
力丕闡宗風為一方之人祈福並不許侮慢
欺凌生事沮壞敢有不遵朕命者必罰無赦
故諭

永樂八年九月十六日

永乐帝敕谕

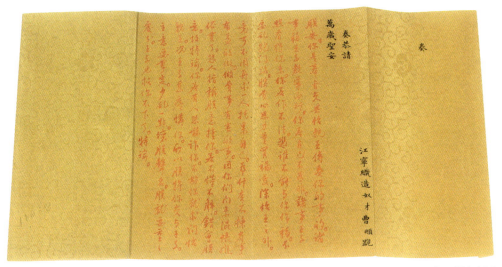

雍正朝请安折

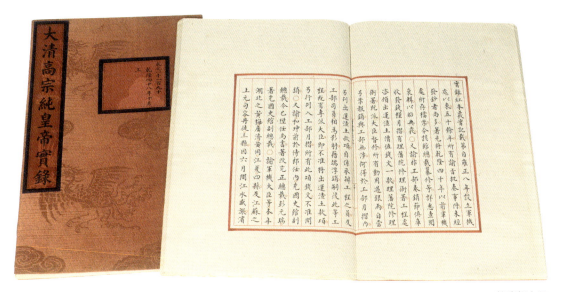

乾隆朝实录

道光朝录副奏折

光绪朝贺表

光绪朝题本

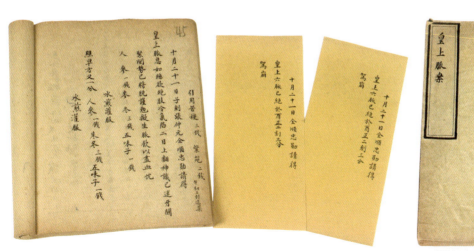

光绪帝脉案

宣统朝赴美留学生名单（外务部）

谋将考取第二次遣派赴美学生姓名年岁籍贯学堂等项開具一覽表益呈

鈞鑒

姓名	年岁	籍贯	肄业学堂	平均分数
楊錫仁	十八	江蘇震澤	南洋中學	七十九分四分之七
趙元任	十九	江蘇陽湖	江南高等	七十三分五分之二
王紹衸	十九	廣東南海	唐山路礦	七十二分二十分之十七
張謀賢	十九	浙江鄞縣	約翰書院	六十九分四分之三
徐志鄉	十八	浙江定海	約翰書院	六十九分四十分之二十七
譚頌瀛	二十	廣東番禺	嶺南中學	六十九分五分之一
朱蘇	十九	江蘇金匱	東吳大學	六十八分二十分之二
王鴻卓	十九	直隸天津	東吳大學	六十七分二十分之七
胡繼賢	十八	廣東番禺	嶺南學堂	六十七分二十分之十七
張彭春	十八	直隸大津	森林普通學	六十七分五分之四
周厚坤	二十	江蘇無錫	唐山路礦	六十七分四十分之二十九
鄺鴻宜	十八	廣東東莞	嶺南學堂	六十七分四十分之二十九
沈藝誠	十八	浙江歸安	約翰書院	六十六分四十分之二十三
區其偉	十八	廣東新會	嶺南學堂	六十六分十分之九
程闓運	十九	浙江山陰	東吳大學	六十六分八分之九
陳天驥	十七	浙江海鹽	約翰書院	六十六分五分之三
錢崇澍	二十	浙江寧州	直隸高等	六十六分二十分之三十七
吳家高	十九	江蘇義興	權實業	六十六分五分
路敬行	二十	江蘇宜興	復旦公學	六十六分二十分之三十一
周象賢	二十	浙江定縣	上海高等業	六十六分五
沈艾	十七	福建官家塾		六十五分四十分之三十九
陳延壽	十七	廣東番禺	長雅標準大學	六十五分四十分之二十七
傅驌尢		四川巴縣	復旦公學	六十五分五分之二
李松濤	十九	江蘇嘉定	約翰書院	六十五分五分之二
劉寰偉	十八	江蘇新昌	嶺南學堂	六十四分二十分之十九
徐志誠	十九	廣東定海	約翰書院	六十四分二十分之九
高崇德	十九	東僕夏	廣文學堂	六十四分
竺可楨	十七	浙江會稽	唐山路礦	六十三分五分之四
程延慶	十九	江蘇震澤	約翰書院	五十六分四十分之三十九
沈溯明	十九	浙江高程	澄衷高級師範	六十三分十分之三
鄭達宸	十九	江蘇江陰	復旦公學	六十三分四十分之十一
席德炳	十七	江蘇無錫	上海實業	六十三分五分之一
謀立	十九	貴州普定	家塾	六十二分五
王預	二十	江蘇桃源	江南高等	六十二分二十分之十三
王松海	十八	江蘇青徒	約翰書院	六十二分十分之七
成功一	十九	江蘇江都	東吳大學	六十二分八分之一
陳茂康	二十	四川巴縣	重慶廣益學	六十二分十分之三
楊維楨	二十	四川新津	復旦公學	六十二分十分之三
胡憲生	二十	江蘇無錫	師範書院	六十二分四分之十九
朱進	二十	江蘇金匱	東吳大學	六十二分八分之一
施贊元	二十	浙江錢塘	約翰書院	六十二分四分之十九
胡宣明	十九	福建龍溪	約翰書院	六十二分二十分之十一
郭守純	二十	廣東潮陽	約翰書院	六十三分四分之二十一
毛文鍾	十九	江蘇吳縣	真隸高等業	六十七分十分之九

宣统朝赴美留学生名单

《中国第一历史档案馆馆藏档案全宗概述》
编委会

《中国第一历史档案馆馆藏档案全宗概述》撰稿人员

王少芳：明朝档案、内阁、户部—度支部、工部、长芦盐运使司、神机营、清理财政处、火器营、健锐营、侍卫处、各处档案汇集

朱　墨：军机处

邵琳琳：宫中各处档案

褚若千：内务府、溥仪档案

李　宇：宗人府、兵部—陆军部

郭　琪：责任内阁、礼部、农工商部、民政部、督办盐政处、会议政务处、资政院、太常寺、尚虞备用处

李中勇：弼德院、宪政编查馆、修订法律馆、国史馆、吏部、大清银行、方略馆、太仆寺、京城巡防处

孙　莹：刑部—法部、端方档案

郑　逸：外务部、顺天府

关　航：学部、邮传部、八旗都统衙门、巡警部、步军统领衙门、钦天监、陵寝礼部、光禄寺、京城善后协巡总局

张宝珠：山东巡抚衙门

孙浩洵：黑龙江将军衙门

徐　莉：宁古塔副都统衙门、阿勒楚喀副都统衙门、珲春副都统衙门

周　元：銮仪卫、京师高等审判厅检察厅、税务处、国子监、乐部、鸿胪寺、翰林院、管理前锋护军等营事务大臣处、京防营务处

谭　景：醇亲王府、总理练兵处、都察院、大理院、会考府、禁烟总局

徐瑞苹：近畿陆军各镇督练公所、军谘府、北洋督练处

李保文：卓索图盟扎萨克衙门

赵郁楠：理藩部

陈　茜：舆图汇集

陈晓东：禁卫军训练处、赵尔巽档案、征集接受捐赠档案

前　言

从文献馆时期，前辈明清档案工作者就开始撰文向社会介绍馆藏档案的整理结果。20世纪60年代，我馆（时称中央档案馆明清档案部）组织工作人员对馆藏档案进行了调查摸底，编写了《明清部所存档案介绍》。20世纪70年代，我馆（时称故宫博物院明清档案部）又根据当时档案整理的情况，组织编写了《明清部所存档案介绍（增订本）》。这两个版本的馆藏档案介绍，都以打印本的形式，作为参考资料内部使用。1985年，《中国第一历史档案馆馆藏档案概述》（以下简称《馆藏概述》）编辑出版，第一次向社会系统简要地介绍了馆藏74个全宗和档案状况。80年代，我馆开始组织专门班子编写《中国第一历史档案馆指南》（以下简称《指南》），历时二十余年，几经修改定稿，但最终因故未能付梓出版。

《馆藏概述》是在70年代故宫明清部内部资料《明清部所存档案介绍（增订本）》的基础上编撰的。全书16章，18.5万字，我馆六十年（1925—1984）工作概况1章，档案概述15章，其中明代档案1章，清代档案全宗按机构性质分类（如辅佐皇帝的中枢机构、掌管财政金融的机构、掌管礼仪的祭祀机构等）设14章，对74个全宗（其中空置1个全宗）分别介绍，"各全宗基本包括两部分内容：一部分是全宗构成单位的历史沿革及其机构、职掌；一部分是全宗的档案情况及其内容"。该书内容简明，条理清晰，但是对全宗及档案的介绍不够全面，亦未能说明档案整理著录情况。

《指南》书稿8章，约50万字，我馆概况1章，明代档案1章，清代档案分类（中枢机构、各部院衙门、管理皇族及宫廷事务机构、地方机关、个人及王府、舆图汇集）设6章，以74个档案全宗为单位编写，"每个全宗包括两个组成部分：一是该全宗所涉及的机构概况，二是该全宗档案状况及内容。第一部分，简要考订立档单位的成立和撤销时间、内部机构和直属机构的设置、职掌范围、职官设置以及沿革变迁等情况；第二部分，叙述了档案的来源、起止时间、文种、数量、整理原则、分类组卷情况，重点是介绍各全宗档案的构成和内容"。《指南》

作为馆里的专项,组织多人历经多年编写完成,书稿内容较为详细,但同样存在局限:一是受到当时馆藏档案整理基础的限制,介绍档案分类组卷、内容、件数等标准不一,不够准确;二是各全宗篇幅不均衡,如,同为大全宗,军机处、宫中全宗约5万字,而馆藏档案数量最大的内阁全宗仅有8000字;同为小全宗,太仆寺与光禄寺篇幅相差5倍;三是无法充分体现20世纪90年代以来的整理著录成果。

自90年代以来,我馆相继完成了内阁满汉文题本和外务部、宪政编查馆等全宗档案文件级整理,特别是2011年起开展大规模档案整理时,增设了卓索图盟扎萨克衙门、征集接受捐赠档案、各处档案汇集等3个全宗,基本厘清了馆藏家底,理顺了各全宗内的类项体系,统一了档号配置。因此,无论是已出版的《馆藏概述》还是未出版的《指南》,均已不能准确反映目前的馆藏档案整理和保管的实际情况,需要重新编写一部全面介绍馆藏体系和档案内容的读物。为此,在大规模档案整理进入收尾阶段时,馆领导即提出由整理处组织,与满文处等协同合作,编写一部全宗概述,系统总结近年来满、汉文档案整理工作的成果,全面系统地介绍馆藏档案状况。

整理处在深入研究吸收《馆藏概述》、《指南》书稿、馆史相关资料的基础上,参照《档案馆指南规范》(DA/T3–1992)、《全宗指南规范》(DA/T14–2012)等档案行业标准,研究制定了《中国第一历史档案馆档案全宗概述》(以下简称《全宗概述》)的编写体例。鉴于我馆有77个全宗,《全宗概述》拟分别对每一全宗进行简要介绍,按照馆藏档案全宗顺序编辑。每一全宗介绍仍以两个部分组成,一是"全宗概况",简要考订该全宗立档机构的沿革变迁、职掌范围、职官设置、内设与直属机构等情况,或简述人物生平行迹,简述档案汇集来源;二是"档案介绍",简述该全宗档案的来源、起止时间、保存数量、分类整理、档案所涉基本内容等情况。本着先易后难、先小后大的原则,2016—2018年,整理处、满文处同志相继完成全部初稿编写,共约25万字。2019年—2020年6月,由孙以东将全部初稿通看,提出修改意见。2021年,徐莉、邵琳琳、朱墨又对书稿进行了修改。2022年上半年,全部书稿由韩永福完成通审,增删修改,基本定稿约15万字。2022年9月,书稿交由编研处王澈、王征、郭琪、郝艳红、朱琼臻进行核校编辑。

在编写全宗概述的同时,整理处将编制完整规范的馆藏档案档号总表工作列入我馆"十三五"规划。在满文处的支持配合下,以李中勇为主,组织对馆藏档案"全宗—类—项—案卷"档号体系进行全面细致梳理和规范,于2018年5月汇总制作了《中国第一历史档案馆档案整理分类汇总表》（以下简称《档号总表》）初稿。2019年，在馆藏档案整理工作基本结束后，由王少芳牵头组织整理处对该表进行校核修订，并对全宗名称进行规范。2020年初，按照馆里统一安排，整编处、满文处、网络处、保管处、利用处等联合开展了馆藏档案整理数据、数据库电子目录、开放利用目录的统计核查工作，完成《档号总表》定稿修订。

《全宗概述》一书是一项集体成果，借鉴了《馆藏概述》、《指南》书稿、《明清档案事业九十年》等已有成果，以《大清会典》等为依据，更新了档案分类整理的内容，增加了一些研究考订的内容。本书充分反映了我馆目前的档案整理成果和保管现状，希望能为我馆档案保管、编目和数据信息管理工作提供参考，也可以为档案利用者提供简明实用的检索指引。

由于我们学识水平有限，兼之馆藏档案来源与历次整理情况错综复杂，目前收集到的资料有限，本书一定还存在不少遗漏错讹之处，敬希读者批评指正。

编者
2022年12月

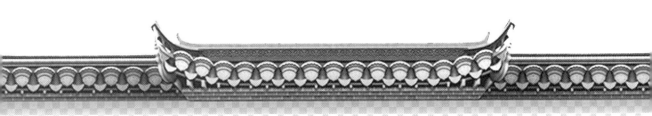

目 录

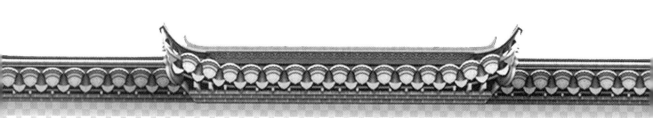

目 录

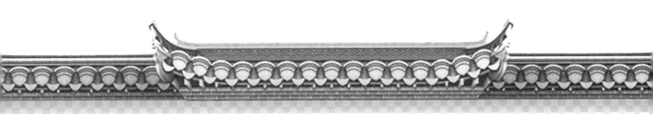

目 录

目 录

目 录

目　录

明朝档案全宗

全宗号 01

一、全宗概况

1368年朱元璋（明太祖）称帝，建都南京，国号明。永乐十九年（1421）成祖迁都北京。崇祯十七年（1644）李自成农民军攻破北京，明朝被推翻。共历十六帝，统治277年。

明朝建立了比较完备的文书处理和档案保管制度。经历明清鼎革，档案虽有毁损散失，但绝大部分得以保存下来。据《清世祖实录》记载，清顺治五年（1648）九月初九日谕内三院："今纂修明史，缺天启四年、七年实录及崇祯元年以后事迹，著在内六部、都察院等衙门，在外督、抚、镇、按及都、布、按三司等衙门，将所缺年分内一应上下文移有关政事者，作速开送礼部，汇送内院，以备纂修。"该上谕说明，清初准备纂修明史时，所缺少的只是天启朝两年及崇祯朝各年的档案。

《明史》纂修完成后，明朝档案大部分仍得保留，存于内阁大库。清末宣统元年（1909）因修缮库房移出，后来辗转归历史博物馆接收。1921年历史博物馆呈请教育部批准后，先于"八千麻袋"事件之前将明朝永乐至万历年间的档案十几万斤卖给了白纸坊的商人，作为造纸原料化掉了，导致绝大部分明朝档案最终被毁。劫余之零星明档，已不成体系。其中，故宫博物院与中央研究院历史语言研究所所藏南迁档案中的部分明档，又于1948年底、1949年初被迁运台湾，内有明太祖朱书御笔、嘉靖朝吏部考功司题奏等。

本馆现有明代档案，除文献馆旧藏外，中华人民共和国成立后又相继接收北京大学、东北图书馆（辽宁省图书馆前身）、中国历史博物馆、中国人民大学、东北文物保管委员会等单位移交一部分。其来源构成为：

1.继承自故宫博物院文献馆时期内阁大库留存的部分题行稿与武选簿，编制有《明题行稿目录》《明选簿目录》。

2.1952年北京大学文科研究所停办后移交的出自内阁大库的题行稿、科抄题奏等以及北京大学研究所国学门明清史料整理会时期抄录搜集的明史料，编制有《北大文研所移交明档目录》。

3.1952年东北图书馆移交的由罗振玉带去的部分题行稿及揭帖、塘报、呈文等明朝档案，有罗氏整理编制的《内阁大库史料目录甲编·卷一》。

4.1950年7月东北文物保管委员会文物处移交的少数题行稿残件，补记于东北移交明档目录后。

5.1970年中国人民大学档案系移交的以徽州契约文书为主的明朝杂档，只有移交清单。

6.本馆向社会上征集的少数明档，归入征集接受捐赠档案全宗。

7.1975年中国历史博物馆移交的部分明档，2010年我馆重新整理编目，将其归入内阁全宗历博移交类下。

8.归入内务府全宗舆图类下的明代舆图。

其中，来源1—5项明代档案，构成明朝档案全宗。

二、档案介绍

馆藏明朝档案全宗档案在移交我馆前绝大部分都进行过整理，多采用"朝年—文种"分类编目，目录详略不一，且存在体系构架不清、组卷混乱、修复装裱分件错谬等历史遗留问题。2015—2016年，我馆对明朝档案全宗进行了研究性整理，统筹考虑，重新分类组卷，并详细考证分件。主要整理工作：一是类项设置上以文种统合来源，即以题行稿、武选簿、杂件作为二级大类，其下各以来源分项，以保证分类逻辑和档案流传历史的有机统一，使类项构架具有弹性。二是进行了系统的勘误工作，使很多原注"残缺"的文件得以合璧，同时纠正了部分档案接收前即已存在的修裱拼接错误。三是在整理的同时完成了案卷级和文件级著录。经此整理后，明朝档案全宗计有3类9项265卷3855件。

明朝档案全宗所收档案主要是明末天启、崇祯两朝的兵部档案，文种以兵部题稿与行稿、科抄题本、奏本以及武职选簿等居多。此外，还少量存有洪武、永乐、洪熙、宣德、成化、正德、嘉靖、隆庆、万历、泰昌及弘光等朝的官私文书，如敕谕、诰命、敕命、奏表、启本、揭帖、呈文、禀文、手本、塘报、咨文、告示、状文、舆图、税票、宝钞、户帖、契约等。

全宗名	类	项	案卷起止	项下总件数	备注
明朝档案（01）	题行稿（01）	北大移交（001）	1—93	2596	3463
		馆藏（002）	1—8	294	
		东北移交（003）	1—9	527	
		文物处移交（004）	1—2	46	
	武选簿（02）	馆藏（001）	1—103	112	128
		北大移交（002）	1—6	16	
	杂件（03）	馆藏（001）	1—5	19	264
		北大移交（002）	1—36	110	
		人大移交（003）	1—3	135	

（一）题行稿类

主要是天启、崇祯两朝题行稿、科抄题本、奏本，另有少数揭帖、塘报、启本等，反映明末内政外交、社会经济、阶级矛盾和明清战争及一些重大事件等。其内容主要有：内政方面，反映官员病故、家眷恤典，以及坛庙祭祀、修陵致祭等，反映武职官员的任免、升迁调补及休致、开缺、病故、阵亡，官员的考选、议叙、褒奖、纠参等；军务方面，反映核实边备、修筑边墙、设探放哨、募集兵勇、密调援兵、整饬驿站、筹办军饷、海防备夷及内剿流寇、外御奴虏等情况，如西南土司奢安之乱、招抚郑芝龙、澎湖驱逐红夷、剿抚农民军，关外杏山、松山、锦州战役及清军入关劫掠等；财政方面，涉及漕运、垦田、租田等，反映万寿庆典恭进马匹、进京庆贺千秋人员赏给盘缠、孔孟族人临雍观礼赐给衣物、清查拖欠银两、制造宫廷金扇数目、支付盘费、赏功地租银两、查禁侵夺地产民田等。

（二）武选簿类

主要是万历二十二年（1594）重修的武职选簿、优给优养簿、兵部行移簿等。武职选簿是记载明代京内外各卫所职官袭替补选情况的登记簿，主要记籍贯、从军缘由、袭替时间及历次升降调迁、功次赏罚等情况。这些档案最初是按亲军、左军、右军、中军、前军和后军的顺序排列的。现存武职选簿载有府军前卫、神策卫、鹰扬卫、沈阳左卫、宁远卫、越州卫、安南卫、凤梧守御所、武

定守御所等99个卫所，几乎遍及明代二京、十三行省、五都司辖内的全部卫所。所列卫所各级武官据统计涉及13446人次，其袭替时间，上自洪武、永乐，下迄天启、崇祯，持续覆盖全明十七朝。作为系统史料，价值极高。其中馆藏项（01-02-001）下有档案112册，北大移交项（01-02-002）下有档案16册。

（三）杂件类

重要档案有：馆藏项下的永乐敕谕，仁宗、宣宗、英宗御制诗文集，隆庆、万历朝诰命等；北大移交项下的永乐朝词臣献颂、天启朝题本抄存、崇祯朝锦衣卫题本档、熹宗宝训残叶、大明会典残叶、武宗实录、崇祯存实抄疏、淮阳杂录、鲁斋全书写本等，后人抄辑的明代史料，如明史纲目稿本、律例汇抄、食货类钞、明史传稿等；人大移交项下的明代户帖、田契、宝钞、手札等经济文书，嘉靖帝命甘肃巡按查勘屯政敕谕等。

内阁全宗

全宗号 02

一、全宗概况

内阁之设，始于明代。明太祖朱元璋废除丞相、裁撤中书省后，即考虑设置皇帝的秘书与顾问机构，至永乐年间正式设立内阁，掌票拟批答。

清效明制，后金于天聪三年（1629）四月设文馆，十年三月改文馆为内国史院、内秘书院、内弘文院三院，是为清代内阁的前身。顺治十五年（1658）七月，改内三院为内阁，后经反复，至康熙九年（1670）内三院再改为内阁之后，遂成定制，直至宣统三年（1911）责任内阁成立，方被撤销。

清代内阁是辅助皇帝处理政务的一个中枢机构。雍正八年（1730），定内阁为正一品衙门。乾隆十三年（1748）定，内阁设大学士，满、汉各二人，均加殿阁衔；协办大学士，满、汉各一人（或各二人）；学士，满六人、汉四人；侍读学士，满四人，蒙古、汉各二人；侍读，满十人，蒙古、汉军、汉各二人；典籍，满、汉军、汉各二人；中书，满七十人、蒙古十八人、汉军八人、汉三十人；帖写中书，满四十人、蒙古六人。内设典籍厅、满本房、汉本房、蒙古房、满票签处、汉票签处、诰敕房、稽察房、收发红本处、副本库、饭银处、批本处等机构，办理各项事务。有清一代的内阁职掌主要是：（1）办理本章。凡内外臣工向皇帝报告政务的题奏本章，须先经内阁"票拟"，提出处理意见，再报皇帝批阅。皇帝批准后，再由六科抄发各衙门执行。（2）掌议政事，宣布纶音。内阁大学士常侍天子左右，承办交议的政事，并随时预备顾问。凡制、诏、诰、敕等诏令文书的下达，都由内阁撰拟和颁发。凡明发谕旨，由内阁承发并负责记录，以备查考。（3）办理典礼事宜。如登极颁诏、授受大典、册立册封、文武科殿试传胪、朝会进表、大祀中祀书祝版等事宜，都由内阁承办。（4）纂修典籍。纂修

皇帝实录、圣训以及国史、方略、会典、一统志、明史等，照例由内阁大学士充监修总裁官，学士充副总裁官，侍读学士充纂修提调官。设有修书各馆，负责编纂事宜。（5）负责保存管理档案典籍。内阁设有重要的中央档案文献库房——内阁大库，专门收藏实录、红本、表章、起居注、揭帖等各种档案册籍，还建有副本库，以收贮文件的副本。

内阁大库档案，自清季屡遭劫难。光绪二十五年（1899），内阁大库年久失修，几近倾圮，为腾库修缮，大学士李鸿章奏请"将所有经过多年潮湿霉烂之副本检出，派员运往空闲之地，置炉焚化"。最后，内阁大库红本4500余捆约30万件被移出焚毁，其中正副本相杂，亦非全为霉烂残破者。宣统元年（1909），摄政王载沣下令将内阁大库中"无用之旧档"挑拣销毁。此次移出的档案数量巨大，幸经学部主事罗振玉识珠，建议张之洞奏请停止焚毁，拨归学部保存。1913年，北洋政府教育部设立历史博物馆（筹备处），接收上述档案。几经辗转，于1917年移存故宫博物院端门。1921年，历史博物馆因经费困难，呈请教育部批准，将端门所存内阁大库档案约八千麻袋售卖给同懋增纸店，运往外地作造纸原料，后经罗振玉以三倍之价赎回，是为著名的"八千麻袋"事件。此后，宣统元年移出的这部分内阁大库档案开始不断分散。"八千麻袋"的大部分档案，后经罗振玉售卖给李盛铎，除中央研究院历史语言研究所挑拣100箱南迁并最后运往台湾外，1954年仍由故宫博物院档案馆接收，与内阁大库原存档案一起，构成馆藏内阁全宗档案的主体。

其余分散各处的内阁档案，中华人民共和国成立后由收藏单位先后移交我馆，即以此分设大类（东北移交、北大移交题本档案，则分别在题本类下设项）。主要有：

1.1953年北京大学文科研究所停办后移交内阁档案813箱。1922年北京大学呈请教育部，将历史博物馆存"八千麻袋"剩余之内阁大库档案拨归学校，由史学系及研究所国学门进行整理研究。该项档案共62箱又1502麻袋，主要有诏书、敕谕、诰命、贺表、黄册、奏本、启本、题本、揭帖、金榜、殿试卷、乡试录、会试录及内阁各种文移档册，北京大学进行了初步整理，并刊布了一些重要史料。

2.1958年东北图书馆移交内阁档案163箱。此系"八千麻袋"内阁大库档案中罗振玉自留部分，东北日据时期交满洲奉天图书馆，日本投降后由沈阳博物馆接收，中华人民共和国成立后转由东北图书馆保管。这项档案绝大部分已经整理，罗氏编有《内阁大库史料目录》六编，主要有清顺治至光绪各朝诏书、敕谕、红本、奏本、揭帖、黄册、贺表等，另有部分未经整理的杂档残件。

3.1965年旅大市图书馆（大连图书馆前身）移交内阁档册。主要有满文镶白汉军旗世袭官册谱、满文世系家谱、满文履历册、满汉合璧八旗奏折抄本等档案。

4.1970年中国人民大学历史档案系移交内阁档案230卷与资料40卷。

5.1975年中国历史博物馆移交内阁档案。主要有制诏诰敕、表笺、题本与档册等，有移交目录《拨交内阁大库档案清册》。

此外，20世纪五六十年代，中国科学院历史研究所第三所南京史料整理处移交少量内阁杂件。

二、档案介绍

馆藏内阁全宗档案的清厘与整理大致可分为四个阶段。

第一阶段：1925—1937年，为内阁大库的清点盘查与初步整理阶段。主要工作包括：1929年点查实录库中的实录、圣训、起居注；1931年整理红本约3500捆、史书约24000捆以及各项档册等；1932年清理汉满文圣训805函3875本、汉满文档册4537册、咨移文2103包、满文起居注4701本以及乡试录、会试录、史书等；1933—1937年整理黄册，编目登记；1936年完成对红本库及书籍表章库中残乱档案的分类清理。

第二阶段：1937—1949年。北平沦陷八年期间启动的整理工作有：清厘整理内阁与各衙门往来文移，计堂稿、移会、移付、咨行、呈文等2880捆又94083件，清厘检出六科红本785捆又35162件，完成乾隆朝外任官贺表、贺笺3309件。此外还有册文宝模、诰轴、祭祝文稿、丝纶簿、八旗世爵谱档、满文会典事例以及满文书籍等。抗战胜利后的整理工作主要有：1946年清厘来文内移会、移付、呈文等72569件，分类整理乾隆、嘉庆、道光等朝各科红本14812件；1947年整理登记内阁各房档簿5179号、大记事档2590册、满文会典事例稿本3149号、京察清册等550号、各处造送内阁之文册1309号、重囚招册1100册等。

第三阶段：1949—1980年。整理工作的重心为内阁红本的立卷与分件整理。1956年引进"全宗立档"和"分类立卷"的档案管理理念，1958年提出"以整理工作为中心任务"的大规模突击整理，动员高校师生等上千人于1958年4月至1959年3月参与档案大整理，共完成240余万件档案的初步整理立卷，涉及内阁全宗7万多卷130余万件题本的案卷级整理。

1978年开始内阁全宗零散档案的整理工作，至1979年将内阁剩余档案按题、揭、咨、呈、移会等文种分类整理到案卷级。

1979—1986年，组织全体职工利用业余时间整理残破题本。逐件区分吏、户、礼、兵、刑、工各科及朝代，按"六科—朝代"原则组卷装袋，统一排列编号，编制了案卷级秩序目录，其中汉文残题本22536包1782080件、满文残题本16001包961378件，合计38537包2743458件。

第四阶段：1980—2018年。档案整理工作的重点放在档案卷内秩序的建立，完成全部内阁题本的文件级秩序加工整理、著录，并进行了缩微拍照或数字化扫描。其余大宗簿册类档案如实录、圣训、起居注、黄册、史书等均已完成整理。

2011年，本馆开始引入专业技术服务公司加快档案整理，并对内阁全宗档案进行全面梳理，研究配置各类项档号。2013—2014年，对内阁全宗中部分档案分期立项，由专业技术服务公司参与重新组卷整理到文件级，合计9324卷479763件。2015年，本馆对保存状况复杂、整理难度大的制、诏、诰、敕、金榜、庆贺表文等档案完成分类组卷与文件级秩序加工整理，共计175卷3607件。2009—2016年，完成了对内阁全宗满文、蒙古文档案及俄罗斯来文档案的分类立卷与文件级秩序加工整理。

截至2018年底，我馆完成了对内阁全宗档案的全部文件级整理工作与残题本的案卷级清理整理工作后，内阁全宗计有27类122390卷2411001件册（不含满汉文残题本）。

全宗名	类	项	案卷起止	案卷数	项下总件数	类下总件数
内阁（02）	题本（01）	东北移交（001）	1—1720	1720	51486	1595519
		北大移交（002）	1721—3295	1575	30051	
		吏科（003）	3296—12819	9524	256419	
		户科（004）	12820—19311；19322—22680	9851	225104	
		礼科（005）	22681—23936	1256	73642	
		兵科及题本补遗（006）	1—6101	6101	169214	
		刑科（007）	1—3751；3952—37005	36805	659353	
		工科（008）	1—4793	4793	105381	
		钦天监前三朝题本及补遗（009）	1—23	23	1857	
		雍正六科（010）	1—34	34	553	
		内阁题本、进本单、票签（011）	1—228	228	22459	

全宗名	类	项	案卷起止	案卷数	项下总件数	类下总件数
	满文题本（02）	001—037	1—2693	2693	86483	86483
	东北移交（03）	大库史料（001）	1—298	298	4019	17010
		各朝贺表（002）	1—44	44	2315	
		杂档（003）	1—174	174	8897	
		黄册（004）	1—223	223	1779	
	北大移交（04）	诏敕诰表（001）	1—3	3	409	45937
		清初谕表奏（002）	1—6	6	171	
		顺治朝奏启（003）	1—33	33	881	
		揭帖（004）	1—586	586	32493	
		各朝报销册（005）	1—1294	1294	7600	
		各部档册（006）	1—176	176	1875	
		殿试卷乡试录（007）	1—129	129	1939	
		图书（008）	1—178	178	569	
	人大移交（05）	各朝杂件（001）	1—47	47	2451	2451
	南京移交（06）	—	1—6	6	296	296
	实录（07）	—	—		12172	12172
	满文实录（08）	小黄绫本（001）	1—753	753	3767	14050
		小红绫本（002）	1—810	810	4085	
		小红绫本（003）	1—561	561	2370	
		大红绫本（004）	1—760	760	3820	
		满洲实录（005）	1—2	2	8	
	蒙古文实录（09）	—	1—1785	1785	15512	15512
	圣训（10）	—	1—432	432	2076	2076
	满文圣训（11）	小黄绫本（001）	1—214	214	1002	2884
		小红绫本（002）	1—195	195	947	
		大红绫本（003）	1—193	193	935	

内阁全宗

全宗名	类	项	案卷起止	案卷数	项下总件数	类下总件数
	历博移交（12）	试卷（01）	1—128	128	4750	9955
		表文（02）	1—56	56	3630	
		题本（03）	1—34	34	1053	
		卷轴（04）	1—133	133	133	
		簿册（05）	1—9	9	128	
		其他（06）	1—8	8	261	
	起居注（13）	—	1—391 补遗1—23	414	3863	3863
	满文起居注（14）	满文起居注（001）	1—174	174	736	736
	旅大移交（15）	杂册（001）	1—69	69	709	709
	故宫博物院文献馆原藏（16）	制诏诰敕文稿（001）	1—94	94	8362	419735
		祭祝碑文稿（002）	1—18	18	1154	
		册文（003）	1—32	32	1899	
		表笺（004）	1—36	36	1373	
		讲章（005）	1—60	60	2619	
		诏谕启奏钞稿（006）	1—80	80	3526	
		奏本奏付奏稿（007）	1—211	211	22734	
		手本（008）	1—26	26	1430	
		揭帖（009）	1—75	75	3020	
		金榜（010）	1—2	2	228	
		宝印关防（011）	1—15	15	1210	
		各房各馆簿册（012）	1—1446	1446	16644	
		修书馆簿册（013）	1—38	38	312	
		黄册（014）	1—758	758	7159	
		汉文丝纶簿（015）	1—36	36	105	

全宗名	类	项	案卷起止	案卷数	项下总件数	类下总件数
		八旗世职谱档（016）	1—78	78	469	
		重囚招册（017）	1—89	89	1303	
		光绪会典及会典事例汉文稿本（018）	1—189	189	3093	
		本纪稿本（019）	1—25	25	576	
		外纪（020）	1—35	35	102	
		谕旨记事等簿册（021）	1—464	464	9062	
		科考档（022）	1—632	632	26187	
		移会移付（023）	1—740	740	143176	
		咨文（024）	1—138	138	26327	
		知会知照（025）	1—26	26	6015	
		呈文禀文（026）	1—101	101	20806	
		典籍厅堂谕堂稿（027）	1—172	172	17519	
		片文（028）	1—50	50	14705	
		收发文稿（029）	1—13	13	3697	
		执照发单（030）	1—90	90	15530	
		清单（031）	1—284	284	48831	
		印领（032）	1—11	11	1803	
		贺表（033）	1—161	161	305	
		杂件（034）	1—15	15	234	
		杂册（035）	1—100	100	1036	
		汉文圣训稿本（036）	1—77	77	647	
		外交专案（037）	1—32	32	1540	
		三藩史料（038）	1—5	5	375	
		内阁会典图稿图（039）	1—869	869	1552	
		清末预算表（040）	1—34	34	3070	

内阁全宗

全宗名	类	项	案卷起止	案卷数	项下总件数	类下总件数
	史书（17）	吏科史书（001）	1—3386	3386	3400	24981
		户科史书（002）	1—5013	5013	5653	
		礼科史书（003）	1—2376	2376	2376	
		兵科史书（004）	1—3708	3708	3737	
		刑科史书（005）	1—6908	6908	6921	
		工科史书（006）	1—2839	2839	2848	
		史书补遗（007）	—		46	
	盛京满文旧档（18）	满文木牌（001）	1	1	30	399
		其他文件（012）	2—5；11—15；18—19	11	234	
		盛京五部档（003）	6—10；16—17	7	135	
	蒙古文档案（19）	内秘书院蒙古文档簿（001）	1—10	10	33	1165
		内阁蒙古堂档簿（002）	1—55	55	124	
		内阁蒙古文盛京旧档（003）	1—4	4	87	
		内阁理藩院记事档（004）	1—3	3	52	
		内阁蒙藏文表文（005）	1—4	4	104	
		内阁托忒文档案（006）	1—20	20	297	
		内阁蒙古文杂件（007）	1—7	7	468	
	满文老档（20）	无圈点正本（001）	1—26	26	180	720
		有圈点正本（002）	27—52	26	180	
		无圈点草本（003）	53—78	26	180	
		有圈点草本（004）	79—104	26	180	
	满文黄册（21）	满文黄册序列一（001）	1—695	695	1933	3802

全宗名	类	项	案卷起止	案卷数	项下总件数	类下总件数
		满文黄册序列二（002）	1—575	575	1485	
		满文黄册序列三（003）	1—77	77	384	
	满文杂件（22）	记奏事档（001）	1—51	51	1220	
		来文（002）	52—114	63	5068	
		奏折（003）	115—212	98	8432	
		表笺（004）	213—243	31	1210	
		诏诰敕谕册文（005）	244—274；545	32	4242	
		祭文、祝版、碑文（006）	275—282；546	9	477	
		试卷（007）	283—287	5	586	47489
		家谱（008）	288—315	28	1137	
		五部档修史史料（009）	316—334	19	747	
		三藩史料（010）	335—343	9	525	
		签（011）	344—357	14	4100	
		贴黄底（012）	358—361	4	150	
		单（013）	362—449	88	13326	
		其他文件（014）	450—520	71	4592	
		东北移交（015）	521—544	24	1677	
	满文杂档（23）	上谕簿（001）	1—19	19	88	
		寄信簿（002）	20—24	5	20	
		议复簿（003）	25—32	8	34	
		月折簿（004）	33—84	52	242	
		奏事档（005）	85—106	22	245	89319
		行文来文档（006）	107—163	57	355	
		世袭世职册（007）	164—187	24	328	
		名册（008）	188—213	26	509	
		其他簿册（009）	214—366	153	2308	

全宗名	类	项	案卷起止	案卷数	项下总件数	类下总件数
		来文行文（010）	367—592	226	18345	
		副折、抄折、奏稿、奏疏、奏书、奏本、奏折（011）	593—844	252	13403	
		表笺（012）	845—852	8	386	
		诏册诰敕谕（013）	853—1347	495	6235	
		祝文、祭文、碑文（014）	1348—1352	5	356	
		金榜试题试卷（015）	1353—1385	33	996	
		家谱（016）	1386—1396	11	630	
		修史史料（017）	1397—1405	9	485	
		三藩史料（018）	1406—1408	3	260	
		签（019）	1409—1428	20	4731	
		贴黄底（020）	1429—1434	6	393	
		单（021）	1435—1471	37	3601	
		其他文件（022）	1472—1608	137	7235	
		题本（023）	1609—1729	121	4290	
		残题本（024）	1730—1945	216	23844	
	俄罗斯来文（24）	俄罗斯来文原件（001）	1—2；14	3	118	453
		俄罗斯来文汇抄册（002）	3—4	2	21	
		俄罗斯来文照片（003）	5—6	2	71	
		俄罗斯档案编辑书稿（004）	7—13	7	118	
		俄罗斯馆档案（005）	1—21	21	125	
	满文档簿（25）	国史院档、秘书院档、密本档、票签档、清折档、上谕档（001）	1—40；46—69；73—180；191—285；301—373；381—394	354	652	3626

全宗名	类	项	案卷起止	案卷数	项下总件数	类下总件数
		满文丝纶簿（一）（002）	1—133	133	320	
		满文丝纶簿（二）（003）	1—51	51	134	
		满文大记事（一）（004）	1—246	246	601	
		满文大记事（二）（005）	1—271	271	937	
		满文皇册（006）	1—122	122	133	
		满文京察册（007）	1—28	28	201	
		满文世袭谱档册（一）（008）	1—479	479	494	
		满文世袭谱档册（二）（009）	1—98	98	98	
		太祖太宗朝投诚官员世袭档（010）	1—9	9	18	
		满文俄罗斯档（011）	1—5	5	23	
		满文随手档（012）	1—2	2	15	
	满文图书（26）	清本纪（001）	1—102	102	487	8629
		清实录稿本（002）	1—151	151	1003	
		清圣训殿本、稿本（003）	1—127	127	705	
		会典稿本（004）	1—414	414	3290	
		列传（005）	1—103	103	1290	
		则例（006）	1—51	51	246	
		大清律（007）	1—13	13	69	
		方略稿（008）	1—6	6	40	
		时宪书（009）	1—10	10	39	
		明实录（010）	1—51	51	193	
		表、传（011）	1—16	16	122	
		八旗通志（012）	1—26	26	109	

全宗名	类	项	案卷起止	案卷数	项下总件数	类下总件数
		其他（013）	1—122	122	822	
		雍正上谕（014）	1—22	22	148	
		修书资料（015）	1—14	14	66	
蒙古文图书（27）		实录稿本（001）	1—83	83	419	1030
		律例、则例（002）	1—11	11	112	
		表、传（003）	1—7	7	63	
		历法、时宪（004）	1—30	30	275	
		其他图书（005）	1—40	40	161	

内阁全宗档案数量庞大，形式有折件、卷轴、簿册等，文字有汉文、满文、蒙古文、藏文、俄文、拉丁文等，文种有诏书、诰命、敕谕、题、奏、表、笺、启本、咨、移、片、行等数十种，时间包括有清一代，档案实体体量占全部馆藏排架长度一半以上。按照内阁职掌，内阁全宗档案主要有以下几大类：

第一类，内阁承宣与进呈的文书。

1.制诏诰敕类文书

清代经内阁撰拟和颁发的诏令文书有诏书、敕谕、册文、诰命、敕命、金榜等。在清代凡遇有重大政治事件和隆重的庆典，要用"诏书"布告天下民众，封赠五品以上官员及世爵承袭罔替者用"诰命"，敕封外藩和封赠六品以下官员及世爵有袭次者用"敕命"，谕告外藩及外任官用"敕谕"，科举殿试的榜示为"金榜"，皇帝册封后妃、亲王、公主等用"册文"。皇帝颁布各衙门的明发上谕，由内阁承发并负责记录，以备查考。此外，相关典礼事宜涉及的祭文、祝文、碑文亦由内阁撰写。

内阁制诏诰敕类档案分故宫博物院文献馆原藏、北大移交、东北移交与历博移交四部分。现已分别在其类下设项，整理到件：故宫博物院文献馆原藏类下制诏诰敕文稿项（02-16-001）共94卷8632件；北大移交类下诏敕谕表项（02-04-001）下有诏书103件、敕谕236件，清初谕表奏项（02-04-002）下有顺治朝敕谕稿78件；东北移交类下大库史料项（02-03-001）下有敕谕652件；历博移交类下卷轴项（02-12-04）内含诏书、敕谕、册命、诰命、祭文、外藩国王进表计100件。

金榜，分大金榜和小金榜，原有登记性质的《内阁黄榜目录》与《小金榜目录》（小金榜曾于2008年整理到件），2015年本馆将二者合并为故宫博物院文献馆原藏类下金榜项（02-16-010），另将传胪折、殿试题等相关档案一并收入。大小金榜单独组卷，其中，小金榜卷档案包括从顺治十五年（1658）至光绪三十年（1904）文武科小金榜、传胪折及殿试题，共计197件；大金榜卷档案包括从乾隆二十六年（1761）至光绪三十年（1904）文武科大金榜共计31件。另，北大移交类、历博移交类下各有大小金榜数件。

2.题奏表笺类文书

清代经内阁进呈的文书，有题本、奏本、启本、表笺及随本进呈的黄册、乡试录等。清朝沿用明朝的题奏制度，公事用题本，私事用奏本，题本用印，奏本不用印。但题奏混用现象很突出，奏本也被用于奏报公务政事。乾隆十三年（1748）谕令废除奏本，规定凡用奏本之处，一律改用题本。因具本机关不同，公文投递程序有别，题本有通本、部本之别。凡本到阁，阁臣缮拟票签进呈御览俞允后，照所拟以朱笔批写后称红本。清代每岁之元旦、冬至、万寿三大节或其它庆典，臣工上表笺以为庆贺，上皇帝、皇太后曰表，上皇后曰笺。

题本。为馆藏档案数量最多的文种。馆藏题本分汉文与满文两类保管，题本原不分满汉，因近代以来辗转颠沛造成了现在满汉分家的保管与整理状态。现均已完成文件级整理著录。汉文题本类下按东北移交、北大移交，吏、户、礼、兵、刑、工六科，钦天监，雍正六科及进本单、票签等，分11项进行整理编目，其中东北移交、北大移交、吏科、户科、礼科5项题本案卷以流水编号，其他各项则各自单独编制案卷号，共71908卷1595519件。满文题本2693卷86483件。二者合计74591卷1682002件。另，满文杂档类下题本项（02-23-023）有121卷4290件、残题本项（02-23-024）有216卷23844件。

黄册。为随题本进呈的附件，因封面概用黄色，故统称黄册。馆藏黄册总数13000余册，分布在故宫博物院文献馆原藏、北大移交、东北移交、历博移交及满文黄册类下。其内容以奏销地丁钱粮、仓储、经费的居多，如在京各部院承办事宜已完未完事件注销册，在京文职官员领过俸银俸米数目册，户部三库大进、大出清册及汇奏各省民数谷数册，仓场衙门、京通各仓收放粮斤、实存米数册及到通漕粮、白粮等销算册，八旗武职官员俸银俸米及兵丁饷银饷米数目册，工部销算各处工程修理用款数目册，理藩院题报蒙古王公等领过草豆柴薪盘缠等项折给银两数目册，都察院报监察御史条奏册等。

表笺。馆藏除中外臣工进贺元旦、冬至、万寿三大节表笺（各具正副二式）

外，还有朝鲜、琉球、南掌、越南、缅甸、苏禄、暹罗、廓尔喀等藩属国进贡的表文，主要保管于故宫博物院文献馆原藏、北大移交、东北移交、历博移交各类下。另外，故宫博物院文献馆原藏类下贺表项（02-16-033）收藏了乾隆至宣统各朝皇帝敬上皇太后的贺表，正表为状式，副表为折式，原装如意式表匣，黄绫包袱，共161匣，正副表文总数305件。

乡试录、会试录、殿试卷。清代视科举为抡才大典，乡试、会试发榜后，例须缮造题名录，具本进呈。乡试录由各省呈报，会试录由礼部呈报，皇帝览后，存于内阁。殿试为科举三级考试中最高级，殿试传胪后相关试题试卷均由内阁收存。馆藏乡、会试录主要分布在故宫博物院文献馆原藏、北大移交类下，殿试卷分藏于历博移交、北大移交、东北移交及故宫博物院文献馆原藏类下，以历博移交类下数量最多，包括顺治三年（1646）至光绪三十年（1904）文武科殿试卷，计有128卷4750件。

第二类，内阁日行公事档案。

1.内三院时期的满蒙文档簿

内国史院、内秘书院、内弘文院合称内三院。内三院时期留存的用满文、蒙古文记注抄编的簿册，主要有国史院档、秘书院档、清折档、密本档等以及内阁蒙古房专办蒙、藏及俄罗斯等外藩事务而形成的档册。

国史院档。共40卷127册，自天命朝至康熙元年（1662）十二月，是抄录清入关前后各项活动的编年体档册。天聪、崇德朝的档案，或一年为一册，或数月为一册；顺治朝的档案，每月为一册。内容包括了政治、经济、军事、文化、宗教、民族、天文、地理等方面。

秘书院档。内秘书院职掌撰与外国往来书札，掌录各衙门奏疏及辩冤词状，皇上敕谕文武各官敕书，并告祭文庙、谕祭文武各官文。现存内秘书院档分满文、蒙古文两种。满文档簿共24卷90册，自顺治元年（1644）四月至康熙二十七年（1688）十二月。蒙古文档簿共10卷33册，起止时间为崇德元年（1636）至康熙九年（1670）。主要抄录内秘书院缮拟颁发的制、诏、诰、敕和祭文、祝文及本院进呈的启奏本章，王、贝勒等贺表等文书。内容主要有：各级官员的封赠承袭，皇太后、皇后、妃、公主、格格等的册封以及秘书院的各项日常活动等。

密本档。共108卷154册，自顺治十年（1653）正月至康熙十九年（1680）正月。抄录清初有关官员呈进的密本而形成的档册，每月或半月为一册。内容主要有：清入关初期在云南、广西、广东、江西、福建、浙江等地的军事活动，包括镇压明末农民起义余部，征战明朝残余势力，镇压郑成功等抗清斗争，收复台湾和征讨沿海地区海盗等战争。此外，还有郑芝龙投诚清朝，设官管理西南地区，有关官员纠参处分和西洋传教士的活动等情况。

2.内阁与各机构间的来往文书

包括各机关为办理公务给内阁的来文，内阁各厅、房之间互相的行文。各机关来文多是办理国家庶政的内容；内阁各厅、房之间来往文书，多是办理内阁内部庶务的，包括官员任免奖惩、俸饷、饭银、值班考勤、请假销差等。主要集中在故宫博物院文献馆原藏类下，计有移会移付、咨文、知会知照、呈文禀文、典籍厅堂谕堂稿、片文、收发文稿、执照发单、清单、印领等10项1625卷298409件。

另外，手本作为清初平行文书之一，系沿用明代文书制度，康熙朝以后废止。清初内阁典籍厅移会六部各司常用手本，在故宫博物院文献馆原藏类下手本项（02–16–008）下，现存26卷1430件。

3.汇抄存查与记注的各种档簿

抄录皇帝诏令谕旨的档簿。包括抄录内阁承宣办理的上谕而形成的档册"上谕簿"（或称"上谕档"）、登记六科红本（抄载每日发六科本章，只摘记事由，全录批红）的"丝纶簿"等。

史书。为分科汇抄题本，是清代最系统、最典型的大型史料长编。清制，六科每五日派员赴内阁领取题本，传抄送各衙门后，摘录二份，部本摘其事由，通本抄其贴黄。一份存科，以备编纂，称"录疏"。一份纂录成册，送存内阁，以供史官记注，称"史书"。现存六科史书共25025册。

大记事。系内阁满票签处的值班日记档，又名"记事档"或"大事记"。内容有值班日期，值班者姓名，收发文书的时间、作者、事由、数量和处理结果，因而具有目录索引的功能，其中绝大部分为满文，满文大记事档案共517卷1538册。

八旗世袭、世职谱档及皇册。八旗世袭谱档的纂修始自关外，系参仿明朝兵部武职袭替选簿而来，有清初太祖、太宗朝投诚官员世袭档18册。各旗世袭谱档十年一修，送内阁满本房存库。现存满文世袭谱档577卷592册、满汉文合璧的八旗世职谱档78卷469件。皇册所记内容是宗室、觉罗、八旗满洲、八旗蒙古、八旗汉军和外藩蒙古世职官员的花名、授封世职缘由及世袭等情况，宗人府编制，交内阁存贮，现存满文皇册122卷133册。

第三类，官修史籍。

清朝对纂修史籍十分重视。入关之前，设文馆及内国史院于盛京，负责编纂史书。顺治元年（1644）置翰林院，次年并入内三院，康熙九年（1670）复置翰林院，成为定制。开修书各馆，主要以内阁大学士任监修总裁官。举凡满文老档、历朝实录、圣训、会典、史传及其他奉敕编纂、修撰诸书告竣后，多有缴藏内阁之例。

满文老档。作为清初编纂的一部满文编年体史料长编，所记史事起于明万历三十五年（1607），止于清崇德元年（1636）。记载清入关前政治、经济、军事、社会、民族、文化、习俗、天文、地理以及与周边邻近国家、部族的交往关系等方面事宜，记载详实，可补后来讳饰删销的实录等官修史书之不足。馆藏满文老档是乾隆年间根据入关前形成的老满文档册重抄而成，共4部104函720册，每部各26函180册。2部正本，即无圈点字档正本、有圈点字档正本；2部草本，即无圈点字档草本、有圈点字档草本。

实录。以每位皇帝在位时间为序，将诏令谕旨奏议事件汇编成卷，内容包括皇帝的主要言行及国家的政治、经济、军事、文化、外交等各方面的史料。馆藏实录，自《太祖实录》至《德宗实录》，其中清太祖、太宗、世祖实录存有不同时期纂修的版本。乾隆朝开始，纂修实录抄写满、汉文本有5部，即：小黄绫本1部，为定稿呈览本，藏于内阁实录库；小红绫本2部，1部藏于乾清宫，另1部藏于内阁实录库；大红绫本2部，分藏于皇史宬和盛京崇谟阁，称为"尊藏本"。蒙古文本除崇谟阁本未修外，其余与满、汉文本相同。馆藏满文实录共1685包2886函14050册，汉文实录共12172册，蒙古文实录1776包15400余册。

圣训。自顺治十二年（1655）开始编撰太祖、太宗圣训，康熙朝以后则在纂修实录时摘取皇帝发布的谕旨诏令，分类编纂圣训。清代圣训分别用汉文、满文两种文字书写，满文有太祖至穆宗十朝圣训，汉文有太祖至德宗十一朝圣训。其编撰体例仿照《贞观政要》，按内容分类，类下以时序排列。各帝之圣训，门类多寡不一。以《大清高宗纯皇帝圣训》为最多，有圣德、圣治、敬天、法祖、文教、武功等四十个门类。圣训分稿本、精写本及武英殿刻本。精写本有5部，一如实录分为小黄绫、小红绫、大红绫三种文本。馆藏满文圣训共3部，计316包602函2884册，汉文圣训432函2076册。另有满文圣训武英殿刻本和稿本127卷705册、汉文圣训稿本77卷647册。

起居注。清代起居注馆始设于康熙九年（1670），由起居注官记注皇帝的言行，并据此编纂起居注册。其所记内容主要包括：朝会、祭祀、典礼、日讲，以及谕旨、题、奏，官员引见、请训、陛辞，官员升迁、降革、休致、死亡，皇帝与臣工奏对等。起居注记事按编年排序，一般半月或一月为一册，正本存于内阁大库。馆藏起居注册，自康熙十一年（1672）至宣统三年（1911）共565卷4599册，其中汉文391卷3863册，满文174卷736册。

会典稿本。清朝不定期开馆编纂会典，以汇集各种典章制度。现存汉满文会典及会典事例的稿本，主要是光绪朝编纂会典的档案，其中汉文会典稿本189卷3093册、满文会典稿本414卷3290册。

内阁全宗还保存有三礼馆、八旗志书馆、明史纲目馆、一统志馆等修书各馆的部分来往文书档簿等以及日行事务中形成的各类杂档，内容极为丰富。

军机处全宗

全宗号03

一、全宗概况

军机处是清朝中期以后辅佐皇帝处理政务的机构，全称为办理军机事务处，或称办理军机处。始设于雍正八年（1730，一说七年），初名"军机房"，是为西北用兵而专门设立，雍正十年始称"办理军机处"。乾隆帝继位之初，由庄亲王允禄等总理事务王大臣辅政，改设"总理事务处"。乾隆二年（1737），乾隆帝守丧服孝期满，总理事务王大臣等自请罢职，复设军机处，全称"办理军机事务处"，遂为定制。光绪三十二年（1906）的官制改革中，直隶总督、北洋大臣袁世凯曾提出废除军机处，未获允准。宣统三年（1911）四月，清政府成立责任内阁，遂将军机处撤销。

军机处设军机大臣和军机章京，掌办一切军国要政。

军机大臣俗称"大军机"，又称"枢臣"，主要由大学士、部院尚书、侍郎等官奉旨特简，也有领侍卫内大臣、御前大臣、都统、内阁学士等奉旨入值的。军机大臣员数无定额，以亲王或大学士为领班。军机大臣掌书谕旨，赞襄政务。即综理军国之要以赞上治机务，常日值侍以备顾问，遵旨议奏内外官员题奏，以报皇帝裁夺。某些重大案件或秋审案件，由军机大臣会同三法司审拟。重要文武官员的任免由军机大臣开列应补人员名单，奏请皇帝拣选。遇科举考试，由军机大臣开列主考、总裁名单和考题。遇有军旅之事，则考其山川道里与兵马钱粮之数，以备查询。另外，兼任方略馆总裁、内翻书房管理大臣等。

军机章京，俗称"小军机"，又称"枢曹"，初无定额，由军机大臣于内阁中书等官中挑取，奏请钦定。嘉庆四年（1799）起，改由内阁、六部、理藩院堂官于司员、中书、笔帖式中择其人品端方、年富力强、字画端楷者交军机大臣考

试，经皇帝下旨简用。满、汉章京各两班，每班8人，共32人。各班设领班、帮领班各一员，由军机大臣于章京中选资望深重者任之。嘉庆十一年（1806）后，设有额外章京。光绪三十二年（1906）汉章京定为20人。因军机处职事机密，大员子弟不准入选军机章京。军机章京负责处理军机处日常工作，满、汉章京分别记载满汉档册，撰拟文稿，查复奏议。乾隆年间傅恒任领班军机大臣后，军机章京开始撰拟谕旨。军机章京常日轮流值日，值宿章京遇有紧要事件，皇帝可单独召见，承旨撰拟谕旨。满章京还负责撰拟在京旗营及各省驻防等官员的补放名单，拟写内外蒙古、藩部、喇嘛、王公大臣、外国使臣等朝贡赏单。汉章京办理在京部院及各省文职官员、绿营武职官员的补放名单。军机章京还可参与审理案件，赴各地查处政务，负责整理和保管军机处档案。

军机处无衙署，在紫禁城隆宗门内办公。军机处档案，原贮存于隆宗门外咸安宫之左的方略馆内。辛亥革命以后，档案仍在原处，并派录事二人管理。1914年，袁世凯因军机处档案关涉军政外交，下令由北洋政府国务院接收，移存于中南海内集灵囿。故宫博物院在成立后，于1926年1月函请国务院将军机处档案拨归文献部保管，接收档案75架，移置景山大高玄殿后殿，文献部随即分档册、折包两项进行初步整理。1933年，清宫文物、档案南迁，军机处档案装箱365箱分3批次南运。留存杂乱档案50余箱，文献馆继续进行分类整理。

军机处南迁档案中，有47箱于1948年底随故宫博物院文物迁台。其余档案，于1950年、1953年分两次运回入馆。

二、档案介绍

军机处全宗档案起于雍正八年（1730），止于宣统三年（1911），计分18类20062卷约1023178件（册），主要文字有满、汉文，满、汉文档案的整理方式不尽相同。

20世纪50年代，军机处南迁档案运回开箱清点后，即开始进行整理。汉文档簿编号登记，归入各类，与馆内原藏部分统一编排。按照全宗立档原则和分类立卷方法，对汉文录副奏折按"朝年—问题"分类立卷整理，最终形成内政、军务、外交、财政、农业、工业、商业、交通、工程、文教、法律、民族事务、宗教事务、革命运动、自然现象、水利、帝国主义侵略、综合十八大类，次分属类，排序编号，编制案卷目录。1960年成立满文组，开始对满文录副奏折进行整理。

1984—1989年，对军机处汉文录副奏折重新进行秩序加工整理，将"十八大类"和"二十二专题"下之档案重新组卷,统一编制流水卷号,卷内档案逐件盖章描号,编制包含责任者和文件时间的文件级秩序目录。从2000年开始,进行汉文录副奏折标准化文件级著录,到2006年全部著录及审核工作完成,建成一套完整的汉文录副奏折目录数据库。满文录副奏折整理,以朝年立卷,编制流水卷号,卷内档案不盖章描号,逐件加装封套并标注档号。1988—1994年完成馆藏全部满文录副奏折18万余件的著录工作,2009年完成满文录副奏折著录数据库的建立工作。其他满、汉文档簿如随手登记档、上谕档、满文议复档等,先后完成整理数字化。2012—2015年,将照会、电报、奏表、奏稿、清册、满汉文杂件以及俄罗斯来文等档案,在原整理基础上重新进行整理加工。

全宗名	类	项	案卷起止	案卷数	项下总件数	类下总件数
军机处（03）	录副奏折（01）	—	1—9996	9996	721536	721536
	满文录副奏折（02）	—	1—4601	4601	181074	181074
	来文（03）	—	1—435	435	71481	71481
	奏表（04）	奏表（001）	1—9	9	122	122
	清末各国照会（05）	英国（001）	1—26	26	1236	4090
		美国（002）	1—10	10	595	
		法国（003）	1—7	7	499	
		俄国（004）	1—7	7	471	
		布鲁斯国（005）	1—3	3	193	
		德国（006）	1—5	5	322	
		日本国（007）	1—2	2	170	
		意大利国（008）	1—1	1	59	
		奥斯马加国（009）	1—1	1	56	
		日斯巴尼亚国（010）	1—3	3	211	
		葡萄牙国（011）	1—1	1	32	
		丹麦国（012）	1—1	1	15	
		荷兰（013）	1—2	2	123	
		比利时国（014）	1—1	1	43	
		巴西国（015）	1—1	1	21	
		秘鲁国（016）	1—1	1	21	
		各国联衔（017）	1—1	1	23	

中国第一历史档案馆

馆藏档案全宗概述

全宗名	类	项	案卷起止	案卷数	项下总件数	类下总件数
	奏稿、行稿、底稿（06）	奏稿（001）	1—25	25	2543	2691
		校邠庐抗议（002）	1—1	1	11	
		堂稿（003）	1—2	2	137	
	军机处上谕（07）	—	1—19	19	3416	3416
	杂项清单（08）	—	1—61	61	11867	11867
	光绪庚子、辛丑，宣统朝电报（09）	庚子（001）	1—18	18	1075	1616
		辛丑（002）	1—4	4	259	
		宣统朝（003）	1—5	5	265	
		民国（004）	1—1	1	17	
	函札登记（10）	—	1—2	2	356	356
	筹办夷务始末稿本（11）	—	1—36	36	249	249
	清册（12）	—	1—71	71	2090	2090
	杂件（13）	—	1—6	6	221	221
	舆图（14）	—	1—424	424	816	816
	档簿（15）	档册（001）	1—2365	2365	7223	7223
		各项簿册（002）	1—147	147	4094	4094
	俄罗斯来文（16）	俄罗斯来文（001）	1—11	11	799	799
	满文杂件（17）	谕旨（001）	1—7	7	1498	3446
		来文（002）	8—23	16	1524	
		奏折奏片（003）	24—25	2	230	
		其他文件（004）	26—28	3	194	
	满文档簿（18）	满文月折档（001）	1—777	777	2451	5991
		满文议复档（002）	778—1067	290	742	
		满文上谕档、寄信档小本（003）	1068—1227，1228—1260	193	483	
		满文日记档（004）	1468—1606	139	658	

全宗名	类	项	案卷起止	案卷数	项下总件数	类下总件数
		满文俄罗斯档（005）	1607—1624	18	97	
		满文木兰档（006）	1625—1642	18	109	
		满文行文档（007）	1643—1656	14	81	
		满文专档（008）	1657—1780	124	625	
		满文上谕档、寄信档大本（009）	1—127，128—149	149	745	

现将档案内容按文种类项择要概述如下：

1. 档簿

满汉文计17000余册，其中汉文档簿11000余册，满文档簿近6000册。军机处档簿多为军机处每日承办之事，由值日章京分别记录于册，贮存备查。档簿记载无统一标准，按文种、按工作性质、按问题皆有，名目繁多，内容非常广泛，包括军机处所办理的各类政务活动。主要有：

随手档。自乾隆元年（1736）至宣统三年（1911），共709册，为军机处每日办理奏折、片单及所奉谕旨之总目，值日章京将每日所接奏折、片单及所奉谕旨登记簿册，皇帝朱批内容则全录，谕旨及折片只摘叙事由，乾隆、嘉庆时期一年两册，春夏二季为一册，秋冬二季为一册，道光、咸丰以后每季一册，一年共分春季档、夏季档、秋季档、冬季档四册，每年元旦装订成册。随手登记档是完整系统的材料，可为进一步查找奏折及谕旨提供线索，具有较高的利用价值。此外还有收发电档、交发档、发报档、交片档、折片奉旨档等专门的登记目录。

上谕档。按编年体例汇抄皇帝谕旨的档册。军机处办理谕旨，凡特降或因所奏请而交内阁传抄宣示中外者，谓之明发，称"内阁奉上谕"；因所奏请降者，称"奉旨"；由军机大臣转寄将军、督巡、学政等，曰"军机大臣字寄"，又谓"寄信""廷寄"。清末出现了电报，又有电寄档。上谕档内容非常丰富，包括军国大政，内政外交，各朝重大历史事件，官员的奖惩任免、抚恤丁忧，典章制度的沿革以及宫廷礼仪等。还有专门记载某一问题的谕旨专档，如谒陵谕旨档、督抚放缺档、将军都统放缺档、秋审拟旨档等。

议复档。皇帝对内外臣工具奏的某些军国大政没有把握作出决断，而谕令军机大臣等集体商议后的议复奏折。这部分档案很不完整。如雍正朝议复档只有十一年至十三年，主要是办理军机大臣遵旨议奏平定准噶尔西北路军务事宜。乾

隆朝议复档自元年至五十八年，其中有关建立、健全清代各项典章制度的内容较多。嘉庆朝没有议复档，道光朝也极少。咸丰、同治朝议复档主要是军务内容，调兵遣将镇压民众的反抗斗争以及军功议叙等。光绪、宣统朝的议复档主要是军机处片奏每日奉朱批折件多少、应请批示满汉折片多少件等内容。

剿捕档。清王朝平定反清斗争及平定叛乱的记载，内容为军机大臣字寄、密寄上谕，军机大臣议复折及查奏军情和前线统兵大员的奏折、奏片等，由军机处汇抄成册。主要有：嘉庆朝平定川楚白莲教起义，直隶、河南天理教起义；嘉庆、道光朝平定张格尔叛乱和新疆回民起事；道光朝以后平定太平天国、捻军、陕甘回民起义、贵州苗民起义等。还有一些以事件命名的剿捕专档，主要有平定金川的"金川档"，平定甘肃苏四十三的"剿灭逆番档"，平定陕甘回民事件的"石峰堡档"，平定台湾林爽文起事的"台湾档"，进剿巴勒布滋扰事的"西藏档"等。

洋务档。洋务档为军机处原有之档名，为光绪朝办理外交之文件。反映了中俄边务、中法战争、中日战争、中英关于西藏印度通商，清政府筹拟边防、海防等问题以及总理衙门会见各国使臣的情况等。

引见档。主要是引见满洲官员的记载。内容为各部院、各旗营、各地方补官或官员年满升补带领引见、验看，拟正、拟陪人员职衔、姓名及奉旨或皇帝的朱笔圈单。

电报档。自光绪十年（1884）至宣统二年（1910），以光绪朝为主。内容包括：与列强战争和外交交涉、边界问题、通商贸易等以及各地督抚报告地方情形、筹解经费等。另有收电档、发电档、未递电信档等以及商约收电档。东事收电、发电档，教案电报档等专档。

2.录副奏折

录副奏折，即由军机处抄录的奏折的抄件。凡内外臣工奏折奉有朱批者，除请安折外，在发还具奏人前，由军机处抄录保存一份，即录副存查。录副奏折连同奏折所附清单、图纸、履历等以及未发还具奏人的原折，以及军机处每日承接处理的中央各部院和地方官员的咨文、呈文等原件，并缮拟谕旨、查复议奏和札付移行等公文底稿等，由军机处归档保存，每日为一束，每半月或一月归为一包，故谓之"月折包"。

本馆存汉文录副奏折9996卷721536件，满文录副奏折4601卷181074件，自雍正元年（1723）至宣统三年（1911），内容反映了雍正至宣统朝政治、经济、军事、文化、外交及社会状况各方面情况。经80年代整理后，统一组卷，流水编号，但原来分类集中的基础仍得以保留。其内容分别是：内政类下，为官制、职官、保警、赈济、礼仪陵寝、洋务运动、戊戌变法、筹备立宪、文书处理等；军务类下，为营制、人事、训练、防务、调遣、马政、军需、军事工程、海军等；财政类下，为田赋、漕粮、关税、盐务、杂税、地租房租、捐输、库储、经费、仓储、货币金融、借款赔款等；农业类下，为屯垦耕作、雨雪粮价等；水利类下，为河湖海塘渠堰工程、水文灾情等；工业类下，为造船、矿务、陶瓷、纺织、钢铁、机器局等；商业贸易类下，主要为光绪朝通商贸易；交通运输类下，为驿站、台站、铁路、邮电；工程类下，为建筑工程、都市沟渠、道路工程等；文教类下，为图书、文字狱、科举、学校、留学、医药卫生、音乐戏曲等；法律类下，为律例、审办、命案、盗案、贪污、监狱解护、发遣、禁烟等；外交类下，分中国与印、英、俄、法、美、德、日、琉球等国关系以及综合事项等；民族事务类下，包括瑶、黎、壮、彝、苗、藏、哈萨克、维吾尔族等以及左宗棠入疆前后有关民族档案；宗教类下，主要是清政府处理天主教、基督教问题的文件；天文地理类下，包括日月食、星异、历法、地震等内容；镇压反清斗争类下，包括镇压太平天国、捻军、义和团、辛亥革命、秘密结社、其他反清斗争；帝国主义侵略类下，内容有第一次鸦片战争、第二次鸦片战争、中法战争、中日战争、日俄战争、租界割地、传教教案及其他反洋斗争等；综合类下，多为各省督抚、驻防将军、都统等奏报的办理或巡查地方情形、条陈吏治时政、兴利除弊之方略等内容。

汉文录副奏折中，还有对杨乃武与小白菜专案、册后专题、凤宝专题、孙嘉淦伪稿案等专题档案进行集中而形成的22个专题。这些"专题"中，有少部分是从宫中全宗"集中"而来的朱批奏折。

3.来文

京内外衙门报送军机处的各种文件，被统称来文。主要文种有咨、咨呈、移会、知会、片等，内容包括：各部院、各省以奏请或奉谕旨遵办之事而抄录原奏折和原奉谕旨以咨行知照军机处，有关衙门请军机处代呈事件或咨复军机处查询事件等。来文曾按录副奏折分类原则进行分类，2013年重新整理，以流水编号立卷。

来文中，有一批办理与俄罗斯外交事务的文件，文字有俄文、拉丁文、满文、蒙古文，亦有个别汉文译件，自乾隆十三年（1748）至同治元年（1862），内容包括中俄双方边界官员派任、会见及处理边民纠纷等，中俄边境恰克图、塔尔巴哈台互市贸易等，俄罗斯派遣、召回赴北京的东正教传教喇嘛和学生等事宜。

4.照会

照会，原意为古代官署间就相关事务的行文知会，明清时期成为没有隶属关系的衙署间相互知会的一种平行文书。1842年中英《南京条约》规定，今后两国往来文书均用照会。从此，照会成为清政府与各国间正式的外交文书。咸丰十年（1860）十二月以前，各省收到的外国照会皆由将军、督抚奏呈汇总于军机处，总理各国事务衙门设立后，各国照会皆经该衙门咨送军机处存案。光绪十年（1884）以后的照会，多存于总理衙门（归入外务部全宗）。军机处保存的照会是清政府收到各国照会原件，以英、美、法、俄等国为多，亦有各国联衔者。内容涉及鸦片战争、中法战争、太平天国、通商章程、使臣派驻、传教事务、教案处理等。

5.奏表

军机处现存奏表，主要是班禅、达赖等给清朝皇帝的奏表原件，亦有部分译件。自顺治五年（1648）至光绪四年（1878），内容多为祗领颁赏赐书、物件谢恩，进贡以及元旦、冬至、万寿三大节的循例进表。另有同治八年（1869）廓尔喀国王的进表等。

6.电报

主要为光绪庚子、辛丑电报和宣统朝电报两部分。光绪二十六年（1900）七月，八国联军攻入北京，慈禧太后和光绪帝仓惶逃离北京，奔向太原、西安，令奕劻、李鸿章为全权大臣在京与各国公使交涉，办理议和事宜。光绪庚子、辛丑电报即光绪二十六年八月至二十七年十月议和全权大臣奕劻、李鸿章与各省督抚及领兵大员等给行在军机处的电报。内容有：联军占领京津并继续侵扰保定、正定、遵化等情况，与各国议定《辛丑条约》，湖南衡阳、浙江衢州等地教案，办理京畿等地方善后事宜以及行在供应与回銮准备等。宣统朝电报，主要反映了辛亥革命前后的情况。

7.清册

清册，是各衙门进呈黄册的副本，内容与内阁黄册相同，因其用青纸或青绫为面，故又称"青册"。馆藏军机处清册时间自雍正年至1912年，曾按内容（问题）分吏政、户政、礼政、兵政、刑政、工政、洋务运动七类，重新整理立卷后，编制流水卷号。军机处清册数量远不及内阁黄册，光绪朝以后黄册为数甚少，而清册则以光绪、宣统两朝为多。清册内容：吏政下，为调查、考铨、封爵、荫恤、稽察等；户政下，为户籍、赋役、厘税、经费、仓储、赈济、盐务等；礼政下，为祭祀、谒陵、祝嘏、行围、日月食、救护、梓宫奉安、学务等；

兵政下，为调查、补放、考铨、荫恤、简阅、剿抚、马政、军器、营制饷章等；刑政下，为秋审案件、命案、盗案、控案、赃罚、发遣、捕亡、督捕逃人等；工政下，为营缮、陵工、船政等；洋务运动下，为教务、稽查外人行止、藩属事务、矿政、电政等。

除以上文种类项外，其他还有：

奏稿、堂稿。军机处奏稿绝大多数是各衙门奏折底稿，堂稿则是嘉庆至宣统朝军机处办理日常事务的奏稿底等。

清单。时间自顺治朝至宣统三年（1911），主要内容有：官员履历单、京察履历单、引见排单、印结、印领，各衙门官员报考军机处供事的印结、门照，光绪朝兵部委官札付、军机处派差传票，各旗佐呈报官员履历的图片、略节、赏单、贡单、值宿监工略节、秋审勾到略节，吏部等各部院官制通则，方略馆满、汉官员住址单，赣汉铁路章程、清理财政章程、地方学务章程、神机营协同巡缉章程，方略馆凡例等。

函札。少部分为嘉庆至光绪朝军机处的函件，绝大部分则是宣统朝军谘府、京内外官员给内阁及袁世凯的函件，实为责任内阁档案，整理编目时归入军机处保存。主要内容有：嘉庆朝镇压白莲教，同治九年（1870）平定陕西回民事件，镇压河南、陕西、山西、山东等地的辛亥革命运动，革命军攻克荆州、长沙等情形；川藏、东北边务情形等；奉天、山西、四川等地成立谘议局、筹备立宪的内容；马继增、吴佩孚、王振标、阎敬铭、铁良、俞廉三、绍英、沈家本、许鼎霖、陈锦涛、张作霖、冯德麟、端方等清末重要官员的补官、请假、患病、辞职、赐谥等内容。

舆图。军机处舆图多为随折进呈之附件。各省督抚等具折陈事，有需绘图备查者，则附图于折内进呈，御览后，随录副奏折保存。在历次满、汉文录副奏折整理（或缩微拍照）时，部分舆图被挑出，单独作为舆图一类，集中存放舆图库。军机处舆图，按照内容分为舆地、江河湖渠、水陆路程、军务战争、行宫、寺庙、矿厂、建筑、陵墓和其它类项。军机处舆图已给定类号（03-14），但尚未按照五级档号立卷，编有秩序目录，附注其原录副奏折档号，因此在"档案整理分类汇总表"中的部分舆图，与录副奏折统计重复。

宫中各处档案全宗

全宗号04

一、全宗概况

宫中各处档案，是指保存于清朝皇宫内廷中的各类档案。1925年10月故宫博物院成立伊始，文献部即清理内廷各处保存的档案，于懋勤殿、景阳宫、批本处、内奏事处等处搜集档案380多箱，计有奏折、上谕、档簿、图籍、试卷、贡单、履历单等，分别存于南三所的中、西二所各库房，以其"系统虽异，地点均在内廷"，此后即按一个系统进行保管和整理，名为"宫中各处档案"，简称"宫中档案"。

宫中档案集中后，文献馆即开展了初步整理。先将所有档案分别种类、朝代，按类装箱，编制草目。之后逐类整理，按照朝代细分年月，点查件数，标签编目，依次上架。至1931年初，共整理"缴回朱批奏折，起康熙迄宣统，共2900余包；档册，起雍正迄宣统，计共6500余本；请安折及贺折，起雍正迄光绪，计共18箱；上谕，起雍正迄宣统，计共5箱；引见履历，起康熙迄宣统，计共12箱；进贡单，起雍正迄光绪，计共19箱。此外，尚有试题、试卷、杂件，均按类分存，以待整理"。1933年，故宫博物院文物、档案南迁避寇，其中宫中档案共302箱，包括朱批奏折121箱、请安折54箱、履历引见折17箱、杂单110箱。

1961年，中央档案馆明清档案部改以全宗办法管理宫中档案，将其中敬事房档案归于内务府全宗，批本处档案归于内阁全宗，其余宫中各处档案，包括朱批奏折、谕旨和奏事处档案等，仍沿用"宫中各处档案"原名。

就机构而言，奏事处是内廷职掌机要文书的一个重要机构。据现存档案推断，奏事处约成立于雍正末年至乾隆初年，《啸亭续录》称"国朝鉴明季科臣纷器，每致政务丛错，特设立奏事处。遴选六部内务府司员能书写者为奏事官，十

年一为更易，统属于御前大臣，又命御前侍卫一员总统其事。凡外廷章奏，许其传达，盖以其官职卑末，不敢壅滞耳目"。奏事处分内奏事处和外奏事处。内奏事处由太监充任，设有奏事太监4名、随侍太监2名、记档太监4名、使令太监8名。外奏事处由御前大臣兼管，设侍卫1人，章京6人，掌接清字、汉字之奏折；笔帖式2人，掌给使令；奏蒙古事侍卫6人，掌奏蒙古字之奏折。奏事处的主要职掌是：接递奏折、题本，传宣谕旨，呈递膳牌，递如意及贡物，缴回朱笔并司记注，引带召对人员，年终汇总各衙门所用纸张奏闻报销等。奏事处形成的档案，多为簿册。

二、档案介绍

截至2016年，宫中各处档案全宗经历次整理，完成了立卷分件整理工作。计有16类97项27857卷1388318件（不含红绿头牌168卷22027件）。

全宗名	类	项	案卷起止	项下总件数	类下总件数
宫中各处档案（04）	朱批奏折（01）	朝年类项立卷档案（001）	1—1118	66410	652158
		内政（002）	1—158	3322	
		军务（003）	1—208	3822	
		农业（004）	1—35	688	
		水利（005）	1—314	10208	
		商业贸易（006）	1—12	93	
		交通运输（007）	1—30	311	
		法律（008）	1—194	2759	
		宗教（009）	1—5	48	
		天文地理（010）	1—25	229	
		综合（011）	1—17	186	
		内政·职官（包）（012）	1—691	73382	
		内政·职官（卷）（013）	1—263 265—447	20850	
		内政·礼仪（包）（014）	1—104	8151	

全宗名	类	项	案卷起止	项下总件数	类下总件数
		内政·礼仪（卷）（015）	1—99	2055	
		军务·人事（包）（016）	1—307	30286	
		军务·人事（卷）（017）	1—195	7757	
		军务·训练（包）（018）	1—57	4334	
		军务·训练（卷）（019）	1—76	898	
		军事工程（包）（020）	1—21	832	
		军事工程（卷）（021）	1—20	173	
		农业·屯垦（包）（022）	1—68	5485	
		农业·屯垦（卷）（023）	1—227	7302	
		农业·雨雪粮价（包）（024）	1—169	16057	
		农业·雨雪粮价（卷）（025）	1—600	20600	
		法律·命案（包）（026）	1—96	6877	
		法律·命案（卷）（027）	1—56	743	
		法律·监狱解护（包）（028）	1—26	1864	
		法律·监狱解护（卷）（029）	1—30	332	
		类项朝年立·新整十八大类（030）	1—517	15596	
		民族（031）	1—2101	17795	

全宗名	类	项	案卷起止	项下总件数	类下总件数
		外交（032）	1—290 292—433	6565	
		帝国主义侵略（033）	1—317	2246	
		农民运动（034）	1—1144	17399	
		财政（035）	1—1388	83502	
		工业（036）	1—121	4658	
		工程（037）	1—157	5373	
		文教（038）	1—208	9404	
		粮价单（039）	1—249	10626	
		晴雨录（040）	1—33	2163	
		缴回朱笔（041）	1—116	14377	
		请安折（042）	1—5069	166399	
	满文朱批奏折（02）	人名（001）	1—700	43256	138589
		朝年（002）	1—1453	92040	
		其他（003）	1—56	3293	
	电报、电旨（03）	—	1—140	16846	16846
	库贮档（04）	—	1—69	565	565
	夹板档（05）	—	1—54	209	209
	奏事略节档（06）	—	1—26	117	117
	杂件（07）	杂件一（001）	1—56	6864	22674
			1—28	2485	
			1—10	1277	
			1—69	7076	
			1—15	341	
			1—13	213	
			1—4	283	
			1—39	3982	
			1—6	153	

全宗名	类	项	案卷起止	项下总件数	类下总件数
		杂件二（002）	1—1759	318068	330576
			1—32	8927	
			1—45	3581	
		杂件三（003）	1—131	2925	2925
	进单（08）	进单（001）	1—1438	69176	72116
		民族进单（002）	1—51	2792	
		外交进单（003）	1—2	148	
	御制诗文（09）	—	1—333	2258	2258
	履历引见折单片（10）	履历引见折（001）	1—1913	36693	55683
		履历引见单（002）	1—437	8699	
		履历引见片（003）	1—516	10291	
	谕旨（11）	廷寄（001）	1—45	5732	41905
		上谕（002）	1—88	18571	
		旨（003）	1—7	1960	
		谕旨汇奏（004）	1—183	3092	
		朱谕（005）	1—25	1004	
		满文廷寄（006）	1—36	2723	
		满文上谕（007）	37—74	5705	
		满文谕旨汇奏（008）	75—145	1935	
		满文朱谕（009）	146—154	1183	
	寿事、白事、红事档簿（12）	寿事（001）	1—28	210	909
		白事（002）	1—55	446	
		红事（003）	1—17	253	
	各项簿册登记（13）	簿（001）	1—1	5619	6308
		事（002）	1—1	689	
	杂册（14）	—	1—170	3294	3294
	满文杂件（15）	请安折（001）	1—26	1318	40776
		贺折（002）	27—28	95	
		引见履历折单（003）	29—36	743	

全宗名	类	项	案卷起止	项下总件数	类下总件数
		朱批票签（004）	37—63	7124	
		请皇太后安朱笔底（005）	64	24	
		御笔文稿（006）	65—76	443	
		朱批行文（007）	77—79	160	
		朱批文件（008）	80—85	1008	
		陪祀单（009）	86—93	425	
		朝单（010）	94—160	6866	
		进单（011）	161—212	2740	
		该班名单（012）	213—286	15652	
		谢恩官员花名数目单（013）	287—288	106	
		奏事处来文（014）	289—301	1144	
		其他文件（015）	302—344	2928	
	满文簿册（16）	紫禁城该班档（001）	1—55	146	410
		朝单挡（002）	56—57	23	
		本房和图礼档（003）	58—68	70	
		日记档（004）	69—74	50	
		记录谕旨档（005）	75—79	32	
		本房杂档（006）	80	4	
		奏事处簿册（007）	81	28	
		宫中各处杂册（008）	82—87	57	

现将其内容按类撮要分述如下：

1.官员缴存的朱批奏折

奏折，是清代内外臣工向皇帝报告政务的一种上行文书。创始于康熙朝，雍正时期进一步推广。乾隆十三年（1748）废除奏本，奏折与题本并重。光绪二十七年（1901）"改题为奏"，奏折成为唯一奏陈文书。具折官员缮好折子密封后，通过驿递或专差送京，交外奏事处。外奏事处接折后，转内奏事处记档登记，由奏事太监呈皇帝亲手拆阅批示。经皇帝用朱砂红笔（居丧期间用墨笔、蓝笔）批示后的奏折，称"朱批奏折"，交内奏事处转军机处，军机大臣遵照批示办理，拟写谕旨。康熙时朱批奏折发还具奏人执行，并不上缴。雍正帝登基后，谕令将朱批奏折"俱著敬谨封固进呈"，以后朱批奏折定期缴回，逐成定制。

馆藏满、汉文朱批奏折共有792065件，其中汉文朱批奏折584680件（含汉文请安折98921件），满文朱批奏折207385件（含满文请安折68796件）。

汉文朱批奏折。因不同时代的整理方法不尽相同，汉文朱批奏折分为旧整、新整、朝年、问题四大保管系列。1958年以后，按照军机处录副奏折分类原则，分为十八大类，部分类项如内政、军务、农业、法律等又分设多项，且当时整理后案卷包装又有包、卷两种不同形式，因之类项设置较为复杂（共计42项）。各类项内容：内政类，为日常政务活动，包括官制、职官、保警、礼仪、宫廷、陵寝事务、赈济、洋务运动、戊戌政变、筹备立宪、文书档案等事务；军务类，包括营制、人事、训练、防务、调遣、马政、军需、军事工程、海军等军事事务；农业类，包括屯垦耕作、雨雪粮价、灾情等；水利类，包括河工、水文灾情等；工业类，包括陶瓷、纺织、船政、矿务、机器局、制造等；商业贸易类，包括有关国内各地商务、中外贸易、商务治理等；交通运输类，包括驿站、水运、陆运、邮电、铁路等；财政类，包括田赋、关税、盐务、杂税、地租房租、捐输、库储、仓储、经费、货币金融等经济活动；工程类，包括建筑工程、桥道工程、都市沟渠等；文教类，包括编修图书、文字狱、科举考试、兴办学校、留学生、音乐戏曲、医药卫生等内容；民族类，按"民族—问题"或"地区—问题"进行整理，包括新疆、青海、甘肃、四川、云南、贵州、广东、广西等地区，涉及蒙古、维吾尔、哈萨克、锡伯、回、藏、撒拉、瑶、壮等民族；宗教事务类，各地奏报颁发僧道牒照张数、僧道尼姑人数、查办煽惑邪教匪犯等；法律类，有关清朝律例的制定、解释、使用等以及案件审办、监狱管理、案犯发遣、禁烟等；外交类，与各国的交聘往来、通商贸易、边界勘划，列强对中国的侵略以及各种交涉事件等；帝国主义侵略类，包括第一次鸦片战争、第二次鸦片战争、中法战争、甲午中日战争、日俄战争、租借割地、传教教案等相关内容；农民运动类，包括清政府镇压太平天国、捻军、辛亥革命、义和团、秘密结社、其他反清斗争等内容；天文地理类，包括日月星辰变化及地震、气象、历法等内容。

满文朱批奏折。保存比较完整而且系统，其中康熙、雍正两朝朱批奏折，20世纪70年代曾按十八大类方法进行了整理，编有案卷目录。后来清理贞度门、阁楼零散档案、过渡库及整理内阁残题本时，陆续发现一些满文朱批奏折，归入整理。2014年，满文朱批奏折按人名、朝年、其他三项，分别立卷整理。人名项，以第一责任者姓名的满文音序排序后，再按时间排列，共700卷43256件，起止时间自乾隆元年（1736）至光绪二十四年（1898）。该项档案大部分属于乾隆朝，少量为嘉庆、道光、同治、光绪四朝。第1—639卷，以文献馆时期整理的人名包基础重新整理。第640—699卷，未经文献馆时期整理变动，更好地保持了清代人名包的原貌。第700卷，为乾隆皇帝给其母亲请安折匣，保存原貌。朝年项，以朝年时间为序立卷整理，共1453卷92040件，起止时间自康熙十二年（1673至光绪三十四年（1908）。其中：第81、82卷为康熙朝满文题本，原与朱批奏折一同存放，整理后仍保存于康熙朝满文朱批奏折之末；第1449至1452卷为缴回朱批的原包封。其他项，共56卷3293件，起止时间自康熙三十一年（1692）至宣统元年（1909）。第1卷为乾隆皇帝给其母亲请安折稿（内容与人名项700卷为一体）。自第2卷起，按朝年整理立卷。

满汉文请安折。地方官员或临时奉差外出的京官向皇帝、皇太后进呈，或皇帝出巡时留京皇子、大臣向皇帝进呈请安的奏折，自康熙中叶开始使用。请安折一般为个人奏进，亦有联名上奏，由具奏人派亲信家人专程递送，不得劳烦驿递。请安折内容简单，一般仅写"恭请皇上圣安""跪请皇上圣躬万安"等语，皇帝多批答"安""朕安""朕躬甚安""知道了"等寥寥数字。除少量分存宫中朱批奏折、宫中杂件内，大部分集中保存，1980年代区分汉文、满文，分别立卷装袋。2014年重新整理，在宫中汉文朱批奏折最后增设"宫中请安折"一项（项号04–01–042），满文请安折不单独设项，与汉文请安折一体整理，在汉文请安折后接续立卷，案卷项目标注为"宫中请安折（满文）"。汉文请安折2906卷98921件，满文请安折2163卷68796件。

2.谕旨类档案

谕旨，以其下达方式及文件形成的不同，分为廷寄、上谕、旨、谕旨汇奏、朱谕、电旨等文种。

廷寄。又称"寄信""字寄"或"寄谕"，由军机大臣撰拟，经皇帝审阅后通过军机处寄发，多是处理军机要务。宫中全宗中的廷寄，自雍正六年（1728）至光绪十二年（1886）。内容包括：各地方官员的升迁调补、纠参奖惩，清政府对各地少数民族用兵以及镇压太平军、捻军、白莲教、八卦教等军机事宜，各地灾赈蠲免、办理漕运、查勘水利修浚工程、修筑海神庙、添建监房等内政事务，传旨沿途照料回国的英国贡使、与奥斯马加国（即奥匈帝国）换约、与俄国的军事会议及往来、与日本通商以及缉拿劫持琉球国货船的盗犯等外交事务，地方查拿偷割发辫、贩运私盐、滥造鸟枪等人犯及审办词讼案件以及办理黔省教案、筹议洋务等。

谕、旨、谕旨汇奏。谕一般指皇帝特发的指示性命令，即皇帝特降者，曰"上谕"，雍正以后，凡上谕中属于一般例行政务可以公开的，均交内阁传抄执行，称为"明发"；因奏请而降者曰"旨"，即皇帝根据臣僚奏请而发的批示意见。各衙门接奉谕旨后，把所奉谕旨按月汇奏呈览，称"谕旨汇奏"。宫中各处档案全宗所存的谕自康熙三十三年（1694）至宣统三年（1911），旨自顺治十七年（1660）至同治十二年（1873），谕旨汇奏自雍正十三年（1735）至宣统三年（1911），大部分按朝年整理编目。谕、旨和谕旨汇奏的内容主要包括：内政职官方面，职官增设裁革、官员升迁调补、考察引见、奖惩优恤等；庆典礼仪方面，举行皇帝大婚亲政、万寿与节日庆贺、梓宫奉安、庙坛祭祀、临雍释典、谒陵祭祖等各种典礼活动等；财政经济方面，谕令办理漕运仓储、平粜赈济、整理盐政积弊、蠲缓被灾地区钱粮、振兴实业等；工程河务方面，谕令修理雍和宫、会同馆、兴修海塘水利、修筑城垣及拨发经费等；宫廷事务方面，如加封妃嫔、王公贝勒、贝子子孙命名，恩赏宗室、觉罗兵丁钱粮，太后稽察皇帝读书课程及弘德殿事务等；法律词讼方面，查办匪徒聚众滋事、缉拿盗匪、制定法律、裁决案件等；军事方面，镇压农民运动和对边疆少数民族用兵，如镇压太平军、捻军、会党，平定廓尔喀、大小金川、大小和卓，镇压西北回民起义、宋景诗起义、杜文秀起义、整顿营伍、训练操演、兴办团练、办理旗务，与领兵将帅议计军情、密授机宜方略等；外交方面，派员护送飘风难民、照料贡使以及保护传教等；民族事务方面，照料前后藏达赖喇嘛、班禅等年班进京，恩赏达赖喇嘛、蒙古王公等；文化科举方面，整顿科场积弊以及有关办学堂、选派游学生等事务；筹备立宪方面，宪政编查馆人员任免，考察各省筹备宪政情形，设立内阁、弼德院、军谘府等机构，制定法官考试暂行章程等；镇压辛亥革命方面，调派各路军队赴援武昌，简放袁世凯为湖广总督以及筹办铁路收归国有等事宜。

朱谕。一般是皇帝以朱笔亲自起草的谕旨，有的是经皇帝审定，大臣以朱笔代为抄写的谕旨，也称为朱谕。宫中全宗所存汉文朱谕，自康熙至光绪朝，以康熙、雍正两朝居多；满文朱谕，自顺治至咸丰朝，亦以康熙、雍正两朝居多。朱谕所涉及内容既有机密要务，也有日常琐事，有的长达千言，有的仅只字片言。择要而言：康熙朝，有康熙帝谕知其出巡到达地点、身体情况、沿途见闻以及对宫中各项事宜的安排等，谕令李煦等办理差事、派人密查地方米价等；雍正朝，多是关于整顿吏治纲纪、革弊惩奸、呈缴御笔、告诫臣工以及整肃科场、整顿驿站、筹办灾赈、缉察盗贼、严禁私铸、办理河工；其它各朝的朱谕，内容比较广泛，如训谕臣工力

戒因循、查缉匪盗，谕令总理衙门详议各国公使觐见皇太后、皇帝礼节等。

宫中满文廷寄。多为皇帝朱笔改动或者圈点的原件，按例缴回宫中保存，自乾隆八年（1743）至同治元年（1862），乾隆朝占绝大多数，内容以军机要务、指受兵略、处理政务、告诫臣工、责问处罚等为主。满文上谕，多为皇帝朱笔改动或者圈点的原件，按例缴回宫中保存，自康熙二十一年（1682）至宣统二年（1910），内容涉及各个方面。满文谕旨汇奏，自雍正二年（1724）始为定例，并追溯汇奏雍正帝继位至雍正二年的谕旨。其中雍正朝由奏事官负责，不完全按月汇奏；乾隆朝直至宣统三年（1911），则渐由内阁大学士负责，基本按月汇奏。

电旨。电旨是皇帝以电报方式寄发的谕旨。有折件式，也有薄册式。该部分档案自光绪十三年（1887）至宣统三年（1911），内容包括内政、军事、民族、外交、专题等方面。

3.履历引见档案

履历引见折。清廷考验月选官时所形成的职官文书。清沿明制，于顺治初年实行月选官制度。月选官须经考试，考试时令各官缮写履历，由吏部会同验考大臣具折请旨，然后带领引见，经皇帝允准后，方授官给凭赴任。履历引见折主要由引见折和官员履历两部分组成。引见折由吏部主稿，官员履历由各官亲自书写。现存履历引见折，自康熙六十年（1721）至宣统三年（1911），记录了清代三万多官员的履历和官职任免情况，是研究清代职官制度和清代人物的第一手资料。

履历引见单。清代较高级文武官员的升迁调补，照例由吏、兵二部奏请引见，并呈该官员的履历单，皇帝审阅批准后才能正式赴任。现存履历单，自乾隆十二年（1747）至宣统三年（1911），详细记载官员的姓名、年龄、籍贯、出身、任职及生平履历等，有的还有皇帝批语和朱笔圈点。

履历引见片。是任用考察官员的一种备用卡片，简单记载官员的履历及皇帝的朱批。现存履历片，自康熙四十二年（1703）至咸丰九年（1859），其中以雍正、乾隆两朝为多。履历片上不但有官员的履历，而且记载了皇帝历次对该官任用调补时的批语。

4.各项簿册登记

各项簿册登记原以"簿""事"分别整理，按册编为"簿××"号、"事××"号，分装蓝布盒保存。2013年外包整理时，为保持原整理基础，在"各项簿册登记"类下分设"簿"字（04-13-001）、"事"字（04-13-002）两项，各项下仅设一卷，即以原顺序号为件号，并保持原包装不动。各项簿册登记包括奏事档、依都档、召见档、卓钦该班档、捷报档、蒙古事宜档、印花档、交抄档、日记交抄档、用印档、军机印出入日记、日记账、日记档、日记底簿、座次底簿、座次档等记载办理各项事务的簿册以及登载宫内陈设物品、贡赏物品、首饰衣物、皮张袍褂、绸缎布匹、果品食物、纸绢笔墨、佛堂供器等物品账目簿册，如摆供底簿、皇帝生辰进赏底账、穿戴档、首饰账、宝石收账、金银玉器底簿、玛瑙器皿底簿、茶膳药花名册、鼻烟壶账、活计档、进喇嘛香账、书籍瓷器底账、师傅出入名单、御书房清汉书目簿、发给宫内等处女子嬷嬷肉银底账、瓜果底簿、书画记载簿、猫犬名册、各色布匹簿、木漆石器簿等。

5.红白寿事专档

此类专档，是将办理万寿、大婚、帝后丧事的主要档案汇抄留存。其中：寿事档，有乾隆帝八旬生日庆典档、崇庆皇太后八旬生日庆典档、慈禧太后六旬生日庆典档等；红事档，有同治帝、光绪帝大婚典礼档和大婚典礼应用物品档，寿安固伦公主下嫁档，宣统帝大婚典礼进奉物品册，贵妃等位妆奁册等；白事档，有乾隆、嘉庆、道光、咸丰、同治、光绪帝等大事档，孝和睿皇后、孝静成皇后、孝全成皇后、孝德显皇后、孝贞显皇后、孝钦显皇后、孝哲毅皇后、孝定显皇后大事档，醇亲王嫡福晋白事档等。

6.各类杂档

宫中各处档案全宗包含清宫各个机构在处理各类事务中形成的档案，各种杂档，不仅内容庞杂，而且种类繁多，有的可以归类设项，更多的则统以满、汉文"杂件"集中管理。

进单。为内外各臣工、民族地区王公土司、外藩属国以及外国使节向皇帝进贡物品的清单，数量较多，单独设为一类。

御制诗文。主要为臣工遇有重大武功事件或节日以及皇帝出巡时呈给皇帝的诗词颂文，内容为歌功颂德，也有少部分御制诗文稿，单独设为一类。

汉文杂件。既有各处无从归类的零散档案，也有在整理过程中陆续发现的遗漏档案，各朝皆有，文种有折件、单、片、簿册、书籍、诗词等。原分为"旧整""新整"和"原三号楼"三个系列，2013年重新整理时分别设项，即杂件类下设"杂件一"项（04-07-001）、"杂件二"项（04-07-002）、"杂件三"项（04-07-003）。其内容包括：人事方面，如太监嬷嬷女子名单、后妃秀女排单、武职官员兵丁数目单、保举引见单、起居注讲官名单等，随驾、随围、接驾、备差、听戏大臣及有关人员名单以及有关人事方面的折、单、片等文件；物品方面，如宫中绸缎衣服单、珠宝玉器单、陈设单，物件账、赏用账、笔墨纸项账、香支蜡烛账、佛尊供器、妃嫔遗物、妆奁物品，雍和宫、颐和园等处古铜瓷玉、

景泰蓝、座钟陈设清册等文件，顺治帝谕令太监不得干预朝政的铁牌，福陵、昭陵、永陵、崇陵照片，储秀宫、长春宫太监照片，门照，各种实物等；礼仪方面，如大臣进呈的万寿颂、临雍颂、南巡颂、东巡颂、幸五台颂、幸翰林院颂、亲征漠北颂、平定两金川颂、平定两金川大功告成恭记、万寿无疆颂等各种颂词，册立制文、奉迎制文、大征制文等各种制文，皇帝大婚、亲政、皇太后生日及各节令典礼座次排单等以及立隆裕为后和封瑾、珍二嫔的谕文等；外交方面，如清朝致荷兰、比利时、日本的国书，朝鲜致清朝国书，清朝与美国、英国、法国、俄国、日本、意大利、德国、比利时、荷兰、奥地利、西班牙、葡萄牙等国家有关外交事务的往来文件。另外，有关帝后生活如脉案药方、各项用药底簿、御药房药味总档等，金银器皿总档，御制诗文、御笔字画、谕稿、对句，皇帝学习用的仿字、功课本、各种讲义以及朱笔引见单、缴回朱笔杂件，进呈皇帝的晴雨录，乡试、会试题名录，清室优待条件议定善后办法条约单以及溥仪小朝廷时期在后宫的习作字画等文件。

满文杂件，是除朱批奏折和谕旨外各种折件类的满文文书，包括臣工进呈请安折、贺折，引见履历折单片，皇帝朱批的题本票签，康熙皇帝进呈皇太后的请安折朱笔底稿以及皇帝御笔修改的各种文稿，陪祀、朝会等人名单，臣工等向皇帝进贡物品的进单，护卫皇帝值班侍卫的该班名单，奏事处来文及其他文件。

满文簿册，包括：记录紫禁城等处值班王公大臣等职名的紫禁城该班档，自乾隆七年（1742）至同治十二年（1873），按日记载，数年装订成册，主要记载每日于紫禁城以及圆明园等处值班的王、公、领侍卫内大臣、散秩大臣、内务府大臣、景运门护军统领、隆宗门护军统领等职名；登记进呈朝单日期及数目的朝单档，自乾隆二十一年（1756）至嘉庆元年（1796），按日记载，按年装订成册，主要记载左、右翼进呈朝单的日期、数目及无朝单进呈等情况；记录本房承办谕旨等日行公事的本房和图礼档，自雍正七年（1729）至光绪十七年（1892），按日记载，按年或数年装订成册，内容主要为本房承办的各项事宜；记录本房进呈本章及奉旨情况的日记档，自康熙三十五年（1696）至乾隆十七年（1753），按日记载，按数月或者数年装订成册，内容主要为进呈本章事由及所奉谕旨；本房奉旨办事过程中抄录皇帝所降谕旨形成的记录谕旨档，自雍正元年（1723）至嘉庆二年（1798），按日记载，数年装订成册，内容主要为皇帝所降谕旨；奏事处承办事项过程中形成的簿册，自嘉庆十六年（1811）至道光二十九年（1849），包括奏事略节档、奏事处杂录档、卓钦该班档等，主要为奏事处承办传递文书、传宣谕旨、召见引见官员、递呈王公大臣及外藩所进贡品等事宜。

内务府全宗

全宗号 05

一、全宗概况

内务府是清代管理宫廷事务的专门机构。清初设立，顺治十一年（1654），裁内务府，以十三衙门取代之，十八年复设，遂为定制。康熙十六年（1677），内务府所设机构已初具规模，至雍正元年（1723），其内部有广储司、都虞司、掌仪司、会计司、营造司、庆丰司、慎刑司七司，上驷院、武备院、奉宸院三院，七司三院的建置已成定例。此外，内务府所属机构还有御茶膳房、御药房、武英殿修书处、御书处、造办处、官房租库、三织造、庄头处、咸安官学、景山官学、蒙古官学、敬事房等40余个机构。

《光绪会典》载，内务府"掌上三旗包衣之政令与宫禁之治，凡府属吏、户、礼、兵、刑、工之事皆掌焉"，亦即掌管满洲上三旗包衣组织的全部军政事务和宫廷内部的人事、财务、礼仪、保卫、刑法、工程、制造、农牧、渔猎及一切日常事务。总管内务府衙门，设总管内务府大臣，无定额，初为三品，雍正十三年改为正二品，于侍卫、府属郎中、内务府三院卿内简用，或以王公、内大臣、尚书、侍郎简任。总管内务府大臣之下设有堂郎中一人（又称"坐办堂郎中"），掌管内务府文职官员的铨选，并核查所属各司处承办事务。堂郎中下设主事二人、委署主事二人、笔帖式六十四人、书吏五人，分掌府内各项事务。内务府下设七司三院：

广储司。初名御用监，康熙十六年改广储司，每年派内务府大臣一人值年管理，掌管库藏及财物出纳等事务。设总办郎中四人、郎中四人、主事一人、委署主事一人、笔帖式二十五人、书吏三人，分掌本司各项事务。其下设银库、瓷库、缎库、衣库、茶库、皮库等六库，各有员外郎、司库、司匠、副司库、库使等，六库银物出纳，按月缮折送司核对，呈堂奏销。六库之下设有七作二房，即银作、铜作、染作、衣作、绣作、花作、皮作和帽房、针线房，分别承做堂司交办的各项物品。与之有关的机构有江宁、苏州、杭州三织造处以及织染局、绮华馆等。

都虞司。初为尚膳监，顺治十八年改采捕衙门，康熙十六年改都虞司，掌上三旗武职官员铨选任用，官兵俸饷考核，三旗禁旅训练、调遣、军政考核，后妃、皇子、公主出入扈从导引，吉林各处打牲渔猎等事务。设郎中二人、员外郎五人、主事一人、委署主事一人、笔帖式二十五人、书吏三人，分掌本司各项事务。与之有关的机构有三旗包衣骁骑、护军营、前锋营及养鹰鹞处、养狗处等。

掌仪司。初为钟鼓司，顺治十三年改礼仪监，十七年改礼仪院，康熙十六年改掌仪司，清末避溥仪讳改名掌礼司，掌内庭祭祀礼仪乐舞，兼稽宫监品级、果园赋税等事务。设郎中二人、员外郎八人、主事一人、委署主事一人、赞礼郎十七人、司俎五人、司祝十二人、司香三十人、司碓三十七人、司爨十九人、笔帖式二十一人、书吏三人，分掌各项事务。下设果房、神房、中和乐处、僧录司、道录司、东档房、西档房、本房等办事机构。与之有关的机构有御茶膳房、中正殿、雍和宫、乐部及蒙古音律处、升平署及各处陵园等。

会计司。初为内官监，顺治十七年改宣徽院，康熙十六年改会计司，掌内府帑项出纳及庄园地亩之事，会同掌仪司选验宫女、宫监。设有郎中二人、员外郎六人、主事一人、委署主事一人、笔帖式二十五人、书吏三人，分掌各项事务。与之有关的机构有三旗庄头处、掌关防处等。掌关防处俗称关防衙门，又称"掌关防管理内管领事务处"（简称"内管领处"），下设官三仓、恩丰仓、内外饽饽房、酒醋房、菜库、车辆处、家伙处、苏拉处等。

营造司。初为惜薪司，顺治十八年改内工部，康熙十六年改营造司，每年派总管大臣一人值年管理，掌宫廷缮修工程等事务。设有郎中二人、员外郎八人、主事一人、委署主事一人、笔帖式二十五人、书吏三人，分掌各项事务。下设七库三作，即木库、铁库、房库、器库、薪库、炭库、圆明园薪炭库及铁作、漆作、炮作。与之有关的机构还有官房租库和总理工程处等。

庆丰司。初为三旗牛羊群牧处，康熙十六年归入掌仪司，二十三年另置庆丰司，每年派总管大臣一人值年管理，掌牛羊群牧及口外牧场孳息等事务。设郎中二人、员外郎六人、主事一人、委署主事一人、笔帖式十四人、书吏二人，分掌各项事务。与之有关的机构还有牺牲所（初隶太常寺，乾隆二十六年改署内务府），掌管牧养祭祀所用犏牛。

慎刑司。顺治十一年设，初名尚方司，十二年改名尚方院，康熙十六年改名慎刑司，掌上三旗刑狱案件审拟、犯罪太监惩处等事务。设郎中二人、员外郎八人、主事一人、委署主事一人、笔帖式十九人、书吏三人，分掌各项事务。与之有关的机构有管辖番役处，雍正四年设，掌缉捕之事。

上驷院。初名御马监，顺治十八年改为"阿敦衙门"，康熙十六年改称上驷院，掌御用马匹管理等事务。设兼管大臣，无定额。卿二人、堂主事二人、委署主事一人、笔帖式二十二人、书吏三人，分掌"堂上"各项事务。堂下设左、右二司，左司掌查验马驼饲养滋生，右司掌俸饷及饲料等事务。

武备院。初名鞍楼，顺治十一年改为兵仗局，十八年改称武备院，掌制备器械。设兼管大臣，无定额。卿二人、郎中一人、主事二人、委署主事一人、笔帖式二十二人、书吏二人，分掌各项事务。武备院下设北鞍库、南鞍库、甲库、毡库，并分设各作处，制造与收储各项器械、兵仗、帷帐、车辆、甲胄等，以备皇帝出入、出巡及阅兵时需用。与之有关的机构有御鸟枪处及内火药库，分别掌供备御用枪炮、收发火药铅砂事务。

奉宸苑。康熙二十三年设立，铸给印信，掌皇帝游幸景山、三海、南苑等处园庭及管理修缮事务。设官历有添裁，至嘉庆十八年设有总理大臣一员，下设三品卿、郎中、员外郎、主事、委署主事、苑丞、苑副等，分掌各项事务。与之有关的机构有圆明园、畅春园、颐和园、静明园、静宜园、御船处及各处行宫。

除七司三院及有关机构外，内务府还有其他一些机构，分别掌管各宫殿，或管理药品、图书，造办各项器物以及管理教育等。主要有：三大殿，即太和殿、中和殿、保和殿，由内务府派员管理，掌陈设和清洁洒扫等事；御药房，掌宫内药品供应；太医院，掌诊治疾病；文渊阁，乾隆三十九年建，专藏《四库全书》；武英殿修书处，掌刊印书籍；御书处，掌勾摹御笔，并造朱墨；景山官学，设于康熙二十四年，掌教上三旗官学生学习满汉文及翻译；咸安宫官学，设于雍正六年，掌教八旗及下五旗子弟之俊秀者；蒙古官学，乾隆十二年在咸安宫官学内开设，掌教蒙古八旗子弟；长房官学，康熙三十五年设，掌教太监学习满、蒙、汉文字；敬事房，专管太监、宫女一切事务。

此外，内务府还设有造办处。为宫中制造、修理与储存各项器物。康熙初年设于养心殿，三十年迁于慈宁宫南，派亲王总理其事，并设总管郎中、郎中、员外郎、主事、库掌、催长等。其内部有：活计房，雍正元年设，掌接办活计；督催房、查核房，乾隆十三年设，督催房掌催办活计，查核房掌勘估核销活计料

工；汇稿处，乾隆二十年设，办理奏销正稿；钱粮库，雍正元年设，掌收发银钱及各项活计材料；档房，办理文书档案。其下有各作承办活计，原有40余作，乾隆二十年奏准，择其作厂相类者二十八作归并为五作，即金玉作、铜錽作、油木作、灯裁作、匣裱作，并保留如意馆、做钟处、玻璃厂、铸炉处、炮枪处、舆图房、弓作、鞍作、珐琅作、画院处，分管承办各项活计。

内务府还有一些因事而设、事毕即裁的临时机构。如预备光绪皇帝大婚事宜的大婚礼仪处，承办帝后寿辰的庆辰处，办理帝后丧事的丧礼处，查报内务府应入会典事件而设的会典馆，光绪朝纂修内务府则例而设的则例馆，为向民政部查考咨送本府各司院处图志而设的图志馆等。此外，清末内务府还与在京各部院衙门一样，设立相应的筹备立宪机构，包括：统计处，调查各衙门经办之事的数字，以为筹备立宪的基础；宪政筹备处，查考皇室经费，以为将来钦定皇室经费做准备。

1912年清朝覆亡，但逊帝溥仪仍保留帝号，居住宫中，内务府继续存在。1924年10月，溥仪被驱逐出宫，内务府才停止运作。

内务府留存下来的档案数量巨大。1926年，故宫博物院文献馆将内务府堂档案移存南三所库房，后逐步集中庆丰司、官房租库等宫外各机构档案。1929年6月，文献馆派专人负责内务府档案整理工作，先将奏案、奏稿、题稿、呈稿、档簿等形式较为整齐的档案检出，分类上架。1933年，部分内务府舆图、奏案、奏销档、银库档案、上驷院档案、升平署剧本等与其他院藏文物一并南迁避寇。

20世纪50年代，文献馆对内务府呈稿、来文、档簿、事筒等完整档案分类上架，杂乱档案各自归类，重新包装上架，对南迁回京的升平署档案、造办处舆图及各行宫陈设册、各机构档簿等进行分类整理，缮有卡片和目录。其他如事筒、奏销档、奏折、题本、呈稿等形制较为完整的档案，也已大半登记编号。1958年，组织北京市部分高校学生、中学教师以及其他社会人士协助进行内务府红本、呈稿等档案的分类立卷工作，完成内务府呈稿等档案24万余件的初步整理。1958—1960年按"朝年—问题"原则，对内务府来文等19万余件档案进行整理。1977年恢复内务府零散档案整理工作，至80年代初内务府全宗基本形成案卷级目录。其后，陆续对一些重要档案进行细化整理。1997年加工整理著录了内务府题本和宫中膳食档案，1998年加工整理著录了内务府事筒和题稿，2001—2005年完成了内务府奏案、奏销档的整理数字化工作等。2011年馆藏档案整理数字化工程启动后，内务府全宗大部分类项档案作为第一、二期整理项目，进行了文件级秩序整理。至此，内务府全宗档案，除舆图档案外，全部整理到文件级。

二、档案介绍

内务府虽然不是国家权力机关，但因其直接为皇帝服务的特殊地位，职事范围非常广泛，且与国家政事多有着一定的联系。内务府机构极为庞大，所用人员，除匠役、军丁及太监不计外，其职官即有3000余人。现存内务府档案不仅数量多，而且文种繁杂，内容极为丰富。除1912—1924年的内务府档案基本归入溥仪全宗、掌仪司所属乐部档案独立为乐部全宗外，内务府全宗满、汉文档案经历次整理，计有21类162项33474卷2867927件册。

全宗名	类	项	案卷起止	项下总件数	类下总件数
内务府（05）	旧整内务府杂件（01）	礼仪（001）	1—101	17690	324464
		人事（002）	1—187	59191	
		财务（003）	1—374	108025	
		地租钱粮（004）	1—55	11938	
		物品（005）	1—52	9070	
		修建（006）	1—92	28415	
		土地房屋（007）	1—38	5873	
		文书往来（008）	1—40	10483	
		赏单（009）	1—21	5275	
		略节（010）	1—53	7829	
		卷单（011）	1—86	21146	
		各小机构（012）	1—37	5538	
		印单、报帖、信件（013）	1—22	7424	
		杂项（014）	1—121	24845	
		补遗（015）	1—12	1722	
	新整内务府杂件（02）	新整内务府杂件（001）	1—5808	1003654	1008692
		景运门档房（002）	1—39	4897	
		稽察内务府（003）	1—5	141	

全宗名	类	项	案卷起止	项下总件数	类下总件数
	织造缴回档案（03）	内务府织造缴回档案（001）	1—106	18241	18241
	奏案（04）	—	1—1076	68742	68742
	奏底（05）	内务府奏底（001）	1—37	5253	5253
	月折（06）	内务府月折（001）	1—137	8582	8582
	题本（07）	内务府题本（001）	1—219	4805	4805
	呈稿（08）	内务府堂（001）	1—174	9442	326076
		广储司（002）	1—801	37440	
		都虞司（003）	1—258	16500	
		掌仪司（004）	1—399	19710	
		会计司（005）	1—324	18432	
		营造司（006）	1—830	57836	
		庆丰司（007）	1—174	9610	
		慎刑司（008）	1—119	7201	
		掌关防管理内管领事务处（009）	1—608	25215	
		管理三旗银两庄头处（010）	1—59	2713	
		官房租库（011）	1—164	6932	
		造办处（012）	1—91	5243	
		武英殿修书处（御书处）（013）	1—39	2599	
		御茶膳房（014）	1—6	203	
		中正殿念经处（015）	1—9	249	
		牺牲所（016）	1—13	671	
		景山官学（017）	1—39	2455	
		咸安宫官学（回子官学）（018）	1—10	179	
		织染局（019）	1—37	1896	
		三旗参领处（020）	1—556	26160	
		御药房（021）	1—16	753	

全宗名	类	项	案卷起止	项下总件数	类下总件数
		南府、景山、升平署（022）	1—5	57	
		慈宁宫花园事务处（023）	1—6	345	
		查核处（024）	1—3	66	
		精捷营（025）	1—1	17	
		自鸣钟（026）	1—1	3	
		绮华馆事务处（027）	1—1	1	
		宁寿宫（028）	1—2	7	
		其他（029）	1—35	1519	
		补遗（030）	1—631	57194	
		上驷院（031）	1—98	6252	
		奉宸苑（032）	1—60	6126	
		民国（033）	1—62	3050	
	奏稿（09）	内务府奏稿（001）	1—223	14704	14704
	题稿（10）	内务府题稿（001）	1—266	3500	3500
	堂谕、堂交（11）	内务府堂谕堂交（001）	1—269	43856	43856
	上谕（12）	内务府上谕（001）	1—11	2299	2299
	来文（13）	内务府来文特字项（001）	1—10	900	
		内务府来文（002）	1—3715	457236	
		内务府来文补遗（003）	1—125	20385	528372
		内务府所属机构来文补遗（004）	1—298	49851	
	领（14）	内务府领（001）	2—194	50302	50302
	结（15）	内务府结（001）	1—151	29458	29458

中国第一历史档案馆

馆藏档案全宗概述

全宗名	类	项	案卷起止	项下总件数	类下总件数
	事筒（16）	乾隆朝（001）	1—1	108	58649
		嘉庆朝（002）	1—7	829	
		道光朝（003）	1—29	5420	
		咸丰朝（004）	1—13	2464	
		同治朝（005）	1—30	5469	
		光绪朝（006）	1—181	34254	
		宣统朝（007）	1—61	10105	
	沟渠工程档案（17）	内务府沟渠工程档案（001）	1—3	174	174
	舆图（18）	—	1—1951	4341	4341
	簿册（19）	奏销档（001）	1—344	1026	132664
		红本档（002）	1—76	309	
		堂谕档（003）	1—7	37	
		上传档（004）	1—63	205	
		行文档（005）	1—43	147	
		呈文档（006）	1—23	52	
		来文档（007）	1—31	55	
		杂录档（008）	1—54	166	
		各项号簿（009）	1—74	483	
		堂簿册（谕旨）（010）	1—69	828	
		堂簿册（奏事、外交、典礼、财务）（011）	1—75	1444	
		堂簿册（文移）（012）	1—218	1870	
		堂簿册（文件登记）（013）	1—305	3597	
		堂簿册（杂记）（014）	1—293	5900	
		堂簿册（人事）（015）	1—166	2692	

全宗名	类	项	案卷起止	项下总件数	类下总件数
		堂清册（人事）（016）	1—703	11454	
		堂清册（财务）（017）	1—711	16666	
		堂清册（土地房屋）（018）	1—22	382	
		堂清册（工业）（019）	1—36	756	
		堂清册（陈设库贮）（020）	1—133	2499	
		陈设册（021）	1—624	7983	
		书籍档案等（022）	1—2	31	
		堂清册（生活用品）（023）	1—85	1303	
		堂清册（其他）（024）	1—53	2040	
		广储司（025）	1—656	14643	
		织染局等（026）	1—20	350	
		都虞司等（027）	1—81	2075	
		掌仪司等（028）	1—34	1577	
		御茶膳房（029）	1—112	913	
		中正殿等（030）	1—36	699	
		升平署（031）	1—114	10978	
		会计司（032）	1—104	1848	
		庄头处等（033）	1—91	2205	
		营造司等（034）	1—53	1016	
		官房租库（035）	1—37	1947	
		庆丰司等（036）	1—2	43	
		上驷院等（037）	1—449	5205	
		奉宸苑等（038）	1—62	1567	
		御药房（039）	1—263	5433	
		武英殿修书处等（040）	1—10	213	

中国第一历史档案馆

馆藏档案全宗概述

全宗名	类	项	案卷起止	项下总件数	类下总件数
		造办处等（041）	1—624	13597	
		大婚礼仪处等（042）	1—74	760	
		统计处（043）	1—35	874	
		办理捐输助赈事宜处等（044）	1—48	1156	
		宪政筹备处等（045）	1—11	188	
		三织造缴回档（046）	1—30	765	
		黄册（047）	1—130	2687	
	满文杂件（20）	连报单（001）	1—52	10696	213788
		来文（002）	53—885；2982—2989	74916	
		略节（003）	886—966	2722	
		呈稿、呈文及考勤报单（004）	967—1001	915	
		堂谕（005）	1002—1044	4003	
		上谕（006）	1045	134	
		奏稿（007）	1046—1055	412	
		题本、奏案、奏折（008）	1056—1076	2019	
		行文（009）	1077—1080	428	
		单（010）	1081—1089；2990—2991	1191	
		广储司（011）	1090—1432；3000—3003	31853	
		庆丰司（012）	1433—1465	1754	
		都虞司（013）	1466—1476	770	
		掌仪司（014）	1477—1488	770	
		会计司（015）	1489—1492	154	
		营造司（016）	1493—1495	171	

全宗名	类	项	案卷起止	项下总件数	类下总件数
		慎刑司（017）	1496—1497	68	
		上驷院（018）	1498—2483	61230	
		奉宸苑（019）	2484—2488	509	
		武备院（020）	2489	96	
		中正殿（021）	2490—2568	5813	
		三旗参领处（022）	2569—2579	1027	
		雍和宫（023）	2580—2584	369	
		官房租库、三旗庄头处、御茶膳房等（024）	2585—2604	1632	
		卷单（025）	2605—2968；2992—2995	8941	
		景运门（026）	2969—2970	210	
		銮仪卫（027）	2971—2972	92	
		其他文件（028）	2973—2981；2996—2999	893	
	满文簿册（21）	内务府堂（001）	1—51	971	20965
		广储司（002）	52—338	1916	
		都虞司（003）	339—413	1065	
		掌仪司（004）	414—418	13	
		会计司（005）	419—434	364	
		上驷院（006）	435—1143	14711	
		武备院（007）	1144—1147	43	
		三旗参领处（008）	1148—1216	570	
		圆明园（009）	1217—1244	248	
		敬事房（010）	1245—1253	41	
		其他机构（011）	1254—1269	320	
		八旗钱粮册（012）	1270—1329	703	

内务府档案，主要按照文种、"文种—机构""文种—问题"整理保管。内容如下：

上传档。总管内务府大臣面奉谕旨或由宫殿监督、领侍等内官转传谕旨以及

交发事件后将其文字汇抄而成的簿册，内容多为关税、盐课、生息银两、赏赐使臣等。

上谕档。按日抄录上谕粘贴于册形成，内容与军机处上谕档相近，不局限于内务府事务，甚至有镇压太平天国、陕甘回民起义等未见于军机处上谕档的记载。另有折件上谕，系内务府所奉上谕之抄件，或从内阁抄出，或由军机大臣、奏事太监口传，或总管内务府大臣面奉，或修内务府则例时抄录。

奏销档。内务府以口奏、绿头牌奏、奏本进呈等形式向皇帝上奏并奉旨后抄录存案的簿册。其内容以宫廷事务为主，如祭祀、巡幸、筵宴、进贡、工程建设、租税交纳、官员升降、刑案查审等。

红本档。总管内务府大臣依据奏销档汇奏所属机构一年内经办之事的档簿，主要涉及官员功过奖惩，庄头出入粮石，官三仓出入蜂蜜、盐斤、黄白蜡支、纸张、材炭，祭祀用过猪牛、果品数目，内外牛羊圈出入用存草料以及上三旗包衣寡妇孤子钱粮发放，各处进贡物品及赏赐数目等。

黄册。主要是内务府奏销和存物册，如修建陵寝宫苑、寺庙行宫、紫禁城内外河道等工程奏销黄册，修书处匠役工价银两和书籍四柱册，瓷、缎、衣、茶、皮各库销算出入清册以及金银材料数目册等。

除上述档册外，内务府堂、七司三院及其他机构都形成有大量簿册，名称极为繁杂，内容涉及官员匠役名册、值班考勤、俸银米册、地租房租、各种物料备办领用、库存各类器皿、佛堂贡献、节庆演戏等，皇帝节次膳食、各色药味、慈禧与光绪脉案等。其中，造办处承办各种活计的活计档、记载各处宫殿寺庙物品陈设的陈设册等清册，都具有很高的史料价值。

题本、题稿。为总管内务府大臣遵例将内务府所属各机构经办各事于年终汇题的本章及办理汇题时的副本。主要内容有：官员承办事务功过、京察及官员等第职名，各处庄头、园头一年承催拖欠粮石数目，官三仓一年出入米石、杂粮、盐斤、蜂蜜数，题销官房租库收支数，广储司六库出入各数，宫中一年用过纸张、煤炭、木材数，一年出入牛羊数目，题销钱粮草豆、祭祀用过猪口、果品银数等。

奏案、奏底、奏稿。总管内务府大臣或所属各司院官员向皇帝奏报宫廷事务的折片、清单及底稿或抄件等，奉批后由书吏整理备查的文书，一事一案，用纸包裹粘贴，并注有编号、日期、事由，内容涉及官员的升补参革，地租关税，三织造解交丝绸，广储司出入银两数目，慎刑司刑惩案件，番役处拿获事件，祭祀、巡幸活动，修建工程，挑选秀女，使用苏拉数目，宫中钱粮经费等。

呈稿。所属各机构撰拟、报堂签署、归档存案的文稿，内容涉及官员升降与奖惩、物品领用与办买、贡品解送与验收、银钱支取与恩赏、太监宫女选用与管理、各处马牛羊数目查核、随围车辆安排等。

来文。包括各机构呈堂文件或相互间的往来文件以及内务府收到其他衙门发来的咨呈移知文件，内容涉及各方面事务。

事筒。内务府值班人员所收各衙门呈送内务府的文书，因将其放入纸筒内收存，故名。其文书性质和内容，与来文相近。

连报单。即内务府官员、兵丁、侍卫等值宿、进班、查夜名单人数，原为事筒的一部分。

领、结。为领用物品的文书。领是各机构领取银两、米豆、肉类、工程物料、车辆、马匹、纸墨等项钱物的领据；结是领取物料的印结，如领取银两、米豆、工程银两和物料的印结，买卖土地房屋的结、契，顺天府、河间府等处交纳地租银两的印结等。

月折。即广储司六库每月银两和各种物品的四柱总账，由广储司呈堂，再由内务府堂具折上奏，因其系按月包装上架，故名。

内务府档案中，还有江宁织造缴回档案和沟渠工程档案两项专题档案。江宁织造于光绪三十年（1904）奉旨裁撤后，将档案缴回内务府保存，主要为同治、光绪两朝江宁织造行文堂稿和户部及内务府给江宁织造的札文、批回、护照等，内容涉及织办解运年例缎绸、传办各项活计，核销工料银两，江宁织造人员的任免考绩以及司库、匠役人名册，散放口粮银数等。沟渠工程档案，为内务府奏请修挖宫内沟渠、营造司勘估核销工料银两等事务而形成的奏折、清单、清册等。

舆图。档案起止时间自明万历三十三年（1605）至清光绪三十四年（1908），大部分系由中外臣工绘制进呈后存于造办处舆图房。内务府舆图是馆藏几项舆图中数量最多、价值最高的，分为天文、舆地、江海、河道、武功、巡幸、名胜、瑞应、效贡、盐务、寺庙、山陵、风水等13类，重要舆图有大明混一图、赤道南北两总星图、坤舆全图、大清一统天下全图、雍正十排图、乾隆十三排图、金沙江上下两游图、旅顺坞炮工程图、江南名胜图、江宁汉府机房图、圆明园谐奇趣西洋水法图、万寿盛典初集图画、两淮煎晒盐图、耕织图等。

内务府机构与事务庞杂，档案内容与文种形制也极为丰富。除前揭主要类项外，半数以上档案归入满、汉文杂件。其中"旧整内务府杂件"类为文献馆时期整理，其下设礼仪、人事、财务等15项；"新整内务府"类，为1979—1982年对内务府零散档案进行案卷级整理，内容包括内务府职能所涉及的财务、人事、礼仪、文牍、刑罚、采办制造等各方面，其下分"新整内务府杂件""景运门档房""稽查内务府"3项。旧整、新整内务府杂件，均于2012年立项由专业技术服务公司重新整理。满文杂件于2011—2013年重新整理，以文种（如连报单、堂谕、奏稿等）、机构（如广储司、武备院、中正殿等）设28项，类下统一编定流水卷号。

宗人府全宗

全宗号 06

一、全宗概况

宗人府，是专门管理皇族事务的机关。清仿明制，于顺治九年（1652）四月设宗人府，初设宗令一人，以亲王、郡王任之；左、右宗正各一人，以贝勒、贝子兼摄；左、右宗人各一人，以镇国公、辅国公或将军兼摄，掌宗人府各项事务；府丞一人，掌校理汉文册籍等事；堂主事，宗室二人、汉二人，分别办理保管满、汉文奏疏文稿；供事四人，办理堂上具体事务。内部机构包括：经历司，左司，右司，银库，黄档房，空房，当月司，左、右翼宗学，八旗觉罗学等，还辖有玉牒馆、则例馆、律例馆、庆典处、团练处等及不定期设立的临时机构。光绪三十二年（1906）官制改革后，增设统计处、俸档房、宪政筹备处等机构。1912年清王朝覆灭后，清废帝溥仪根据皇室优待条件的规定仍居住宫中，因此宗人府依然存在，直到1924年溥仪被逐出宫为止。

清代皇族，按血缘关系近远，分为宗室和觉罗，以太祖努尔哈赤的父亲显祖塔克世的本支为宗室，其伯叔兄弟旁支为觉罗。宗室、觉罗为"天潢贵胄"，在政治上、经济上、教育上、仕途上、法律上都享有特权。宗人府的职责就是办理各有关事项，主要包括：

1. 纂修谱牒

顺治十二年议准，每十年开馆纂修一次皇族谱牒，称为玉牒。宗室、觉罗生育子女及继嗣、婚嫁、封爵、授职、升补降革、死亡等事，由王公门上及各旗造报宗人府，宗人府据此登记于册，宗室记于黄册，觉罗记于红册。宗人府将每年黄册、红册所记，以帝系为统，按辈分长幼载入玉牒。

嘉庆帝即位后，宗人府每年将黄册按嘉庆帝16个兄弟各房，用满文分别男女以横排格式缮写一份送宫内保存。嘉庆二十二年（1817），嘉庆帝令添写汉字的一份，并且增加皇帝位下的一份，即以其在所修汉字本卷帙上的题签命名为"星源集庆"。

2. 办理宗室、觉罗的养赡及爵位、食俸和官缺任免

清朝给予宗室、觉罗以优厚的待遇和特权。按规定，宗室、觉罗根据身份地位领取相应的养赡银两、米石，遇有婚丧事件则有恩赏银两，均由宗人府负责办理。宗室、王公封爵爵位有14个等级，无爵位的宗室称闲散宗室，至18岁由宗人府汇题，亦给予四品官顶，并按品食俸。此外，清代还规定在侍卫处、上虞备用处、銮仪卫、宗人府、六部、理藩院、都察院、内阁、盛京各部等机构中，设有相当数量的宗室侍卫及宗室官缺，其任免由宗人府负责或参与办理。

3. 办理宗室、觉罗人员司法事宜

宗室犯法，由宗人府会同刑部审理；觉罗犯法，由刑部会同宗人府审理。涉及户、婚、田土的案件，宗室由宗人府会同户部审理；觉罗由户部会同宗人府审理。同时，宗室、觉罗犯法折罚减等事宜，亦均由宗人府办理。其枷、徒、军流刑罚，可折为由宗人府板责或圈禁于宗人府的空室，如徒3年或流2000里者，折为由宗人府责打30板等。

4. 负责宗室、觉罗的安全及教育

宗人府负责为各王府选派长史（或称司礼长），一、二、三等侍卫，典卫及亲军校、护军、领催、红、白、蓝甲，守门甲和太监等，保证其安全，伺候其生活。宗人府下设左、右翼宗学及八旗觉罗学，对皇族子弟进行教育培养。

5. 参与宗室、觉罗官职任免奖惩

王公、将军及宗室、觉罗的奖惩、任职升职事项，宗人府均要参与。宗室、觉罗凡不兼职者，由宗人府议处议叙；兼任文职者，由宗人府会同吏部议定；兼任武职者，由宗人府会同兵部议定。

宗人府档案，起自乾隆元年（1736），迄于1924年。主要有：宗人府编纂的谱牒及其稿本，宗人府日常形成的各种文稿，各机构的来文，宗人府本身形成的及各处送来的簿册等。

清代，宗人府档案存于户部街的宗人府衙署内，民国初年档案移至东华门外光禄寺旧址。1925年故宫博物院成立，文献部将宗人府档案移至故宫博物院，并从乾清宫与景山寿皇殿接收玉牒52柜又61包。1933年部分宗人府档案（玉牒94箱）南迁以避战火。1947年，文献馆又从孔德学校（宗人府旧址）接收宗人府档案834册。20世纪五六十年代，南迁档案运回北京。

1937年5月，故宫博物院文献馆将留京宗人府档案提存至南三所库房进行清理，初步清厘为11类。1945年，继续整理宗人府各司说堂稿与玉牒目录、宗室觉罗名册。1959—1960年，我馆将宗人府来文与文稿部分（包括说堂稿、行稿、存稿等）进行案卷级整理，编目上架。整理原则为：先分文种，然后稿件按"朝年—机构"分类，来文按"机构—朝年"分类，是为"旧整宗人府档案"；对簿册按"机构—朝年"分类，进行了文件级整理，以类代卷进行编目。此外，完成了2万余件的满文上谕档、说堂稿等档案整理。1978年至1979年1月，故宫博物院明清档案部对宗人府档案进行补遗整理，依照旧有方式，先分文种，然后按"机构—时间"或"机构—问题"编目，完成全部组卷，命名"新整宗人府档案"。2009年，启动对"旧整宗人府"类档案的文件级整理，完成全部来文项与部分说堂稿项档案的整理。"档案整理数字化"工程实施后，2012年将"旧整宗人府""新整宗人府""玉牒类（玉牒馆等3项）""簿册"4类档案发交专业技术服务公司进行整理，保留原类项，重新组卷，编制案卷级、文件级秩序目录。2013—2014年，对宗人府满文档案进行整理，分为折件、簿册、图书3项。2019年，完成了馆藏宗室、觉罗大小玉牒的清点整理。

二、档案介绍

宗人府全宗档案全部完成文件级整理后，共为5类29项，计7282卷523926件（册）。

全宗名	类	项	案卷起止	项下总件数	类下总件数
宗人府 （06）	旧整宗人府 （01）	来文（001）	1—796	177957	290017
		说堂稿（002）	1—951	104017	
		行稿（003）	1—5	345	
		存稿（004）	1—5	758	
		题稿（005）	1—13	633	
		奏稿（006）	1—93	6307	
	新整宗人府 （02）	簿册（001）	1—268	10676	196764
		印单（002）	1—52	2391	
		陪祀单（003）	1—69	3950	

宗人府全宗

全宗名	类	项	案卷起止	项下总件数	类下总件数
		来文（004）	1—399	35209	
		奏折（005）	1—128	7257	
		奏稿（006）	1—175	6916	
		说堂稿（007）	1—2417	130365	
	玉牒类（03）	玉牒馆档案（001）	1—60	939	939
		小玉牒（002）	1—170	1310	1310
		星源集庆（003）	1—71	472	472
		宗室大玉牒（004）	1—52	346	346
		觉罗大玉牒（005）	1—218	1225	1225
		宗室觉罗名册（006）	1—474	2906	2906
	簿册（04）	左司（001）	1—62	872	7302
		右司（002）	1—60	900	
		黄档房（003）	1—41	651	
		经历司（004）	1—89	1328	
		银库（005）	1—68	2676	
		统计处（006）	1—53	846	
		杂件（007）	1—6	29	
	宗人府满文档案（05）	折件（001）	1—292	21687	22645
		簿册（002）	1—126	671	
		图书（003）	1—69	287	

现将宗人府档案按文种分类介绍如下：

1. 来文

宗人府来文，即宗人府收到在京各衙门的文书和宗人府所属各机构的呈堂文书及宗人府各机构之间的来往文书，起止时间自雍正十年（1732）至宣统三年（1911）。来文档案项下按"机构—问题"原则整理编目，共1195卷213166件。另有满文来文223卷17280件。

来文项下涉及的宗人府所属各机构有宗人府堂、左司、右司、黄档房、银库、宗室觉罗学堂、经历司、玉牒馆、则例馆、统计处等，其档案所涉问题内容有交叉。概括而言，主要有：宗室、觉罗人员的封爵、袭职、赏赐、奖惩、婚嫁、抚恤、生死、旌表、过继、更名、请假、值班等人事方面文件；关于祭祀坛庙、日月蚀、祈雨雪、皇帝大婚、太后万寿行礼等礼仪方面文件；左、右翼宗学呈报各族学生年貌、三代清册，选补教习、支领冬夏季服装，宗室参加文、武和翻译乡会试等考试以及整顿宗学、领取公费、修理学堂等文教方面文件；宗室、觉罗为土地房屋纠纷、借贷、诈财、拐骗、婚姻、盗窃、斗殴等刑名案件及为宗室、觉罗圈禁处置等刑罚方面文件；关于陵寝祭礼，更派守陵王公、贝子及陵寝的修建等文件；光绪二十四年（1898）至三十四年部分帝后的脉案文件；晚清八旗生计处设立宗室、觉罗教养工厂、工艺厂及工厂章程，各王公、贝勒、贝子为设各厂报捐银两等文件；各旗宗室人员俸银、俸米支领，孤孀养赡抚恤钱粮发放，滋生银两数目、年终奏销本府各机构效力笔帖式、苏拉等公费饭食等文件；玉牒馆纂修官员、笔帖式考勤记录，勘修玉牒库房情况，恭送玉牒到盛京安藏礼仪，玉牒告成后保奖出力人员、报销纂修玉牒所用经费等文件；起居注馆、方略馆、国史馆、会典馆等为修书向宗人府行文咨取有关材料，宣统朝律例馆酌改宗室、觉罗经费章程及拟改律例条款等文件；晚清内阁为设立统计处事抄送的文件，统计处办事章程及用印情况，宗人府堂司官员统计表等；光绪、宣统两朝的外交事务、筹备立宪、用印数目登记、禁烟等文件。

2.说堂稿

说堂稿是宗人府各机构的呈堂文稿。时间自雍正朝起至1924年溥仪出宫前。旧整类下是按"朝年—机构"原则整理，新整类下是按"机构—朝年"原则整理，共3368卷234382件。另有满文说堂稿28卷1305件。

说堂稿项下涉及机构有左司、右司、经历司、银库、玉牒馆、黄档房、则例馆、俸档处、庆典处、律例馆、宪政筹备处等。其内容主要有：左右翼宗室事务，包括宗室觉罗婚娶、病故、恩赏、袭荫和旌表，宗室官员升补、奖惩、请假，宗学、觉罗学事务，宗室诉讼等事务的文稿；派送管库大臣、报送官员俸次，发放薪俸、银库收支、银库行文用印等方面文稿；纂修玉牒与恭办星源集庆奏请派送纂修各官，玉牒告成尊藏及议叙纂修各官，咨催盛京宗室觉罗报所生子女册，支领修牒经费及物件等方面文稿；光绪十九年（1893）至二十年为慈禧太后六旬万寿设立庆典处、晚清设立宪政筹备处的文件等。

3.玉牒类档案

玉牒类档案主要是玉牒编修过程中形成的簿册与玉牒、星源集庆、宗室觉罗名册等。起止时间自顺治十八年（1661）至1925年。共约1045卷7198件（册）。

（1）玉牒编修过程中形成的簿册。共60卷939件。有谕旨、堂谕、宪谕、堂

付、誊录传帖、宗室传帖、王公传帖、禀贴、王公等升迁管辖履历存案清册、一二三等人员功课簿、考核功课簿、提调纂修等官履历、列入一二等议叙誊录官供事等履历、誊录学生履历、供事到馆履历、收支款项簿、满汉核对新书簿、尊藏新书篇页数簿、两翼近支报考誊录簿、收文簿、发文簿、知会簿、值班簿、发各处物件簿、初校簿、复校簿、满汉字价簿等。

（2）玉牒正本与稿本。清室玉牒经过多次搬运移存，内部原有秩序已被打乱。1980年，我馆对馆藏大玉牒进行初步清点，分宗室、觉罗两种，分别按纂修时间组卷，各卷以黄、红绫包裹贴签存放龙柜。但因条件所限，原整理存在包签与内容不符、大小玉牒混淆、正本与稿本混放、间杂有非玉牒类档案等问题，目录所载信息亦有谬误，与档案实体无法一一对应。2019年，本馆对玉牒进行重新清点整理和组卷，厘清了馆藏玉牒底数，其中大玉牒270卷1571件，现存27次撰修正本数量齐全（乾隆二十五年至五十三年四次撰修各有两套）；小玉牒即玉牒稿本170卷1310件。重新整理后的玉牒，更换了新订制的包袱，清代原有的黄绫、红绫包袱布撤下集中保管。

（3）星源集庆。共71卷472件。从嘉庆朝至宣统朝的乾隆皇帝直系子孙横格玉牒称为星源集庆，由宗人府每年编修进呈皇帝。

（4）宗室、觉罗名册。共474卷2906件。宗室、觉罗所生子女及继嗣、婚嫁、封爵、授职、升补降革、死亡等事，由王公门上及各旗造报宗人府，宗人府每年登记于册，宗室记于黄册，觉罗记于红册，并分男册、女册。

4.奏折、奏稿

分存于"旧整"和"新整"宗人府类下，时间自乾隆至宣统各朝，共396卷20480件。另有满文奏折、奏稿共25卷2055件。主要内容有：为纂修玉牒、则例而开馆并奏请派定员役、书成进呈并请奖叙出力人员等事，奏销宗室、觉罗的养赡、恩赏、抚恤银两经费及收支四柱清册等事，奏请引见宗令、宗正及学长、族长等官员事，有关陵寝礼仪、祭祀坛庙斋戒等事，奏请奖惩王公、宗室、觉罗人员以及刑罚诉讼等事，关于本府职官官制、机构设置等方面的具奏折稿，咸丰年间为镇压太平天国设立宗室团练处办理团练形成的奏稿等文件。

5.行稿、存稿、题稿

宗人府行稿，为宣统三年（1911）以后至1924年形成的文件，共5卷345件，主要有宗室、觉罗赏银薪俸领取及皇族生计等方面的文件。存稿，是光绪三十三年（1907）至1920年形成的存案备查稿，共5卷758件，主要有遗失地册及报明王府地亩数目存案档，宗室恩荫、难荫、病故领赏银等方面的文件。题稿，是宗人府向皇帝题请、题销等事的文稿，自乾隆朝至光绪朝，共13卷633件，内容主要有袭封、考封、给册、给印以及玉牒馆为玉牒告成具题文件等。

6.簿册

宗人府及其所属机构日常工作形成的各种档册、宗人府编修的册籍以及各旗族佐领、王公门上造送的表册等。按左司、右司、黄档房、经历司、银库、统计处等机构列项进行整理，起止时间自顺治十八年（1661）至1925年，共379卷7302件。另有满文簿册共126卷671册。

7.陪祀单、印单及其他满文档案

陪祀单，祭祀坛庙陪祀王公名单及因病请假官员名单等，多为满文书写。原分存于宫中、宗人府两个全宗，1979年整理零散档案时统一归入宗人府。自乾隆十五年（1750）至光绪元年（1875），共69卷3950件。

印单，为宗人府各机构向各旗、各部院、各地方行文用印，登记数量、事由，报告宗人府堂备案的文书，时间从乾隆朝至宣统朝，共52卷2391件。

其他满文档案，包括满文图书、满文文底以及题稿、谱牒散页、各类簿册清单等文件。

责任内阁全宗

全宗号 07

一、全宗概况

清末，为了缓解日益严重的政治危机，清政府开始实行官制改革，于光绪三十二年（1906）宣布"预备立宪"，三十四年颁布宪法大纲，定为九年实行宪政。宣统二年（1910），在全国政治形势的压力下，被迫把预备立宪期缩短为三年，并于宣统三年四月初十日宣布成立责任内阁。

责任内阁是效仿君主立宪制度，在旧内阁、军机处、会议政务处等裁撤合并的基础上成立，作为清末掌管国家权力的最高行政机关。设总理大臣一人，"为国务大臣之领袖"，"掌参机要，缔纶时务"，"定政治之方针并保持行政之统一"。具体职掌：发布阁令；对各省长官及各"藩属"长官发布训示；对各部大臣之命令或处分，视为实有妨碍者，得令停止；如有认为违背法令或逾越权限者，得令停止或撤销。设协理大臣一人或二人，外务大臣、民政大臣、度支大臣、学务大臣、陆军大臣、海军大臣、司法大臣、农工商大臣、邮传大臣、理藩大臣各一人。国家颁布法律、诏令及有关国务之谕旨，总理、协理大臣会同相关部门大臣联衔；涉及各部全体者，全体署名。设阁丞一人，综理阁务，监督指挥各厅局事务。下设一厅四局，即承宣厅，制诰局、叙官局、统计局、印铸局，各厅局设正、副厅局长各一人，佥事、艺师、艺士、录事等官，"视事务繁简酌置"。

责任内阁设政事堂，为国务大臣会议之所，议长由总理大臣担任。会议应议事项有：法律案及勒令案，预算案及决算案，条约案及宣战媾和事件，对内使用军队，官员的任免，各部权限之争议，国会移送人民陈请事件，按照法令应经阁议事件，内阁总理大臣或各部大臣认为应经阁议事件等。

责任内阁直属机构有法制院，设于宣统三年五月，"掌编修法规"。具体职掌：

法律命令的撰拟、增删、改废，各部所拟法律命令的审查复核，现行法律命令的解释，各项法规的编纂整理以及有关法制统一等事项。

责任内阁首任总理大臣为庆亲王奕劻，协理大臣为大学士那桐、徐世昌，其他国务大臣多是王公亲贵，所以也被称为"皇族内阁"。责任内阁成立不到两个月，各省谘议局就纷纷上书，以"皇族内阁不合立宪公例"，要求另组"完全内阁"。在全国的强烈要求下，清统治者于同年九月十一日发布上谕，改组责任内阁，免去王公亲贵等充任国务大臣的职务，授命袁世凯为内阁总理大臣，组织完全内阁。十二月，随清帝退位解散。

二、档案情况

本馆现存责任内阁全宗档案，原按文种分类立卷，编制案卷目录。2014年，该全宗档案由专业技术服务公司进行了文件级整理，分"档簿""奏咨行稿"2类，类下不设项，重新组卷，共33卷7079件。

责任内阁全宗档案起止时间自光绪二十七年（1901）四月至宣统三年（1911）十月，主要为各种档簿和机构的奏稿底、来文等。

1.档簿

档簿是责任内阁日行公事文件的汇抄册。主要有：全文抄录遵旨议奏事件奏折的"阁议档"；逐日登记内阁会议事由和结果的"会议档"；为皇帝草拟谕旨的"拟旨档"；有关经费开支、俸薪发放的"放款档""俸银档"；官员上班值班登记的"划到簿""考勤簿""值班簿""交事簿"以及"收发内外文总数目簿""移付档""堂谕簿""发缮清字纸簿""夹板登记档"等。此外还有"电报档"和"信函档"，收录了辛亥革命爆发前后关于借款、铁路交涉、运送军火、各地局势战况，有关孙中山、黄兴等革命党人活动情况的来往电报、信函等文件，内容比较重要。

2.奏稿底

奏稿底是责任内阁等各机关向皇帝奏事的底稿，内容多为遵旨议奏事件，主要有各项官制条例章程、遵旨议奏事件等，包括：内阁官制案、拟订各部官制通则案、拟订公式制案、拟订奏事制案、内阁官报条例、推行划一度量衡制度暂行章程，为学堂毕业生授职、筹备审判检察各厅酌拟办法事、为铁路出力洋员请赏宝星事、勘定路线修筑铁路事、内阁总理大臣及国务大臣11人辞呈事、内阁法制院奏请饬下各衙门编纂现行法规并厘订具奏办法事等文件。此外还有内阁叙官局的一些文件，主要是官员的升迁调补、议叙议处、参革保荐、开缺奏留等方面的文件。

各部奏件，涉及法部、学部、民政部、外务部、度支部、礼部、邮传部、农工商部、吏部、理藩部等，主要内容有：代奏考察各国司法制度报告书，整顿地方自治办法事，议结滇省隆兴公司矿案事，粤督电奏借订外国银行现款事，奏拟国乐办法、编制国乐专章事，定期接收驿站事宜并拟随时变通办理事，核定抢修黄河险工经费事，有关官员的升补、降调、奖惩、行礼、引见等文件，各地王公进京请安、呈进贡物等方面的文件。此外，还有禁卫军大臣、步军统领衙门、税务处、钦天监等机构的少量奏件，官员个人的奏、咨文稿等。

3.来文

来文是各衙门向责任内阁备案的文件。内容包括：各机构裁撤、改并，各部有关官员的引见、保奖、请假、丁忧、值班、处分、任免以及咨送官员履历等，典礼院、总管内务府等关于咨送各种斋戒典礼单、陪祀官员职名册、祭祀日期及礼仪，全国联合进行会呈请速定帝国共和政体，民政部拟整饬地方自治办法等内政事务；各地督抚奏陈改编军队、裁撤绿营、变通督练公所、添募防营，陆军部、火器营咨报官兵拴养马匹，核销购置军装军械、修建军营，办理团练、合操、练兵等军务事宜；派员赴各国考察，核销驻外大臣川装银两，会商中俄边界，请旨批准中和（荷）领约，预备接待德国王储等外交事务；各省兑解漕粮、报告地丁钱粮收支，整顿征收海关关税、洋药与土货税收等，度支部拟订的募集公债及发行钞票办法条例、募集爱国公债施行细则等财政事务；各省奏报屯垦耕作、得雨雪分寸日期、收成分数、粮食价格，岁修黄河河工等事务；开滦矿务总局合同草案，轮船招商局章程并改良办法、营业盈亏情形，京汉铁路赎回后第二年收支情况等工商业及交通运输事务；学部咨呈中央教育会章程、酌拟变通廷试录用办法，总管内务府设立回文学堂，请办防护妇女幼儿慈善会等文教卫生事务；理藩部酌拟变通公文程式、奏请颁赏蒙古王公台吉等事务；武昌起义后荆州将军等请陆军部派兵赴鄂剿办，资政院议员请旨取消和议用兵事等文件。

责任内阁全宗档案经文件级整理后，形成案卷级秩序目录共33条（格式如：07-00-000-000001），与馆藏大清银行等共14个全宗合编为1册。形成文件级秩序目录共7079条（格式如：07-00-000-000001-0001），编为文件级秩序目录2册（第2册与弼德院全宗文件级目录合编）。

弼德院全宗

全宗号08

一、全宗概况

宣统三年（1911）四月初十日，在"预备立宪"活动中，弼德院与责任内阁同时设立，以制约责任内阁总揽国政职权，清廷为此特发上谕："该院权限与内阁相为维系，所关重要，必须同时并设，用备顾问。"

弼德院制度"仿于东西各国之枢密院、参事院，与国初议政处及汉之中朝官、唐之翰林、明初内阁略同"，是"上备顾问，参议国务，密翊君上帷幄之谋，隐匡政府措置之用"的国家重要机关。"凡关于皇室及宪法附属法令，并外交条约、内治重要者"，皆由弼德院拟议。具体职掌事项包括：按照皇室大典，属于弼德院权限以内事件；宪法及其附属法令之审议及解释；宪法未颁以前按照宪法大纲关于君上大权第八项、第十一项、第十二项所列事件；条约及重要交涉事件；除上述各款外的临时事件等。由内阁奏准公布的"弼德院奏事章程"共三条，规定：弼德院奏事均为面奏或用奏电，不具正折；所奏之事以特旨咨询事件为限；所奏事件不登官报。"弼德院办事及议事细则"对该院办事原则和应审查、会议、议决、具奏事件的程序均作了详细规定。

弼德院设院长一人，副院长一人，顾问大臣三十二人，参议官十人。院长总理全院事务，所有奏咨文件由院长签行，副院长佐之。顾问大臣"均以著有勋劳及富有政治上学识经验者任之"。院下设秘书厅，"掌本院文牍、会计、议事纪录及一切庶务"，内设秘书长一人，秘书官若干人。

二、档案情况

馆藏弼德院全宗档案很少，原整理为案卷级，编制案卷目录。2014年，该全宗档案由专业技术服务公司进行了文件级整理，共1卷7件。

弼德院全宗档案为宣统三年四月至十二月的奏事底稿和中央各衙署咨送弼德院的文件。

弼德院全宗档案经文件级整理后，形成案卷级秩序目录共1条（格式如：08-00-000-000001），与馆藏责任内阁等共14个全宗合编为1册。形成文件级秩序目录7条（格式如：08-00-000-000001-0001），合编到责任内阁全宗档案文件级秩序目录第2册。

宪政编查馆全宗

全宗号 09

一、全宗概况

宪政编查馆，是清末负责考察政治、编纂宪政法规的机构，由考察政治馆改设。光绪三十一年（1905）六月，清政府派载泽、戴鸿慈、徐世昌、端方、绍英五大臣赴东、西洋考察政治，揭开了"预备立宪"的序幕。八月二十六日，五大臣出发时，载泽、绍英被革命党人吴樾炸伤，后改派尚其亨、李盛铎会同载泽、戴鸿慈、端方于十二月分两路出洋考察。载泽、李盛铎、尚其亨前往日本、英国、法国、比利时等国，戴鸿慈、端方前往美国、德国、意大利、奥地利等国，于次年七月回国，辑成《列国政要》《欧美政治要义》等，呈请清廷效各国之制，实行君主立宪。光绪三十一年（1905）十月，设考察政治馆。三十三年（1907）七月，改考查政治馆为宪政编查馆，作为全国考查编订宪政的机关。至宣统三年（1911）四月责任内阁成立，五月二十七日该馆被裁撤。

宪政编查馆的具体职掌包括：议复奉旨交议有关宪政折件及拟军机大臣交付调查文件；调查各国宪法、编定宪法草案；考核法律馆所订法典草案和各部院、各省所订各项单行法及行政法规；调查各国统计颁定格式，汇成全国统计表及各国比较统计表。

初设考察政治馆，由政务处王大臣管理，设提调官一人，其任务主要是研究各国政治之可效法者，纂订成书，同时也考察国内各地实行新政的情况。改为宪政编查馆后，明确规定由军机处王大臣管理，设提调官二至四人，综理馆中一切事宜；总核二人，稽核各项奏咨文牍及官报事件；另有参议二人。馆下设三局三处一科，即编制局、统计局、官报局，庶务处、译书处、图书处，考核科。

二、档案情况

馆藏宪政编查馆全宗档案，是1961年中国科学院历史研究所第三所南京史料整理处移交而来，1974年本馆曾整理到案卷级，按问题分为两类，类下据内容设项，全部案卷编定流水卷号，编制案卷目录。2007年本馆对该全宗档案在原整理基础上进行了文件级整理，并逐件进行著录。2011年，对该全宗类、项配置了五级档号，共100卷2936件。如下表：

全宗名	类	项	案卷起止	案卷数	项下总件数
宪政编查馆（09）	考察筹备宪政（01）	考察政治（001）	1—6	6	45
		筹备立宪（002）	7—38	32	1004
		官职（003）	39—51	13	577
		司法（004）	52—56	5	365
		军务（005）	57—64	8	186
		学务（006）	65—68	4	109
		财政经费（007）	69—79	11	265
		其他（008）	80—93	14	295
	文书档案（02）	综合	94—100	7	90

宪政编察馆全宗档案起止时间自光绪三十一年（1905）至宣统三年（1911）。主要内容包括：

1. 考察政治方面。考察政治大臣及出使大臣等翻译介绍外国政治、法律制度以及考察南洋华侨商业情况等文件；仿照外国拟订的有关条例，如奕劻等遵旨核议《大清国国籍条例》并缮呈清单；罗振玉等关于宪政改革意见所上奏折、说帖等。

2. 筹备立宪方面。在筹备立宪过程中，成立机构、选举议员及各省咨报议会召开前各项工作筹备情况的文件；奕劻等奏请改考察政治馆为宪政编查馆的奏折、宪政编查馆为行政事务宜明定权限酌拟办法的奏折等；修订法律大臣沈家本等纂拟的刑事诉讼律草案、民事诉讼律草案、民律草案和商律草案等。

3. 职官官制方面。民政部、理藩部、学部、度支部、陆军部、海军部、集贤院等各部院官制改革清单，有关官制改革的条陈、章程等；各部院、各省为人事问题给宪政编查馆的咨文，地方官员考绩表册等；御史张瑞荫奏军机处关系至大不可裁并的奏折、东三省总督会奏东三省设立公署职司官制的奏折等。

4.司法方面。宪政编查馆会奏拟订结社集会律34条，法院编制草案163条，宗室觉罗诉讼章程，法部酌拟死罪施行详细办法，宪政编查馆奏议府、厅、州、县地方审判厅办法折等文件。

5.军务方面。陆军部具奏实行新定官制，陆军军官升迁调补暂行章程，惩治漏泄章程，恤荫恩赏章程等，武职官员补缺、留任、议叙、开复、休致、参革、奖惩及官员请换勇号、更名等人事问题的文件。

6.学务方面。贵胄法政学堂章程，甘肃、新疆、河南等省改设法政学堂，黑龙江添办中学、改定两级师范学堂、推广女学，浙江筹设简易识字学塾，福州驻防拟设蒙学堂及研究所等事宜文件。

7.财政经费方面。度支部核复各省地丁钱粮奏销数，税务大臣咨送的海关贸易清册，邮传部咨呈筹备宪政经费情形，民政部筹议收化私钱以维币制，贵州、新疆等省筹措善后赔款等事宜的文件。

其他还有农工商部会奏考定度量、兴办实业、照章奖励及整顿实业，民政部奏定巡警学堂章程，度支部咨呈禁烟上谕，礼部遵旨改拟慈禧太后治丧礼节等事宜的文件。另有考察政治馆的咨稿、札稿、照会册、大臣奏稿册、收发文，实录馆等咨送开馆铸印等文件。

修订法律馆全宗

全宗号 10

一、机构概况

修订法律馆，是清末筹备立宪时为参考各国成法、编纂中国法典而设立的机构。光绪二十八年（1902）四月初六日上谕，命沈家本、伍廷芳主持修订现行法律。三十三年六月初九日，法部、大理院会奏请设立修订法律馆，归法部、大理院管理。九月初五日，宪政编查馆奏请准将修订法律馆独立，并规定修订法律馆"应以编纂民法、商法、民事诉讼法、刑事诉讼法诸法典及附属法为主，以三年为限"，派沈家本、俞廉三、英瑞三人充修订法律大臣。十月二十七日，正式开馆办事。十一月十四日，奏定了办事章程。修订法律馆的主要职掌以编纂各项法律为主，并编译各国书籍及各项章程等。

修订法律馆设修订法律大臣以总理馆事，用"钦命修订法律大臣关防"。下设提调二人，禀承修订法律大臣掌管馆中一切事宜。下设二科三处：第一科，负责调查、起草民律、商律。第二科，负责调查、起草刑事、民事诉讼律。各科设总纂一人，管理科务。纂修、协修各四人，调查员一至二人，书记若干。第二科还随时分办奉旨交议各项法律及各项附属法。译书处，设总纂一人，译员不定额，书记若干，负责编译各国法律书籍。编案处，设总纂一人，纂修、协修各二人，书记若干，负责删定旧有律例及编纂各项章程。庶务处，设总办一人，庶务委员若干，负责文牍、会计及一切杂务。此外，设谘议官若干，主要聘请各省通晓法政人员担任，各省的提法使或按察使也可兼任。谘议官均不必到馆办事，亦不属法律馆人员编制，是专备随时咨商的人员。

二、档案情况

　　馆藏修订法律馆全宗档案，为1961年中国科学院历史研究所第三所南京史料整理处移交而来，按问题原则进行了初步整理。1974年，本馆对该全宗档案整理到卷，不分类项，编制案卷目录。2007年，对该全宗档案进行了文件级整理，并逐件进行著录，共19卷152件。

　　修订法律馆全宗档案起止时间自光绪三十一年（1905）至宣统三年（1911），是法律馆修订各种法律和有关机构往来形成的稿件、奏折、咨文、申文、簿册等文书底册。内容包括：关于满汉通行刑律的奏折，法律馆修改犯奸律、职官律、民律、商律等各项法律的文稿，学部、法部、外务部等关于修订现行刑律、国籍条例、拟订律师法的来往咨文，法律馆等奏呈民律、违警律草案条文等修订法律方面的文件；法部电询妇女犯流罪的处置办法事，农工商部催还破产律的文稿，东三省总督询问伪造商铺银票、钱帖之案如何定罪事等法律咨询方面的文件；法律馆聘请法律学堂教习及法律馆调查员的咨文，广东、江苏、陕西等省调查呈送的民事习惯清册，出使法国、日本大臣等咨送法国新刑律英文译本、日本民事诉讼法改正案修正意见书，外务部咨送荷兰国籍法译稿等考察法律及编译书籍方面的文件；修订法律馆官员的升迁调补、履历清册，法律馆预算报告册、经费支出报表等。

国史馆全宗

全宗号 11

一、全宗概况

国史馆，是清代负责纂修国史的专门机构。康熙二十九年（1690）正式设立，初为掌修太祖、太宗、世祖三朝史而设，名为"三朝国史馆"，史成馆撤。乾隆元年（1736）三月续修国史，复开国史馆，至十四年十二月修成，史馆即停。乾隆三十年（1765）十月，为纂修国史列传，重开国史馆，此后遂为常设机构。辛亥革命后，改称"清史馆"。

国史馆主要负责纂修纪传体国史，即各朝纪、传、志、表，另外也承担纂修《大清一统志》《皇清奏议》等奉旨交办的史籍。二百多年间，国史馆负责编纂的史籍有数十种之多。

国史馆设正副总裁官，由大学士、尚书、侍郎内特简，无定员。下设提调，满、蒙、汉各二人，满员由内阁侍读学士、侍读派充，蒙员由内阁蒙古堂或理藩院司官派充，汉员由翰林院侍读学士以下官员派充，掌章奏、文稿及管理吏员、差役等事。设总纂满四人，汉六人，蒙二人，纂修、协修无定员，满员由内阁侍读学士、侍读、中书及部属科道等官派充，蒙员由理藩院司官派充，汉员由瀚林院侍读学士以下官员派充，分掌编纂之事。设清文总校一人，由满侍郎内特简，校对满、蒙、汉各八人，由内阁中书派充，掌校勘之事。国史馆事务掌于翰林院，其所属提调、总纂、纂修等官员多由翰林官兼任，《大清会典》《清史稿》等官书都将国史馆列于翰林院之下。

国史馆的内部机构设置，不见于典章。据国史馆档案记载，道光以前设有翻译股、纂修股、满纂修房、汉纂修房、书库等；光绪、宣统年间则有承发房、长编股（处）、奏议处、文稿处（分满、蒙、汉）、蒙古表传处、十四志处、四传处、画一传处、大臣传处、满堂、蒙古堂、书库、纸库等。这些机构不甚系统，有的名称不统一，但皆以此内部互相行文或立档。

二、档案情况

国史馆档案，初由北洋政府时期的清史馆接收，1927年修成《清史稿》后，清史馆撤销，档案于1928年移交故宫博物院文献馆，故现存档案中亦有少部分清史馆的档案。1929年，由故宫博物院文献馆对这些档案进行初步整理，至1931年整理完毕。后因多次搬迁，档案业已散乱，原整理基础难以遵循。1975年，本馆按问题原则对其进行了整理，分类立卷，编制案卷目录。2014年，该全宗档案由专业技术服务公司进行了文件级整理，不分类项，重新进行组卷，流水编定案卷号，共484卷42418件。

馆藏国史馆全宗档案起止时间自康熙二十九年（1690）至宣统三年（1911），主要是乾隆三十年国史馆常设以后形成的档案。康熙二十九年至乾隆三十年，纂修三朝国史、五朝本纪所形成的档案，按规定书成闭馆时，这些档案即交内阁收藏，但目前内阁全宗档案中，只存有少部分这个时期国史馆形成的档案，大部分已经散失。

国史馆全宗档案，主要有以下几类：

1. 编纂类，国史馆编纂各种史书过程中形成的档案文件。包括纂修史书的草稿、稿本和从各地搜集的有关材料。主要有：国史馆拟定的各项纂修章程、凡例；嘉庆、道光年间纂修《大清一统志》的部分目录和稿本，纂办过程中形成的奏折、档册以及各地咨送修纂一统志所需的有关材料等文件；国史馆为纂修臣工列传而编辑的长编总档，包括摘抄编辑的长编总档草本、目录，长编纂辑过程中有关办理校对、发缮、阅签、呈进等形成的奏折、档册等；纂修仁宗、宣宗、文宗、穆宗皇帝本纪的稿本和凡例，为编纂本纪所汇集的档案资料，包括编修校对本纪所形成的承值供事档、阅本档、副本档等；国史馆已纂但未进呈的《国史大臣列传》目录、稿本、人名簿；忠义列传卷目，已纂未进的满汉大臣忠义传名单；画一大臣传总纂、纂修、协修功课档；文苑传、儒林传稿本；各部门咨送应入循吏传各员的出身、履历、事迹；各地造送的孝子、义夫、义妇的履历、行状、年谱、事迹著述；各地各部门造报纂办土司、四裔、节烈传的有关清册和所用材料等文件；宗人府咨送的宗室王公事迹及出身履历、家谱、袭爵清册；武职大臣年表的草底，有关部门咨送应入年表官员的材料等文件；钦天监、户部、兵部等咨送修志应载事宜等文件；皇清奏议目录、稿本，各部门咨送编辑皇清奏议所用的文件、清册等；国史馆关于重修元史的有关文件、档册以及元史新编校勘记和校阅元史新编签档等；国史馆为纂修国史，分别从奏折、上谕档、明发档、廷寄档、丝纶档、外纪档和各种方略中摘抄的档案资料；国史馆官员纂修各种传书的功课档、校签档、草本档、缮书档等。

2.人事类，包括国史馆总裁、副总裁的任免、到任、奖惩、议叙、请假，玉牒馆、吏部、宪政编查馆、政务处等知照国史馆的议叙、保举、丁忧章程，考核提法使官制等文件。

3.经费类，包括国史馆经费岁入岁出总表及例略，乾隆至宣统年间国史馆官员公费、桌饭和工役工食银两，装订工匠的用费，代扣官员的公捐、公账等问题的堂稿、咨文、电文、移会等。

4.庶务类，主要是各衙门为知照各项事宜给国史馆的来文，国史馆为修史而对外行文的交电档、行文档、呈帖档、电催档、知会档、行移档、电底档等文件。

国史馆全宗档案经文件级整理后，形成案卷级秩序目录共484条（格式如：11-00-000-00001），与馆藏责任内阁等共14个全宗合编为1册。形成文件级秩序目录共42418条（格式如：11-00-000-00001-0001），独立分编为10册。

吏部全宗

全宗号 12

一、全宗概况

清沿明制，天聪五年（1631）正式设立吏部，以贝勒一人总理部务，设承政、参政等官。顺治元年（1644），停贝勒总理部务，改承政为尚书，参政为侍郎。五年定满、汉尚书各一人，八年以诸王贝勒兼理部务，十五年定满、汉左、右侍郎各一人。雍正元年（1723）以后，常以大学士兼理部务。宣统三年（1911）四月改组内阁，五月颁布新官制，设制诰、铨叙等局，裁撤吏部。

吏部，掌管全国文职官员的任免、考核、奖惩等事务，"凡品秩铨叙之制，考课黜陟之方，封授策赏之典，定籍终制之法，百司以达于部，尚书、侍郎率其属以定议，大事上之，小事则行，以布邦职"。其具体职责为：管理在任官员升迁调补、赴任、告病、开复、告假、销假、守制、给照等事；办理官员月选、注册、验看、引见、录取等事；议定官员品级、升降、封授、奖惩，核办京察、大计及官员粮米、俸禄等事。清王朝高度集权，用人行政大权操于皇帝之手，尤其是成立军机处之后重要职官的任免，基本上由军机处秉承皇帝意旨直接办理。因此，吏部只能掌管中下级文职官员的稽考、任免、引见等例行事务。

吏部下设机构有：文选司，即文选清吏司，设郎中宗室一人、满四人、蒙一人、汉二人，员外郎满、汉各三人，主事满二人、汉三人，笔帖式、经承若干人，掌考文职官之品级及选补升调事项；考功司，即考功清吏司，设郎中满三人、汉一人，员外郎满二人、蒙一人、汉一人，主事满一人、汉二人，笔帖式、经承等官，掌文职之处分与议叙等事项；稽勋司，即稽勋清吏司，设郎中满、汉各一人，员外郎宗室、满、汉各一人，主事宗室、汉各一人以及笔帖式、经承等官，掌文职官守制终养之事；验封司，设满、汉郎中各一人，员外郎宗室一人、满二人、

汉一人，主事满、蒙、汉各一人以及笔帖式、经承等官，掌管满汉外藩封赠、蒙古世袭、土官承袭，各旗省恩荫、难荫，京外官请封，殉难官议恤，并坛庙祭祀等事宜；司务厅，设满、汉司务各一人，经承三人，掌收发各项赴部投递呈结，缮译各省电报，本部堂官升迁、调转科件等事务；收发处，负责承收上谕、阁抄、各部院及各直省的文件，承发本部行文各院、各直省的文件；收支所，承办春秋两季养廉，收发各省饭银，办理逐日一切收支各费，造送表册等。此外，还设有档房、本房、当月处、督催所。光绪三十一年（1905）十月增设学治馆，掌考试截取拣选举人及分发月选人员，宣统三年吏部裁撤后归并学部。

二、档案情况

馆藏吏部全宗档案散失严重，极不完整，现存大部分是本馆原藏，少部分是1961年中国科学院历史研究所第三所南京史料整理处移交和从社会征集而来。1974年，按问题原则分类立卷整理，编制案卷目录。2014年，由专业技术服务公司进行了文件级整理，不分类项，重新进行组卷，流水编定案卷号，共45卷4757件。

吏部全宗档案起止时间自顺治三年（1646）至1914年，多属于办理官员选补、考课、袭勋的一般事务性文件。文种主要有奏稿、奏折、章程、条例、规定、呈、咨、电、履历、印结、收据、执照、试题以及各种清册、名单、统计表和档簿等。主要内容有：吏部及其他部院的机构、官员设置、裁改、变通官制等，吏部议定的官员升补章程，官员的品级、考验外放章程，保举、捐输章程等，设置、增改巡道、州、县等官制方面的文件；官员的升迁调补、委署举荐、到任卸任、请假销假、丁忧起复、俸饷捐纳、履历引见等以及全国省、府、州、县名称、官缺表等职官方面文件；办理恩荫、封荫、军功、阵亡、病故荫袭等，以及改名、回避、归宗等袭勋方面的文件；京察条例、大计保荐条例、吏部办理京察大计拟定考语以及各省造报的官员考绩清册等考课方面的文件；奖励办理剿捕、河工、修书等事务出力官员，参处官员渎职、疏防、承缉不获、征解钱粮逾限以及违例舞弊等行为，官员病故、官弁阵亡、绅民殉难请恤等方面的文件。此外，另有奏稿汇抄、谕旨登记、验看官员清册、来文处理登记簿、宫中值日记录、办领诰轴、火票等文件。

吏部全宗档案经文件级整理后，形成案卷级秩序目录共45条（格式如：12-00-000-00001），与馆藏责任内阁等共14个全宗合编为1册，形成文件级秩序目录共4757条（格式如：12-00-000-00001-0001），独立编为1册。

户部—度支部全宗

全宗号 13

一、全宗概况

清沿明制，于天聪五年（1631）初设户部。入关之前，以贝勒总理部务，下设承政、参政、启心郎等官。顺治元年（1644），停贝勒总理部务，改承政为尚书，参政为侍郎。五年，定满、汉尚书各一人。十五年，定满、汉左、右侍郎各一人。雍正元年（1723）以后，由皇帝特简亲王及大学士兼理部务。光绪三十二年（1906）九月，户部改为度支部，由尚书、侍郎总理部务。宣统三年（1911），又改尚书为大臣，侍郎为副大臣。

户部，掌管全国疆土、田地、户籍、税收、财政等事宜。其具体职责为：丈量全国地亩，开垦之加增、坍废之除减，清其隐匿，权科则之重轻，定赋额之增减；核实天下丁口，确定丁赋，定期编审（康熙五十二年诏：滋生人丁，永不加赋，自后丁随地派）；掌各省钱粮奏销，考成劝惩；掌管东南漕粮兑运，京通仓庾；定权量制式，颁示天下；办理铜运，开局铸钱；掌管各地关税盐课，芦课杂赋；在京文武官员廪禄、在外官兵俸饷等事务。改为度支部后，其职掌有所变化，除负责全国财政和各省田赋、税课、仓储之外，又新增公债、货币、银行、会计以及监督本部各局厂、学堂和调查各省财政等事宜。

户部下设江南、浙江、江西、湖广、福建、山东、山西、河南、陕西、四川、广东、广西、云南和贵州十四个清吏司，各司设郎中、员外郎、主事等，分掌钱谷诸务，并兼管或带管织造、税关及茶马等事务。此外，设有八旗俸饷处、现审处、饭银处、捐纳房、内仓、南北档房、司务厅、督催处、当月处和监印处，所辖有钱法堂、宝泉局、户部三库（银库、缎匹库、颜料库）、总督仓场和户关。改为度支部后，其内部机构也进行了调整，计有承政厅、参议厅、田赋司、漕仓司、税课司、管榷司、通阜司、库藏司、廉俸司、军饷司、制用司、会计司、收发稽查处、金银库、核捐处、统计处、清理财政处。直属机构有宝泉局、崇文门税关、大清银行、仓场总督衙门、造币总厂、土药统税总局、计学馆、财政学堂等。

二、档案情况

馆藏户部—度支部档案包括三部分：一是1958年财政部办公厅移交，1983年重新整理立卷；二是中国科学院历史研究所第三所南京史料整理处（以下简称"南京史料整理处"）1961年移交来的；三是故宫博物院文献馆时期原藏的户部档案，1974年整理立卷。以上三部分档案，经1983年统一编号，共为2455卷，基本上按朝年—文种分类立卷，编制案卷级目录。2014年，该全宗档案由专业技术服务公司进行了文件级整理，不分类项，重新进行组卷，流水编定案卷号，共1636卷38702件。

户部—度支部全宗档案起止时间自顺治二年（1645）至宣统三年（1911），大多是清中后期的档案。内容主要有：各省额征地亩、户口田赋、奖励垦荒等户籍地亩方面的文件；各省上报的征收地丁钱粮各款清册、奏销清册、雨雪粮价册，各属关税、厘金、杂课征收等赋税征课方面的文件；各部院衙门及各省的经费预算、开支报销、衙署公费、军费军饷、学堂用费，在京王公和满汉文武官员、兵丁、工役和京旗各营驻防八旗支领俸饷、甲米等俸饷经费方面的文件；各省赈捐局造送的赈捐、请奖清册、颁发奖赏执照等捐纳奖叙的文件；度支部为各银号钱庄办理注册、开办彩票等事，各造币厂厂房建筑、购买机器、采买物料、铸造银元等事宜的文件与报表清册，宝泉局关于设立币制调查局、改革币制、印制纸币及式样等以及各地商业银行开办等货币金融方面的文件；有关筹办仓储、仓场钱粮收支奏销注册，金银库、缎匹库、颜料库等动支钱粮方面文件；有关盐务行政、各场产盐缺溢、盐价盐课、拨解款项、收支奏销的奏底抄奏、公牍电稿、簿册等，办卤执照、盐票、领引甘结、督办盐政暂行章程、盐政院官制清单等盐务方面的文件；有关各地路矿交通事务、修建营房衙署、勘估兴修水利等工程及动用工料银两报销等方面的文件；关于借还外债、订立银行借款合同、发行公债等方面的文件；本部堂谕簿、阁抄簿、收发文簿、考勤簿、放饷簿、外文摘由簿等文书事务的文件。

户部—度支部全宗档案经文件级整理后，形成案卷级秩序目录共1636条（格式如：13-00-000-000001），与馆藏责任内阁等共14个全宗合编为1册。文件级秩序目录共38702条（格式如：13-00-000-000001-0001），编为8册。

礼部全宗

全宗号 14

一、全宗概况

清沿明制，于天聪五年（1631）设立礼部，由贝勒一人总理部务，下设满承政二人，蒙古、汉承政各一人，参政八人，启心郎一人，笔帖式无定员。崇德三年（1638），改定满承政一人，左参政二人，右参政三人，理事官四人，副理事官七人，启心郎满一人、汉二人，额哲库二人。崇德八年，停贝勒管理部务。顺治元年（1644），复以诸王贝勒兼理部务，顺治九年再停。雍正元年（1723），又以亲王、郡王、大学士兼理部务。尚书、侍郎而下设堂主事、司务、郎中、员外郎、笔帖式等职官，名额亦时有增减。

礼部，掌管国家典礼、学校、科举、宗教、风俗教化及接待外使等事务。咸丰十年（1860）设总理各国事务衙门，礼部之外交事务归之。光绪三十一年（1905）增设学部，礼部之学校教育事务归之。

礼部的内设机构有：仪制清吏司，掌嘉礼、军礼及学校、科举等事务；祠祭清吏司，掌吉礼、凶礼事务；主客清吏司，掌宾礼及接待外使事务；精膳清吏司，掌供应典礼宴席之事；铸印局，掌铸印之事；会同四译馆，掌接待藩属国贡使之事；清档房、汉本房、司务厅、督催所、当月处、书籍库、版片库、南库、养廉处、地租处等。光绪三十二年改革官制，以光禄寺、太常寺、鸿胪寺并入礼部，内部机构改为仪制司、光禄司、太常司、祠祭司，增设了承政厅、参议厅、礼器库、礼学馆等机构。

宣统三年（1911）六月，礼部改为典礼院，设掌院学士、副掌院学士各一人，学士、直学士各八人，总务长一人及簿正、典簿、司库等。原内阁、民政部涉及典礼的职掌及乐部神乐署、和声署并入，礼部原管铸印事宜划归内阁，神祠方术事宜划归民政部，贡举学校及文庙祠祀事宜划归学部，外藩王公喇嘛事务划归理藩部。由此，典礼院成为专管朝廷、坛庙、陵寝祭祀与礼乐用品制造典守事宜的机构。

二、档案情况

馆藏礼部全宗档案，20世纪80年代按"机构—时间"原则整理到案卷级，编制案卷目录。2014年，该全宗档案由专业技术服务公司进行了文件级整理，不分类项，重新组卷，流水编定案卷号，共24卷2702件。

礼部全宗档案起止时间自康熙二十四年（1685）至宣统三年（1911），主要内容包括：皇帝登极大典应行礼仪事务；皇帝行耕耤礼、皇后行先蚕礼的礼仪事务；皇帝、皇太后谒陵及遣派王公大臣祭陵礼仪；皇帝亲祭及遣派王公大臣祭祀坛庙礼仪；皇帝、皇太后大丧及上谥号、徽号等礼仪；礼部、钦天监关于日食、月食救护等事宜；护送玉牒前往盛京藏贮礼节；内务府会奏上元令节保和殿筵宴礼节、筵宴、颁赏蒙古呼图克图、扎萨克喇嘛及前藏达赖喇嘛等事宜；各省府、州、县造送请旌表节孝贞烈妇女、孝子贤孙、寿妇寿民的册结；吏部为各部院、各省府县衙门及各省督抚、总兵等铸造印信、关防，向礼部咨送印模字样等事；各省咨缴道、府、州、县同知、通判等官到省的执照等；礼部为估修文庙等工程拟定做法、估计钱粮数目的奏稿以及大清通礼稿本等。

礼部全宗档案经文件级整理后，形成案卷级秩序目录共24条（格式如：14-00-000-000001），与馆藏责任内阁等共14个全宗编为1册，形成文件级秩序目录共2702条（格式如：14-00-000-000001-0001），独立编为1册。

兵部—陆军部全宗

全宗号 15

一、全宗概况

清沿明制，于天聪五年（1631）始设兵部，以贝勒一人总理部务，下设承政、参政等官。崇德三年（1638），分参政为左、右，增理事官、副理事官、额哲库等官。顺治元年（1644），改承政为尚书，参政为侍郎，理事官为郎中，副理事官为员外郎，额哲库为主事。雍正元年（1723）后，以大学士兼理部务。兵部设尚书满、汉各一人，左、右侍郎满、汉各一人，堂主事满四人、汉军一人，另设郎中、员外郎、主事、司务、笔帖式等官。

兵部，是清朝管理全国军事的最高机构，"掌中外武职官之政令"，管理全国绿营兵事务，"凡除授封荫之典，乘载邮传之制，甄核简练之方，士籍军实之数"，咸归督理。

兵部内部机构设有：武选清吏司，掌营制及武职官员的考核、选补、升调、承袭、封赠等事，同时管理土司；职方清吏司，掌武职官的叙功、核过、赏罚、抚恤及军旅之简阅、考验等事，管理关禁与海禁；车驾清吏司，掌全国马政与驿站等事务；武库清吏司，掌全国的兵籍、军器及武科举等事。另有掌管京师驿传事务的会同馆，文件递送的捷报处，缮写清、汉字题本及兵部汉员的升补差委事宜的汉本房，接收外省各衙门的文书并稽察各省提塘、管理本部吏员差役事务的司务厅，定限督催武选、职方、车驾、武库四司承办事件的督催所，接收在京各衙门文书、掌兵部印信及城门启闭等事的当月处，稽察武职官俸的稽俸厅，审定兵部各司具奏事件、综复各司厅处所公事、缮写各项公牍的派办处等。

兵部本为全国最高军事机关，但兵部、陆军部前后两阶段，其权力有所不同。兵部阶段，自雍正朝成立军机处之后，军权揽于皇帝手中，凡用兵大事均由皇帝亲裁，有议政王大臣及军机大臣参议谋略，钦命统兵大臣直接指挥。光绪三十二年机构改革后，陆军部有统帅全国军队的实际权力，对军械、军事教育等方面亦可直接管理。

光绪三十二年（1906），清廷宣布筹备立宪，改革官制。改兵部为陆军部，将练兵处、太仆寺并入。陆军部内部设承政、参议二厅，军衡、军乘、军计、军实、军需、军学、军医、军法、军牧、军制十司，捷报处、编译局、宪政筹备处、清理陆军财政处、档案处等机构。此外，与陆军部同时成立的军谘处和海军处也暂由陆军部兼辖，宣统元年军谘处和海军处先后独立，成立军谘府和海军部。宣统二年（1910），陆军部尚书、侍郎改为大臣、副大臣。

二、档案情况

庚子事变期间，八国联军将兵部衙门付之一炬，所存档案、图书尽皆焚毁。因此，现存兵部—陆军部全宗档案主要集中在光绪朝、宣统朝。

馆藏兵部—陆军部档案来源：其一，1937年7月，故宫博物院文献馆由坊间购入陆军部档案若干箱。其二，1966年2月，中国科学院历史研究所第三所南京史料整理处接收的历史档案中夹有的兵部—陆军部档案移交我馆。其三，1966年5月，北京大学图书馆向我馆移交部分清代兵部—陆军部档案。

兵部—陆军部档案，原分三部分整理和保管：一是南京史料整理处整理编目后移交本馆的，简称南京移交，共90卷；二是本馆1966年整理的，简称旧整，共1548卷；三是本馆1974年整理的，简称新整，共285卷，分别编制案卷级目录。2014年，该全宗档案由专业技术服务公司进行了文件级整理，在原有南京移交、旧整、新整三个大类的基础上重新立卷分件整理，南京移交和旧整类下不分项，新整类下分为"职官官制"等10项，共1624卷275932件。

全宗名	类	项	案卷起止	卷数	项下件数	类下件数
兵部—陆军部（15）	南京移交（01）	—	1—81	81	22442	22442
	旧整（02）	—	1—1471	1471	247004	247004
	新整（03）	职官官制（001）	1—8	8	978	6486
		军务（002）	1—2	2	157	
		钱粮经费（003）	1—11	11	724	
		马政驿站（004）	1—2	2	186	
		文图庶务（005）	1—5	5	590	

全宗名	类	项	案卷起止	卷数	项下件数	类下件数
		人事庶务（006）	1—3	3	525	
		军制军衡（007）	1—13	13	1547	
		军需军实（008）	1—21	21	1067	
		军乘军牧（009）	1—2	2	182	
		军学军医（010）	1—5	5	530	

兵部—陆军部全宗档案数量比较多，内容很丰富，既有兵部与陆军部机构职能、武职官员升迁调补与考核奖惩、边防设置、卒伍编练、俸饷经费、军械制造、驿站马政等事宜的文件，也有晚清新政与宪政筹备等内外事务的文件。

1.机构章制方面。主要有：兵部、陆军部各司职掌事宜单，陆军部办理接受练兵处、太仆寺、工部虞衡司机构及筹办海军处有关文件，陆军、海军、禁卫军旗帜及服制、章记图说，陆军礼节章程、官制暂行章程、征兵格式并官兵退伍章程，各省设立督练公所章程等文件。

2.职官方面。主要有：本部人员及各省旗将军、都统、提镇、副将、参将、游击、参赞大臣、办事大臣、领队大臣及少数民族土司等签分、留用、任免、调补、世袭的选验单、履历单、履历册、引见折、议驳咨札，各镇咨报的更换官佐册，包括北洋段祺瑞、冯国璋、黎元洪、张勋、王怀庆、吴佩孚等人的补官文件；本部司员考勤考绩以及奖励秋操、赈捐、边防、垦务、督运、办学等方面有劳绩者，参处获咎官员等文件。

3.军务方面。主要有：各省旗绿各营按期向兵部造报的兵丁挑补、革退、病故、退伍、逃亡数目统计清册，兵丁姓名、年籍、三代情况清册；裁革绿营办法及裁汰官兵清册，陆军部奏订年限编制全国三十六镇按省分配章程，全国编练新军一览表，新军官兵人数、驻扎处所与调防等文件；陆军部颁行新操法，光绪三十二年河南彰德秋操、三十四年太湖秋操，宣统三年直隶永平秋操，陆军操演汛丁册、阅兵式命令、战阵图，陆军部派员校阅秋操情形；镇压太平天国、捻军，镇压山东、直隶义和团运动，镇压四川余栋臣起义，镇压各地反洋教及反清斗争，镇压革命党人活动及新军起义等文件。

4.军械装备与经费等方面。主要有：东三省改设军械总分各局，北洋与各省制造局厂添购设备、扩建厂房及军械制造，各省提镇请领械弹、采购与修理军装等文件；各项经费章程、俸饷发放、旗人生计筹划等文件；设立军药局，拟定军医师职掌、编制，军队急救要法，医兵学队章程，军用药品管理办法等文件。

5.军法方面。主要有：陆军部军法司职掌编制，各镇协执法官任职章程，保持军事机密专律，惩治逃亡章程，绿旗各营缉捕惩治逃亡官兵，审理军营犯罪案件，发遣人犯等文件。

6.驿站与马政方面。主要有：各省督抚关于裁撤驿站并将驿传事务改归劝业道管理及改设文报局的奏咨，各省接递奏折、夹板、公文等项月报、季报册，各省领缴勘合、火牌、火票、路引等文件；整顿马政，查验牧场孳生马匹数目，马田招垦与地租核销等文件。

7.筹防外侵与外事方面。主要有：陆军部、军谘处等密陈俄国与日德订约，日兵在东北违约越界，英法侵略云南片马，日俄驻兵并争夺中国东北、俄国议修西伯利亚铁路、蒙古俄商免抽捐税等问题的文件；录存中法战争所颁上谕；陆军部等关于训练筹饷、制造舰船、兴建海军、移民实边、修筑铁路以及袁世凯为日俄停战拟派兵清理东三省地面办法等文件；处理中外积案、外国人参观军营、赴外国考查军政、外国人在中国任职请奖等文件。

7.办学与留学方面。主要有：奏办陆军师范学堂、陆军武备学堂、陆军速成学堂、北洋军官学堂及各省陆军学堂、武备学堂、警察学堂等事宜，办学章程、学生名册、试卷、成绩表、毕业学生履历、补官章程、学堂修缮、师生员工薪饷、川资经费报销册，选派留学生及办理考试事宜，留学毕业生授职章程，留学生名册、回国咨照等文件。

8.宪政方面。主要有：光绪、宣统两朝颁行预备立宪的谕旨，陆军部会同军谘处奏拟分办宪政陆军事宜清单并逐年实施章程，京内外各衙门设立宪政筹备处、地方自治、选举议员事宜单，清朝国籍条例，各省提法使官制，考验外官、各省巡警道、任用属官章程和办法，陆军部答复资政院质询，京内外官员、各省举人关于筹备立宪的条陈等文件。

9.文书事务方面。主要有：堂司厅有关具奏、文移、收发文登记簿、用印登记簿、阁抄事由簿、堂行簿、发递内外公文移付簿；还有一些专题收文簿，如直隶总督袁世凯为设立警务学堂的抄折移文簿，各省核缴火票咨文簿，陆军部官员调补堂谕簿；本部日常事务以及与各衙门往来文书等。

刑部—法部全宗

全宗号 16

一、全宗概况

刑部，是掌全国刑罚政令的机构。天聪五年（1631），后金仿明制设立刑部，以贝勒一人总理部务，下设承政、参政、启心郎等官。崇德八年（1643），停贝勒总理部务。顺治元年（1644），设满、汉尚书总理部务，设满、汉左右侍郎协理部务。

刑部初设江南、浙江、福建、四川、湖广、陕西、河南、江西、山东、山西、广东、广西、云南、贵州十四个清吏司。康熙三十八年（1699），增设督捕前、后二司，后并为一司。雍正元年（1723），又增设现审左、右司。雍正十一年，将江南司分为江苏、安徽二司。乾隆六年（1741），改现审左司为直隶司，现审右司为奉天司。至此，刑部下设共十八个清吏司。此外，刑部还设有秋审处、减等处、律例馆、提牢厅、赃罚库、赎罪处、饭银处、清档房、汉档房、司务厅、督催所、当月处等机构。

刑部"掌天下刑罚之政令，以赞上正万民。凡律例轻重之适，听断出入之孚，决宥缓速之宜，赃罚追贷之数，各司以达于部。尚书、侍郎率其属以定议，大事上之，小事则行，以肃邦纪"。全国各地刑名案件，题咨到部，按省区分到各分管司办理。除安徽、江西、湖广、山东、广东各司外，量其事务繁简，兼管其他一些省区的刑名案件和一部分刑部部务。直隶司，兼掌察哈尔左翼刑名；奉天司，兼掌吉林、黑龙江刑名；江苏司，兼掌核办赦免案件；福建司，兼掌各关汉官之俸禄及满汉官员之公费；浙江司，兼掌刑部汇题、汇奏拟稿事；河南司，兼掌"热审"案件；山西司，兼掌察哈尔右翼与迤北各城刑名，察核、汇题各省每年按例咨报之件；陕西司，兼掌甘肃、新疆刑名，管理囚粮；四川

司，掌管刑具，声复更定秋审条例及九卿商定之案；广西司，兼掌"朝审"具题事并管囚衣；云南司，兼掌启封刑部堂印；贵州司，兼掌刑部汉司员升补事。秋审处，掌"秋审""朝审"；减等处，掌办遇恩诏减等事；督捕司，掌八旗及各省驻防逃人事；律例馆，掌定期修法令条例，平时稽核各司依律驳正案件；提牢厅，掌管狱座、稽察南北监狱收禁人犯、发放囚衣、囚粮、药物等；赃罚库（又称大库），掌收放现审案内赃款及没收各物，收储刑部现银并堂司印信；赎罪处，掌赎罪事；饭银处，掌收储、支放饭银事；清档房，掌保管刑部档案，缮写满、汉奏折，保举升补刑部旗员事；汉档房，掌缮写题本事；司务厅，掌管吏役、巡察衙署内各事，收发外省衙门来文；督催所，掌催办各司现审案件，月终年终汇奏、汇题等事；当月司，由各司轮流担任，每日派二人值宿，掌监用印，收在京衙门文书及现审案件呈堂签分各司审办，带领仵作等检验旗人命案尸体。

光绪三十二年（1906）改刑部为法部，管理全国民事、刑事、监狱及一切司法行政事务等，审判事宜改由大理院专管。法部设尚书一人，左、右侍郎，左、右丞，左、右参议，均各一人。下设承政、参议两厅，审录、制勘、编置、宥恤、举叙、典狱、会计、都事八司，收发所、律学馆、宪政筹备处、统计处、钦命事件查办处等机构。承政厅，稽察各司重要事务，总办秋审、朝审，兼核恩赦减等各事；参议厅，审定各司重要事务，编纂条例，详核驳议案件，办理律师注册等事；审录司，掌朝审及直隶、察哈尔左翼、两广、云贵刑事及民事各案；制勘司，掌秋审及四川、河南、陕西、新疆、乌里雅苏台、科布多刑事及民事各案；编置司，掌奉天、吉林、黑龙江、山东、山西、察哈尔右翼、绥远城、归化城刑事及民事各案；宥恤司，掌江苏、安徽、江西、福建、浙江、湖南、湖北刑事及民事各案；举叙司，掌法部各员的升补降调、奖惩考核、京察等事及考验法官、律师等；典狱司，掌各省监狱、警察、习艺所罪犯名册，编纂牢规，统计书表等事；会计司，掌法部经费收支、预决算及接收赎罪银和赃物财产等事；都事司，掌原司务厅之事，翻清译汉，誊缮专折，核议各省折件等事；收发所，掌收发定罪人犯、刑具及京外来往文件，统计逾限折奏书表等事；律学馆，为法部司员学习研究法律的机构；钦命事件查办处，是临时性机构，为调查审理某些特别重大案件奉旨特设；看守教练所，是训练各级看守资格的机构。宣统三年（1911），改尚书为大臣，侍郎为副大臣。

二、档案情况

　　1911年辛亥革命后，北洋政府司法部接管了清代刑部和法部时期形成的档案。按庚子（1900）以前、庚子至法部成立前、法部三个时期分别登记计数。庚子以前档案残缺散失甚多，所存者只登记总件数；庚子至法部成立前档案分年编记件数；法部时期档案分年编记件数，年以下分别按已办结者、办结而未行者、未办结者三项编录。1929年9月，国民政府司法部将这些档案分装103箱，移交给故宫博物院文献馆（以下简称"文献馆"），存于大高殿。1933年3月，受日本侵华影响，文献馆将刑、法部档案装成86箱，作为第二批南迁档案的一部分运往上海，与故宫博物院文物一起历经南迁西运，躲避战火。中华人民共和国成立后，文献馆将刑、法部档案从中国科学院历史研究所第三所南京史料整理处运回。1964—1965年，本馆对前两批从南京运回的档案以"机构—问题"为原则进行了初步整理，分为"刑部""法部"两类。1974年，本馆对第三批运回的少量刑、法部档案及整理其他全宗时挑出的部分相关档案进行整理，称为"新整刑法部"，全部整理到案卷级，按"机构—问题"原则，无论簿册或折件，均先统一划归各机构，然后再分汇案、重大专案、土地房屋及钱财债务、偷盗抢劫及诈骗、婚姻奸拐及家庭纠纷、贪污、违禁、监狱发遣、保甲警政、职官、财务、文书档案与书籍等项（"法部"另设秋审朝审项）立卷，合计32389卷，编有案卷级目录38册。2013年，该全宗档案由专业技术服务公司进行了文件级整理，保留原设类项，重新组卷分件，共2434卷151401件。

全宗	类	项	案卷起止	案卷数	项下件数	类下件数
刑部—法部（16）	刑部（01）	直隶司（001）	1—124	124	5944	103462
		奉天司（002）	1—316	316	16129	
		江苏司（003）	1—179	179	11201	
		安徽司（004）	1—25	25	2111	
		江西司（005）	1—44	44	4118	
		福建司（006）	1—26	26	2566	
		浙江司（007）	1—31	31	1939	
		湖广司（008）	1—126	126	14167	
		河南司（009）	1—115	115	9347	
		山东司（010）	1—146	146	9494	
		山西司（011）	1—59	59	2460	
		陕西司（012）	1—96	96	4064	

全宗	类	项	案卷起止	案卷数	项下件数	类下件数
		四川司（013）	1—31	31	3751	
		广东司（014）	1—55	55	3447	
		广西司（015）	1—8	8	436	
		云南司（016）	1—39	39	2267	
		贵州司（017）	1—41	41	2390	
		督捕司（018）	1—1	1	3	
		秋审处（019）	1—49	49	1545	
		减等处（020）	1—1	1	42	
		律例馆（021）	1—1	1	38	
		提牢厅（022）	1—1	1	10	
		赃罚库（023）	1—1	1	14	
		饭银库（024）	1—1	1	7	
		清档房（025）	1—1	1	131	
		汉档房（026）	1—1	1	18	
		司务厅（027）	1—27	27	4511	
		督催所（028）	1—4	4	154	
		当月处（029）	1—1	1	9	
		钦派查办处（030）	1—20	20	1149	
	法部（02）	承政厅（001）	1—1	1	65	45251
		参议厅（002）	1—1	1	30	
		审录司（003）	1—196	196	10556	
		制勘司（004）	1—99	99	4417	
		编置司（005）	1—121	121	4598	
		宥恤司（006）	1—178	178	9607	
		举叙司（007）	1—46	46	2549	
		典狱司（008）	1—46	46	4819	
		看守教练所（009）	1—1	1	15	
		会计司（010）	1—1	1	10	
		都事司（011）	1—1	1	3	
		收发所（012）	1—39	39	1993	
		堂房（013）	1—5	5	84	
		律学馆（014）	1—48	48	5118	

全宗	类	项	案卷起止	案卷数	项下件数	类下件数
		宪政筹备处（015）	1—12	12	1274	
		钦派查办处（016）	1—1	1	113	
	新整刑法部（03）	清档房（001）	1—1	1	2	2688
		司务厅（002）	2—2	1	32	
		督催所（003）	3—3	1	11	
		当月司（004）	4—4	1	34	
		现审左右司（005）	5—5	1	2	
		奉天司（006）	6—6	1	86	
		直隶司（007）	7—7	1	53	
		河南司（008）	8—8	1	117	
		山西司（009）	9—9	1	55	
		山东司（010）	10—10	1	29	
		陕西司（011）	11—11	1	29	
		江苏司（012）	12—13	2	49	
		浙江司（013）	14—14	1	132	
		江西司（014）	15—15	1	6	
		安徽司（015）	16—16	1	34	
		福建司（016）	17—17	1	6	
		云南司（017）	18—18	1	8	
		贵州司（018）	19—19	1	17	
		广东司（019）	20—20	1	28	
		广西司（020）	21—21	1	23	
		湖广司（021）	22—22	1	16	
		四川司（022）	23—23	1	25	
		督捕司（023）	24—24	1	1	
		秋审处（024）	25—31	7	92	
		律例馆（025）	32—33	2	30	
		提牢厅（026）	34—34	1	5	
		赃罚库（027）	35—35	1	7	
		饭银处（028）	36—36	1	8	
		减等处（029）	37—37	1	23	
		承政厅（030）	38—38	1	11	

全宗	类	项	案卷起止	案卷数	项下件数	类下件数
		参议厅（031）	39—39	1	23	
		审录司（032）	40—40	1	25	
		制勘司（033）	41—46	6	331	
		编置司（034）	47—47	1	18	
		宥恤司（035）	48—48	1	95	
		举叙司（036）	49—49	1	56	
		典狱司（037）	50—50	1	11	
		会计司（038）	51—51	1	15	
		收发所（039）	52—52	1	9	
		律学馆（040）	53—53	1	11	
		宪政筹备处（041）	54—54	1	6	
		查办处（042）	55—55	1	4	
		刑法部残件（043）	56—68	13	1113	

刑部—法部全宗档案起止时间自顺治六年（1649）至宣统三年（1911），其中以光绪、宣统两朝的文件为多，另有辛亥革命后少量文件。刑部—法部档案虽残损不全，但其内容丰富，涉及清代刑法的方方面面。

1.刑部档案

内容主要有：十八个清吏司办理汇奏、汇题案件的呈稿，按年、季、月汇报案件办理情况的文件；镇压农民运动、秘密结社，镇压城市罢工、罢市、抗税、抗捐，审处战争不力人员，审处戊戌变法及涉外案件等文件；审处土地、房屋、庄稼、树木、买卖、债务等纠纷案件的文件；审办偷盗、抢劫、诈骗钱财、物品、庄稼等案件的文件；审办婚嫁、奸情、拐卖、强抢、绑票人口、强占妇女、违犯教令，家庭纠纷等案件的文件；审办官吏贪污、受贿、犯赃、退赃、罚款、挪用库款等案件的文件；审处私种、私卖或吸食鸦片，贩卖私酒和私开烧锅，私设赌局，私铸制钱、银圆，使用假钱，私挖人参，私藏枪支火药，私设班馆刑具，私造假票，私刻公章等违禁案件的文件；审办劫狱、反狱、越狱案件，遣解人犯，监狱管理及奖惩狱官、狱吏等文件；有关保甲、编查户口、稽查流民、维持治安等文件；有关各级司法机构的设置、人员编制、律例制度、行政区划，官员的升迁调补、奖惩抚恤等文件；有关各类司法经费收支报销，不明案因的罚银、赎银、埋葬银等文件；有关司法文书处理、催办，档案书籍管理，新、旧案件的汇奏汇咨等文件。

秋审处、减等处、提牢厅、赃罚库等机构的文件，如刑部复核秋审人犯的"秋审略节"，奏报审拟各省秋审人犯数目的秋审奏稿（分情实、缓决、可矜、留养承祀四项），将原案及法司、督抚各勘语刊刷咨送九卿、詹事、科、道的"秋审招册"等文件；核办各省犯人减等，核拟减等章程、恩赦条款等文件，奏核拟各省遣、军、流各犯准免、不准缓免咨复各处等文件；刑部奏议刑律修改等文件；南北监狱收禁犯人，领放犯人口粮，参办司狱、禁卒等文件；收缴赃物清单，领出赃物变价出售、什物入官变价等文件；关于书吏皂役的挑选、更换，领放各书吏、皂役、更夫、刽子手等工食银两，领取秋决囚犯用物，催办注销文书，收发文登记，公文投递、批回文书等文件；督催各司按限办案，人犯发遣，汇奏现审及赃罚数目等文件。

2.法部档案

内容主要有：法部复核各省案件及京畿现审各类案件形成的文件；配合地方治安警政的文件；重大专案相关文件；审处有关广州将军孚琦被刺案、光复会徐锡麟刺杀恩铭案、秋瑾案等案件的文件；办理俄国东正教堂置买真武庙产涉讼案，吉林英国教案和南平县法国天主教教案等涉外案件的文件；有关山海关副都统迟发军米致旗兵哄堂案及八旗兵丁聚众入署争饷案，吉林府知县因乡民抢官盐店事革职审办案，安徽协统因炮兵营兵变革职案等案件的文件；审办土地房屋、钱财债务、偷盗抢劫、诈骗勒索、贪污枉法等案件的文件；法部题奏各类秋审犯人清单及拟定处理意见稿，各省报送的秋审略节，各省分别拟处情实、缓决、可矜、留养承祀及减等办法的清单，朝审、秋审案件的文件等。

法部各司办理行政事务的簿册，如京师秋审号簿、朝审号簿、堂行簿、印结簿、高等审判厅、地方审判厅札文簿、咨稿堂行簿、奏稿施行簿、考勤簿、施行归奏簿等；办理秋审、朝审、减等及恩赦条款，各省奏报成立各级审判厅，设立模范审判厅、模范监狱、职官任选、调补、收文、订报等文件；咨复各省有关法律运用及研究各项新章程，各省提法使询问有关法律条文给参议厅的咨文，调查汉、唐、明各代刑律的文件，核拟各种法律新章程等文件；办理司法官员京察、考试法官，各检察厅呈请刊刻关防，各检察厅检察长履历及补缺章程等文件；收发监禁人犯，领放囚粮、囚衣，调补、奖惩看守、典狱人员等文件；教练所开办章程及看守报考簿等文件；律学馆试办章程及开学毕业礼节单，律学馆扩充略节，律学馆学员入学章程、学习课程、讲义以及学生请假、毕业、授奖等文件；有关司法制度改革、各级审判厅设立情形及建造审判厅图纸等文件，法部讨论上海会审公堂变通刑章的记录，各级审判厅、检察厅的报表及法部的各种表册等文件。

工部全宗

全宗号 17

一、机构概况

清沿明制，于天聪五年（1631）始设工部，以贝勒一人总理部务，下设承政、参政、启心郎等官。顺治元年（1644），停贝勒总理部务，改承政为尚书，改参政为侍郎。雍正元年（1723），以亲王、郡王兼理部务。乾隆十年（1745），以大学士兼理部务。光绪三十二年（1906）预备立宪时，撤销工部，其职掌并入商部，改称农工商部。

工部职掌天下营造之政令并管理其经费，掌管土木建筑、水利工程、军民器用制造、矿冶、纺织、制瓷等官办工业，负责统一度量衡标准以及部分铸钱事务等。工部撤并后，其原职能分归各衙门接管：农工商部接管河工、水利、海塘、江防、沟渠、船政、矿务、陶冶、度量衡等事务，民政部接管土木工程事务，陆军部接管军器、战船、军需等事务，内务府、礼部分别接管内廷、陵寝典礼器物及其制造事务，度支部接管工关税收事务。

工部内设机构有：营缮司，掌管估修核销宫殿、衙署、祠庙、城垣、仓库、营房、监狱等各项营缮工程，及部分工关税务等事务，其所辖有琉璃窑、皇木厂、木仓等；虞衡司，掌管制造收发各种官用器物、全国度量衡制度、分管部分熔铸及采办铜、铅、硝磺等事务，其所辖有军需库、硝磺库、铅子库、官车库、惜薪厂等；都水司，掌管稽核估修河道、海塘、江防、沟渠、水利、桥梁、道路工程经费，各省修造船只，核销河防官兵俸饷，办理册宝、诏敕、印轴、玉牒柜及各省印刷官书，办理各窑藏冰的收发等事务，其所辖有皇差销算处、冰窖、彩绸库等；屯田司，掌管陵寝修缮及核销费用、支领物料，管理各地煤窑及薪炭供应，主管本部汉官任免及四司工匠定额、钱粮数目，分征部分工关税项等事务；

制造库，掌制造皇室车驾、册箱、宝箱、仪仗、祭器、宫殿所用各种金铁饰件及帘幕、门神等物，按例应发的衣饰、器用等物；节慎库，掌管出纳千两以下工程工需款项；料估所，掌估各项工程所需工料，稽核、供销京城各坛庙、宫殿、城垣、各部院衙门工程；督催所，按定限督催四司所办各项事务及各项工程规定保固期限。另有满档房、汉档房、黄档房、司务厅、当月处、饭银处。

工部直属机构有：钱法堂，又称钱法衙门，掌宝源局铸钱事务，验收云贵运解京铜、铅并交宝源局熔炼；宝源局，掌熔炼铸钱事；火药局，掌制造、储存、发放火药事；值年河道沟渠处，掌管京师五城河道沟渠修理事宜；督理街道衙门，掌外城各街巷道路平垫修理，居民修房查勘给照，查核掏挖官沟等事；陵寝工部衙门（东、西陵分设），掌管陵寝修缮工程；盛京工部，掌盛京坛庙、陵寝、宫殿、城垣、公厕、祠宇等工程勘估报部、兴修题销等。

二、档案情况

现存工部全宗档案有两部分来源，一是本馆原存180卷，二是1966年由中国科学院历史研究所第三所南京史料整理处移交的69卷，20世纪八十年代，均按机构—问题原则整理到案卷级，编制案卷级目录。2014年，该全宗档案由专业技术服务公司进行了整理，重新组卷，给定文件级档号，共46卷4162件。

该全宗档案起止时间自顺治十三年（1656）至宣统元年（1909），大多是清中后期的档案。主要内容包括：

1. 修造营缮方面。主要有：修整道路、修缮衙署仓库的文件，光绪年间修缮宁寿殿、重华宫、奉先殿、储秀宫、午门楼等做法清单，核估、监修静明园、颐和园等工程清单，修缮昭宗祠、太庙、天坛、日坛、先农坛、社稷坛的咨呈奏折，天林、长盛局、聚顺厂等厂呈报跸路经由工程所做活计清单，购买外国木料清单及修缮工程图纸、开销清册等。

2. 预算核销方面。主要有：各省军需经费、加拨军费、善后军费、防练各军收支各款军饷协饷、军米运费银等各种军费核销问题的文件。如光绪朝核销北洋海防经费、津防练饷、四川善后各营等购办军火银两等奏折，吉林捕盗营、陕西炮队营、河南新军、云南团营、湘淮军、直隶、伊犁、广东、山西等省军务用银章程立案的文件等。

3. 军务军需方面。主要有：招募新军、停办团练，设立团营、巡警、饷章的文件。如光绪年间陕甘督抚关于裁遣忠、武、诚、信各营旗事抄折，练兵处关于另定新军官制、陆军官弁服帽章记、筹拟陆军小学堂、江宁陆军小学堂、山西陆军小学堂、盛京官学、直隶武卫左军随营速成学堂章程等文件；各省机器制造局、火药局等经费报销及制造章程，如金陵机器制造局、火药局章程成案清册；采购运解硝磺、铅药、铜铁的文件；修造战船、铁路、交通、矿务等文件。

4.河工船政方面。主要有：乾隆年间山东、河南黄河治理的文件；光绪年间治理通惠河各项工程清册及运河岁修工程钱粮清册、印结等文件；治理黄河图纸、水程表等文件；四川崇化屯等处建造索桥、渡船等需用工料银两清册等文件，修建冰窖、水井、沟渠等文件。

5.陵寝坛庙方面。主要有：咸丰、光绪年间陵寝、坛庙置办领取器物银两的文件。如宫内外典礼领用器物的咨、呈、清册；光绪年间修缮东陵、西陵等各陵寝工程估算银两工匠数目清单及做法清册，祭祀各陵各妃园寝应用物料器皿银两清册，东陵附近森林、山河、道路等地形清册；太常寺、礼部、工部各司、宗人府、盛京工部、钦天监、兵部等为收藏实录等举行典礼应行领取物件，由制造库办理的咨呈、移付、清册等文件。

6.铸钱方面。主要有：咸丰、同治、光绪年间铸钱的文件。包括宝源局修缮炉房、钱库，铸钱匠役工食银两、钱法衙门匠役工食银两，催解验收铜铅、户部改铸当十大钱、呈进同治通宝并同治重宝等样钱，钱法衙门整顿局务等文件。

工部全宗档案经文件级整理后，形成案卷级秩序目录共46条（格式如：17-00-000-000001），与馆藏责任内阁等共14个全宗合编为1册。形成文件级秩序目录共4162条（格式如：17-00-000-000001-0001），单独编为1册。

外务部全宗

全宗号 18

一、全宗概况

外务部，是清末主管外交事务的专门机构，其前身是总理各国事务衙门。咸丰十年（1860）十二月，留京办理与英法联军交涉的恭亲王奕䜣等奏请设立总理各国事务衙门，是为清朝第一个专办外交的机构。光绪二十七年（1901）六月，改总理各国事务衙门为外务部。在签订《辛丑条约》时，并以专门条款规定"将总理各国事务衙门，按照诸国酌定，改为外务部，班列六部之上"。外务部设总理王大臣、会办大臣、尚书、左右侍郎等官。宣统三年（1911）裁撤总理王大臣、会办大臣及左右侍郎，改尚书为外务大臣，并设副大臣、承政厅左右丞、参议厅左右参议、参事等官。

外务部的内部组织机构有：和会司，负责使臣觐见，盟约赏赉，兼司领事更替和司员叙迁等事务；考工司，负责铁路、矿产、电线、船政以及聘用客卿、招工、游学诸事务；榷算司，负责海舶外贸，征榷贸易，综理邮政，勾检本部及使臣度支等业务；庶务司，负责江海防务，疆域界址以及传教、游历、赏恤、禁令和裁判狱讼等事务。此外，还设有翻译处、清档房、机要股、电报处、司务厅、银库、文报局和统计处等机构，另附设储才馆以培养外交人才。

二、档案情况

该全宗档案，大部分原存于外务部，部分机密档案如照会、条约等存放于方略馆。辛亥革命后，由北洋政府外交部接收。1949年，国民党政府将部分外务部档案运往台湾。中华人民共和国成立后，外务部档案划归中国科学院历史研究所第三所南京史料整理处管理，旋调外交部使用。1965年移交本馆。

1972—1974年，按"国别—问题"原则进行了整理立卷，编制案卷级目录。从1999年起，本馆在原案卷整理的基础上，又对该全宗档案进行了详细的文件级整理著录、修复、扫描和拍照。本馆现存外务部全宗档案共5171卷114002件，起止时间自咸丰十年（1860）至宣统三年（1911）。内容分类介绍，大致包括：

1.疆界租地。主要有：中俄、中越、中缅、中印之间会勘边界、来往交涉的文书等，如伊犁协定的问答节略以及会勘西部边界的文件，外务部、驻俄大臣和东三省总督为咨送勘界地图的函件等；日本侵略台湾的咨文、奏折、照会和舆图等，与日本租界纠纷，中日《马关条约》，日本交还奉天条约以及中日战争电报等文件；朝、日为甲申政变来往文书，朝鲜甲申政变纪略等文件；法国、英国、西班牙、奥地利、葡萄牙等国在中国强占、购买及租借土地方面的交涉文件等。

2.军务兵器。主要有：清政府向意大利、奥地利、法国、德国、日本、英国等国购买军火、兵船等来往文件；清政府派员赴英国、法国、美国等国考察海军，法军在华操演军队，派舰参加美国旧金山纪念会，派学员赴日本武备学堂学习等文件；关于俄国撤兵问题的来往照会和文电；禁止英国兵舰在鄱阳湖演炮及英轮违约进入鄱阳湖测绘，英兵侵入西藏等交涉文件；澳门禁运军火办法，粤督派兵驻扎拱北等问题的照会和会晤问答等文件；美国兵船在中国内河停泊，美国使馆卫队及美商进口枪支弹药海关验收问题的照会、函电等。

3.法律词讼。主要有：俄国、法国、英国、奥地利、比利时、朝鲜、越南、印度、黑山国等国人在华滋事伤人等交涉文件；处理英国、德国、墨西哥、意大利、日本等国人在华被拖欠银两、失踪、被抢等各类案件来往交涉的照会函电咨文，有关的法律章程等文件；驻日随员刘振清挟巨款逃匿仁川等案件处理问题的来往文件；光绪年间法部、大理院以及湖南等省委派官员赴日考察的文件；澳大利亚政府重订反对华人条律；葡萄牙政府新订澳门交犯章程等文件；商办中美公断条约、上海会审章程，美开办驻华裁判所，清政府派员赴美考察宪政等文件。

4.交聘往来。主要有：清朝与各国之间国书、颂词、照会、咨文等往来文件。集中反映了清朝政府驻外使馆事务与官员任免、外国驻华公使及随员任免升调等事务；接待德国皇太子、暹罗（今泰国）国王、加拿大商务大臣来华的来往照会函电，为外国人在华居住、游历发放护照等；各国祝贺皇帝登极、大婚，吊唁慈禧皇太后、光绪皇帝逝世往来文件等。该部分档案是外务部档案中涉及国家数量最多的档案。

5.侨务招工。主要有：西班牙、荷兰、法国、古巴、德国、南非、墨西哥等国及北婆罗州在华招工的条款、章程、名单等，严禁巴西在华招工、严禁华人到智利的来往交涉文件；为华人、华工、华侨在俄国、加拿大、葡萄牙、德国、墨西哥、意大利、新西兰、萨摩亚岛、厄瓜多尔等国被苛待、抢劫、驱逐、杀害等事，与各国使臣来往交涉的照会、咨文等；与德国、智利、哥斯达黎加、古巴、英国等国关于保护华侨、华工、华商等事往来照会、咨文等；中美续订限禁华工条约、修改限禁华工条约、各省商民为废止禁华工约抵制美货，美工商部修改华人入境章程等文件；长崎、新加坡、槟榔屿等地成立中华商会的文件；清政府派员赴巴拿马、暹罗、南洋各岛考察商务学务，驻外大臣报告巴拿马、美国华民工商情形等文件。

6. 镇压革命运动。主要有：同治年间请华尔、戈登办洋枪队镇压太平军，赐恤英法等国为镇压太平天国死亡人数名单；清政府为镇压义和团，与俄国、英国、法国、比利时公使之间的照会信函等文件；有关孙中山及革命党在檀香山、东京进行革命活动情况，查禁在日出版的《民报》等报刊，为捉拿革命党人委托日人购买枪支等文件。

7. 开埠通商。主要有：清政府与美国、荷兰、俄国、英国、法国、奥地利、西班牙、葡萄牙、德国、瑞典、日本、朝鲜、墨西哥、丹麦、意大利、巴西、印度、比利时等国签订通商条约及章程的来往函照等文件；与各国就往来贸易护照、货物进出口征免关税等事项交涉的文件；与荷兰等国签订行船条约、海口引水章程，与奥地利、德国、日本公使关于商标注册章程等事来往咨、照会等文件；派员赴新加坡、越南、法国考察商务，中美两国互派人员考察商务情况的报告、来往照会函件等。

8. 路矿实业。主要有：清政府为修筑铁路与俄国、意大利、英国、比利时、德国、美国、葡萄牙、日本等国借款章程合同，主权交涉、经营管理等问题的来往文件；与俄国、丹麦、西班牙、英国、瑞士、德国、意大利、葡萄牙、荷兰、日本、美国等国就查勘矿物、合办金银煤矿等章程事交涉的文件；为外国公司承揽安设有线、无线电报，设立电灯公司、自来水厂以及在华设厂等方面交涉的文件；有关度量衡等事宜与法国、英国、美国、德国等国公使照会咨文，万国度量衡公会条约和章程等文件。

9. 财政金融。主要有：驻外使馆经费收支、报销、日常修缮等文件；西班牙、荷兰使臣领取免捐车牌等文件；为向意大利、奥地利、德国、日本、比利时、荷兰等国支付庚子赔款交涉事宜的往来文件，赔款办法、领票手续以及美国政府减收庚子赔款等文件；四国银行借款事宜的照会等；派员赴美国、日本、奥地利等

外务部全宗

国考察财政、纸币，调查税收和会计法等文件。

10.传教教案。主要有：签发俄国、丹麦、英国、法国、德国、瑞典、美国、意大利等国传教士到内地传教、游历护照的相关文件；清政府处理俄国、英国、法国、德国、意大利、荷兰、美国等国传教士教案的来往交涉文件；查报俄国、英国教堂数目清册；关于教堂占地置产、教会运送货物等问题文件。

11.留学办校。主要有：选派学生赴俄国、法国、比利时、日本、美国、加拿大、奥地利、德国、澳大利亚等国留学的办法章程、护照签发、拨汇学费、留学生管理、毕业分配等文件；学部派员赴新加坡考察学务，商聘外籍教员等文件。

12.慈善赈济。主要有：俄国、法国、英国、美国、荷兰、意大利等国在华办理慈善事业、赈济救助、防范瘟疫、设立慈善医院，包括英国医士科龄筹建协和医学堂等事务文件；中国绅商捐钱救济意大利地震，清政府助银赈济日本灾民等文件。

学部全宗

全宗号 19

一、全宗概况

学部，是清末设立的中央教育行政机构。光绪三十一年（1905）八月，经袁世凯等奏准，停止科举，以广学校。同年九月，山西学政宝熙等奏请设立学部，经政务处、学务大臣会奏议定，遂于十一月谕准设立学部："……前经降旨停止科举，亟应振兴学务，广育人才。现在各省学堂已次第兴办，必须有总汇之区，以资董率而专责成。著即设立学部……国子监即古之'成均'，本系大学，所有该监事务，着即归并学部。"

学部"掌劝学育材，稽颁各学校政令"，设尚书一人，左、右侍郎各一人。宣统三年（1911）改尚书为大臣，侍郎为副大臣，左右丞、左右参议各一人，参事四人，司务二人，郎中五人，员外郎十人，主事十五人，书记官无定员。此外，还设视学官二十人，专任巡视京外学务；设纂修，无定额，掌纂辑各种课本及有关学艺书类；设艺师，掌筹划学部直辖各学堂图书馆等之经营建造是否合度；设谘议官，无定员，不作为实缺，凡有重要筹议之件随时咨询。

学部内设机构五司一厅。总务司，掌机要文稿，审核图书典籍，稽核京外办理学务职官功过、任用、升黜、更调及检定教员、聘用外国教师等事务，下设机要科、案牍科、审定科三科；专门司，掌大学堂、高等学堂及凡属文学、政法、学术、技艺、音乐各种专门学堂的一切事务，掌海外游学生功课程度及派遣奖励等事，下设专门教务科、专门庶务科二科；普通司，掌师范、中小学堂，各以其法定规程，稽督课业，下设师范教育科、中等教育科、小学教育科三科；实业司，掌农业学堂、工业学堂、商业学堂、实业教员讲习所、实业补习普通学堂、艺徒学堂及各种实业学堂之设立，教课规程、设备规则之制定及管理员、教员、学生等一切事务，掌调查各省实业情形及实业教育与地方行政之关系，筹划实业教育补助费等事，下设实业教务科、实业庶务科二科；会计司，掌本部经费之收支报销及本部岁出岁入之预算，核算各省教育费用，典领器物等事，下设度支科、建筑科二科；司务厅，掌开用印信，收发文件，值日值宿，递折抄折，管辖本部各项人役及杂项事件。此外，设有编译图书局、京师督学局、学制调查局、高等教育会议所、教育研究所等机构，同时管理国子监事务。

二、档案情况

馆藏学部全宗档案于1964年进行初步整理，分为财政经费、教学、行政事务、资料四类。1974年，按问题原则再次对其进行整理分类，形成教学学务、实业、职官、留学、财政、文图庶务六类，类下分别组卷，共403卷，编制案卷目录。2014年，该全宗档案由专业技术服务公司进行了文件级整理，重新组卷，不设类项，共77卷6546件。

学部全宗档案起止时间自光绪二十六年（1900）至宣统三年（1911），主要包括名册、试卷、报表、文凭、教科书等。

1.职官方面。主要有学部官制清单，分派各司厅人员职务单，国子监及所属各官名册；选派编纂规划处总纂、帮总纂、分纂各员的文件；学部会同内阁具奏设立中央教育会拟具章程，学部具奏中央教育会会议规则，奏派张謇为中央教育会会长并张元济、傅增湘为副会长的文件；学部官员升迁调补、请假省亲、丁忧守制等文件。

2.教学学务方面。主要有各种试卷、试题、分数表；地理通论讲义，算术科教授细目，勾股图式底本，财政学、外国教育史、本朝史、国文、格致、经学讲义等教科书；各地学堂造送考生清册，宗室、觉罗、八旗学堂送考满蒙文中学学生履历册，招考学生名册，点名簿等各类簿册；庶务提调规则、学生功过规章、行礼规章、教习规章、学堂冠服章程等各类规章文件；学部与其他部门的来往信函和咨文，教育统计表、学堂报销单，大学堂告示簿、译学馆课卷、进士馆成绩表、京师督学局一览表、内外城学区界址等文件。

3.建设工程方面。主要有农科大学占用官地、建筑测绘等文件；经科、文科大学讲堂工程做法册、工料钱粮数目册、工程说明书和日记簿等；商科、法政科大学建筑校舍预定事宜；工科大学讲堂及实验室等做法图式、估料价单、匠夫人数；女子师范、优级师范学堂工程以及改建幼稚园工程簿册等文件；商调测绘员，安装电话，借用铁轨铁车，请派兵弹压校场工地，购置测量器具，官员名册，办公日记簿及会议簿等文件；聘请教师合同等文件。

4.财政经费方面。主要有各省呈报学部经费数；学务处收支清单及筹解经费的奏、咨底稿；大学堂向学务处、学部领取工程开办常年经费有关文件；各省督抚筹措大学经费以及转发各省学生津贴费等文件；学部薪水簿、经费收支册、报销册，各省地方岁出预算报告册、比较表等。

5.留学事务等方面。主要有安徽及湖南等省官费、自费留学生履历册；出使法、德、俄、奥、意等各国大臣报告调查所驻国的学校和教育制度等文件；留学生经费事宜及学成后使用问题等文件；学部收发文登记、学堂执照存根簿等文件。

学部全宗档案经过文件级整理后，形成案卷级秩序目录77条（档号格式如：19-00-000-000001），与馆藏责任内阁等共14个全宗编为1册。形成文件级秩序目录6546条（档号格式如：19-00-000-000001-0001），单独编为1册。

农工商部全宗

全宗号 20

一、全宗概况

农工商部，是清末由商部、工部合并成立的负责管理全国农工商务的新设中央机构。光绪二十四年（1898）六月设立矿务铁路总局，隶属总理各国事务衙门。七月设立农工商总局，旋即裁撤。光绪二十九年七月设立商部，"所有路矿事务，应归并商部，以专责成，路矿总局著即裁撤"。光绪三十二年九月，工部并入商部，改称农工商部。其工部原掌之河工、水利、海塘、江防、沟渠、船政、矿务、陶冶、度量衡等事宜，外务部原掌之商务、机器制造事宜，户部原掌之农桑、屯垦、畜牧、树艺等事宜，科研技术提倡考核、保护奖励等事宜，均由农工商部管理。而商部原掌之铁路、行船、邮电等事务划归邮传部管理；工部原掌之京外各项土木工程，一切营缮报销事宜划归民政部管理；工关专税，竹木、车船事宜划归度支部管理；军械、兵舰、军需库、硝磺库、铅子库等武备事宜划归陆军部管理。

农工商部设尚书一人，左、右侍郎，左、右丞，左、右参议，均各一人。置郎中十二人，员外郎十六人，主事十八人，另设额外司员、艺师等，分司治事。宣统三年（1911），改尚书为大臣，侍郎为副大臣。农工商部下设农务、工务、商务、庶务四司并承值所、统计处。农务司，掌农田、屯垦、树艺及整理农政、开拓农业、增殖农产、整顿土货丝茶及各省河湖、江堤工程等；工务司，掌工艺物料、机器制造及调查全国矿产、管理办矿准驳事宜，发给勘矿、开矿执照等事宜，统辖京外各工艺制造、矿务、公司、局厂及办理工政、矿政人员等；商务司，掌商会、商埠、商勋、赛会、专利、保险、厘订商货运输及水面商货保险规则，保护商船、航业、招商等；庶务司，掌本部收支款项、报销经费，各司员

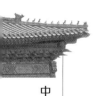

缺升调补，承领俸银、俸米，管理苏拉、听差、皂役人等，承办署中各项杂务；承值所，掌收发文件、缮译电报、看管印信、稽核各项印文等；统计处，掌农、工、商统计事宜。另辖有商标局、商律馆、工艺局、京师劝工陈列所、农事试验场等。

二、档案情况

馆藏农工商部全宗档案于1974年按"机构—问题"原则进行了整理，共292卷，编制了案卷级目录。2014年，该全宗档案由专业技术服务公司进行了文件级整理，重新组卷，共78卷6998件。

农工商部全宗档案起止时间自光绪二十九年（1903）至宣统三年（1911），主要包括奏、咨、禀、呈、申、敕、谕、札文、底稿等。内容主要有，商部、农工商部各司职掌划分及官制清单，归并工部办法，吏部签掣分部批禀等文件；各省机器局、各军营等的财务收支、工料银两报销清册，驻各国使领馆官员呈报的商务情况报告册等；商部和农工商部与中央各部院、各地将军、督抚衙门形成的来往文件；有关矿务章程、条例、律例，华德采矿贸易合同，云南白铅出品章程、湖南锡矿招股办法等文件；金陵、北洋、山西、江南机器局及湖南善后局购买物料、支出薪俸等清册，汉阳铁厂之说帖等文件；滦州工艺局调查表，各工艺制造公司统计表等文件；各地屯垦章程、纠纷处理，农桑、棉业、烟茶调查兴植等文件；各司收发文底稿册、登记簿等。

农工商部全宗档案经过文件级整理后，形成案卷级秩序目录78条（档号格式如：20-00-000-000001），与馆藏责任内阁等共14个全宗合编为1册。形成文件级秩序目录6998条（档号格式如：20-00-000-000001-0001），单独编为2册。

民政部全宗

全宗号 21

一、全宗概况

民政部，是清末管理全国公安、内务及民政事务的新设中央机构。光绪三十二年（1906）九月，改巡警部为民政部。民政部除接管原巡警部所辖事务外，还将户部所掌之疆理、户口、保息、拯救、旗人过继归宗，礼部所掌之仪制、风教、方术，工部所掌之城垣、公廨、仓廒、桥道工程，吏部所掌之文职官员过继归宗、复姓改籍等事并入。其职掌包括：管理全国地方行政、地方自治、户口、风教、保息、荒政、巡警、疆理、营缮、卫生、寺庙、方术各事，并监督顺天府尹，稽核各直省民政司务、礼俗风教等事宜。

民政部设承政、参议二厅，民治、警政、疆理、营缮、卫生五司。置尚书，左、右侍郎各一人。宣统三年（1911），改尚书为大臣，侍郎为副大臣。具体职掌为：承政厅，掌一部总汇之事，凡承办机密、考核司员、编存文卷、筹核经费各事皆属之，下设机要科、文牍科、会计科、庶务科四科，递折处、电报处二处；参议厅，掌一部谋议之事，凡议订本部法令、章程等事皆属之，下设则例局及统计处；民治司，掌稽核地方行政，地方自治，编审户口，整饬风俗、礼教，核办保息、荒政、移民、侨民各事，下设地方行政科、地方自治科、户籍科、保息科四科；警政司，掌核办行政警察、司法警察、高等警察及教练巡警各事项，下设行政警务科、高等警务科、司法警务科、警学科四科；疆理司，掌核议地方区划，统计土地面积，稽核官民土地收放买卖，核办测绘，审订图志各事项，下设经界科、图志科二科；营缮司，掌督理本部直辖土木工程，稽核京外官办土木工程及经费报销，保存古迹、调查祠庙各事，下设建筑科、道路科、古迹科三科；卫生司，掌核办防疫、卫生，检查医药，设置病院各事项，下设保健科、检

疫科、方术科三科。

民政部直属机构有：内外城巡警总厅，管理京师内外城之警务及其地面事宜、稽查跸路警卫等事；内外城预审厅，办理京师词讼事宜；习艺所，收轻罪人犯并酌收贫民令其学习工作手艺；缉探总局，专司侦探事宜；路工处，掌京师地区承修马路工程事宜，管理街道清洁诸事；消防队，专司救火，分任巡逻等事；图志馆，主要负责收集中外图志，担任编辑、翻译等事。另有高等巡警学堂、京师防疫局等。

二、档案情况

馆藏民政部全宗档案主要由三部分构成，一是民国时期接收北京巡警厅移交的京师内城巡警总厅的档案，二是1961年中国科学院历史研究所第三所南京史料整理处移交而来的民政部档案，三是原存本馆的民政部档案。1974年，本馆按"机构—问题"原则对民政部全宗档案进行初步的整理、分类，对于内容上不易区分出民政部和巡警部的档案，统归入巡警部全宗，只有路工局和工巡局两类归入民政部全宗，同时将南京史料整理处移交的工巡局档案也一并归入民政部全宗。1998—2000年，本馆对民政部档案进行了整理和著录。2008年，在对民政部档案进行数字化扫描的同时，对案卷、目录进行了核对，共1079卷41481件。

民政部全宗档案起止时间自光绪三十三年（1907）至宣统三年（1911）。主要内容有：本部所属机构组织章则，民政部分科章程，京师内外城巡警总厅官制章程及分科职掌；大理院等奏定该院及法部官制章程，外务部设官章程，邮传部官制章程及奏设交通银行章程，陆军部暂行官制及划归各衙门有关职掌，监狱章程等文件；民政部奏补丞、参、员外郎等官员及引见、验放文件；京师内城巡警总厅增设鼓楼西大街至摄政王府岗位、巡逻路线图、摄政王府出入府第保卫章程等文件；与警察职掌及社会治安有关的商业、报业、服务业、社会团体等行业管理，京师外城巡警总厅管理危险物品营业规则等文件；顺天府西路、南路及天津南段巡警弁兵花名册，各省办理警务情形及筹办巡警成绩表等，各省办理警务学堂情形、功课表、学生花名册等文件；黑龙江等省巡警经费收支、修缮经费清册，核议巡警需用枪械弹药、京师内城巡警总厅请发购运警服公物等文件；地方区域变更、衙署增减、疆理、图志等文件；奏定调查户口章程、户籍法，第二次调查人户总数折单，福建、山东、广东调查户口清册，各省户口表，本部汇造户数清册等文件；本部卫生司购运药料办理免税护照，设立京师内外城官医院章程，内外城官医院各季就医人数奏底，本部临时防疫局防疫事项日报，京师掏挖秽水沟情形，核议本部筹办卫生事项等文件；核办京师消防公所组织事项及筹办消防设备文书，京师内外城地面火警表册，京师官署、商铺等失火事件及缉办纵火嫌疑人犯文书，京师内外城装设路灯事项及熄灭时刻表等文件，陵寝庙宇、城垣衙署、道路工程、慈善赈济、工矿农商等事务文件。

邮传部全宗

全宗号 22

一、全宗概况

邮传部，是清末掌理全国轮船、铁路、电线及邮政等事务的新设中央机构。光绪三十二年（1906）九月设立后，将工部原掌之内地商船，商部原掌之铁路、行轮、电政，总税务司原掌之邮政，兵部原掌之驿站，均归其执掌，"凡京外官商轮船、铁路各公司、厂局及电局、邮局并关涉本部各学堂，皆有统辖考核之责"。辛亥革命后，北洋政府改邮传部为交通部。

邮传部设尚书一人，左、右侍郎，左、右丞，左、右参议，均各一人。宣统三年（1911），改尚书为大臣，侍郎为副大臣。

邮传部下设承政、参议二厅，船政、路政、电政、邮政、庶务五司。承政厅，掌承办机密，考核司员，筹核经费，典守部库各事宜，下设考绩、机要、会计三科；参议厅，掌考订章程，复核文稿，检查事例及提议、交议、决议各事宜，下设法制、核稿、检查三科；船政司，掌内港外海各航业，测量沙线，推广埠头，建设各项公司，营辟厂坞，审议运货保险，检查灯台、浮标各事宜，下设筹度、核计二科；路政司，掌规划路线，厘定轨制，筹还借款，工程购料，通运行车，商办路政及推广电车各事宜，下设总务、官办、商办、营业、监理、交涉六科；电政司，掌官局、商局之则例，海线、路线之规章，万国电政联盟之条款及电话、电灯各事宜，下设营业、监理、编订、交涉、总务五科；邮政司，掌邮递方法、邮便汇兑、邮便包裹、邮票款式、邮盟条约各事宜；庶务司，掌承办各司员升迁调补，监用典守堂印，收发文件、电报及署内会计、营造、购买一切杂项事宜，下设铨叙、支应、综核三科。宣统元年，改庶务司为承值所，专管收发、传达等事宜。

邮传部下设直属机构有：铁路总局，掌借洋款，各铁路的交涉、建设、保存、运输等事务，下设建设、计理、考工、统计四科；电政总局，掌经营电报、电话业务，下设总务、会计、考工、稽核、电话五科；邮政总局，掌经营邮政业务，设文牍、通译、稽核三股。

此外，还设有电话局、交通银行、交通传习所、交通研究所、上海高等实业学堂、铁路学堂、商船学堂、电报学堂、唐山路矿学堂、邮政派办处、川粤汉铁路筹办处等机构。

二、档案情况

馆藏邮传部档案，一部分为中国科学院历史研究所第三所南京史料整理处移交，一部分是从纸商手中购买的。1974年，本馆按"问题—机构"原则对该部分档案进行分类整理，分为电政、邮政、路政、船政、职官、文图庶务、交通传习所、交通银行8类，类下按问题组卷，共65卷，编制案卷级目录。1981年，为做电子检索试验，在不打乱原有分类立卷的基础上，逐件撰拟摘由、主题词，编制了作者、问题、时间3套目录。2014年，该全宗档案由专业技术服务公司进行了文件级整理，重新组卷，共14卷805件。

邮传部全宗档案起止时间自光绪六年（1880）至宣统三年（1911），主要内容包括：邮传部官员及洋员的增设、薪俸、考评、考勤，各地电报局呈报的官员履历册、洋员薪水表等文件；各地电报局派委人员，设立电局、增添设备、调整维修，各部官报、发寄电报清册及电政统计表等文件；接收驿站和开办邮政的奏折，邮传部第一次邮政统计表等文件；各转运局造送经费、粮、物清册，路政及交通统计表，接受及颁发铁路公司关防，添造、维修铁路等事务的章程、清册、说帖等文件；各省大小轮船公司注册给照章程，邮传部第一次总务船政统计表及第三次船政统计表等文件；交通传习所聘用洋教习，教职员荐委调补，经费核销，检送讲义，招生章程，办事规则等事宜文件；交通银行总管理处办事大纲、职员表，各地分行存款、利率、月汇、核实收付各款表等文件；本部财务报单、收发文登记簿等文件。

邮传部全宗档案经过文件级整理后，形成案卷级秩序目录14条（档号格式如：22-00-000-000001），与责任内阁等共14个全宗合编为1册。形成文件级秩序目录805条（档号格式如：22-00-000-000001-0001），单独编为1册。

八旗都统衙门全宗

全宗号 23

一、全宗概况

八旗都统衙门，是管理八旗事务的机构。八旗制度源于满族早期的狩猎组织，满族统治者在统一满族各部和与明朝的战争中逐渐将这种狩猎组织改编为旗的组织。明万历二十九年（1601）努尔哈赤设黄、白、红、蓝四旗，万历四十三年增设镶黄、镶白、镶红、镶蓝四旗，是为八旗。崇祯八年（后金天聪九年，1635年）编设八旗蒙古，清崇德七年（1642）又完成八旗汉军的编设，共二十四旗。顺治十六年（1659）铸八旗都统印信24颗，由各都统掌管以办理本旗事务。康熙五十三年（1714）将都统印信收回交部，改铸左、右翼印信两颗，按翼办理各旗事务，但皆未建立公所。雍正元年（1723）正月设立八旗都统衙门八所，改铸八旗都统印信8颗，原两翼印信收回，满洲、蒙古、汉军三旗同设一衙门，共用一印信，由满洲都统掌管。雍正四年，改为满洲、蒙古、汉军每旗各给一印信，分设二十四个都统衙门，"掌满蒙汉二十四旗之政令，稽其户口，经其教养，序其官爵，简其军赋，以赞上理旗务"。八旗都统衙门是满、蒙、汉二十四旗都统衙门的总称。

八旗都统衙门的主要职责，一是管理旗务，如稽核户口，每三年编查一次；庄田、官房管理；旗籍管理，继嗣袭官；旗人俸饷钱粮、婚丧嫁娶、教育养赡、考试应差、选采秀女等事务。二是管理军务，包括旗营编制增减，挑选兵丁，操演训练军队，管理兵器、马驼，平时奉命驻防稽察，战时领兵打仗。

八旗都统、副都统下辖参领、副参领，掌颁都统之政令，审定各佐领之应办一切事务；佐领、骁骑校，掌佐领下之政令。各旗另设随旗行走散秩官，无定员，以供本旗之使令；印务章京于佐领、骁骑校世职内选充，印务笔帖式于生

监、甲兵内选充，掌章疏、文移、案牍及翻译、行遣之事。

八旗都统衙门内设机构有：印房、折房、俸饷房、银库、派差房、督催所、户口房、马档房、档案库、米局等。设值年旗公署，承办官员选补、验放、袭职，催复各旗应办事件，汇通八旗都统公议特旨交办之事。所设办理八旗共同事务的职官和机构还有：管理新旧营房大臣，管理官房大臣，稽查宝坻等处驻防大臣，左右两翼铁匠局，左右翼世职官学，汉军清文义学、十五善射处等。

二、档案情况

馆藏八旗都统衙门全宗档案由两部分组成：一部分是1961年中国科学院历史研究所第三所南京史料整理处移交而来，按"旗别—问题"原则进行整理，共81卷；一部分是本馆原藏，1974年按"问题—朝年"分类立卷，共783卷，两部分档案分别编有案卷目录。2014年，该全宗档案由专业技术服务公司进行了文件级整理，重新组卷，编定流水卷号，共272卷47834件。

八旗都统衙门全宗档案起止时间自顺治十一年（1654）至宣统三年（1911），多为在京各部院、值年旗和地方各旗与八旗都统衙门的往来文书，文字有汉文、满文，部分文件为满汉合璧。主要内容包括：旗务方面，各旗奏报编查户口人丁清册，驻防八旗调动、死亡官兵家属回旗及随任家属、家奴数目，清查民人冒入旗籍等文件；有各旗咨复有无应入红折秀女，造送秀女三代姓氏、母系姓氏清册，预选、复选和秀女受赏谢恩折等文件；会议旗务章程、旗营操演、挑补兵丁等文件。职官方面，有关官员的升迁调补、引见、谢恩、休致、更名等事文件，各旗奏报验放参、佐领等官缺的文件；各旗年终汇奏官员记录人数及清单，八旗官员军政考绩册和京察奉旨记名册等文件。军务方面，八旗都统衙门调派官兵驻防、巡查卡伦等文件；值年旗议复变通八旗兵制、编练新军等文件；兵部、值年旗咨各旗点验军器、简派点验大臣、各旗军器数目册等文件；验放马场牧群官员吏役，各旗查验官马情形等文件。俸饷经费方面，各旗造报支领俸饷银米册，官员支领养廉银两、官兵领取口分银、恩赏钱粮等文件；赏给鳏寡孤独支领养赡银两及八旗兵丁支领红白事恩赏银两等文件；各旗奏销办公、整装、差旅所用银数，各旗交广储司银库存储银两数等文件。田地房产方面，派员清查庄田地亩事、蒙古垦荒押荒等事文件；营房倒塌，木料变价，兴建修理库房、营房、官房的文件；各旗官房租户规则，收取房租及房屋纠纷案等文件，有关学校教育、镇压反清斗争、八国联军入侵、筹备立宪、接见外国使臣、年节祭祀礼仪等，日常公事、收发文登记等文件。

八旗都统衙门全宗档案经过文件级整理后，形成案卷级秩序目录272条（档号格式如：23-00-000-000001），与责任内阁等共14个全宗合编为1册。形成文件级秩序目录47834条（档号格式如：23-00-000-000001-0001），单独编为12册。

大清银行全宗

全宗号 24

一、全宗概况

大清银行，亦称京师总银行，是由户部银行改设而成的清朝国家银行。户部银行成立于光绪三十一年（1905）八月，为股份有限公司，共筹集资本白银400万两，分为4万股，每股100两，户部认购2万股，官民认购2万股，总行设于北京，在上海、天津、广州、重庆等重要商埠、省城设立分行。户部银行的经营范围主要是收存放出款项，买卖金银，汇兑划拨公私款项，折收未满限期票，代人收存紧要物品，办理户部出入款项等。

光绪三十二年九月户部改为度支部。光绪三十四年正月十六日，度支部奏准将户部银行改名为大清银行。大清银行成立后，将原资本400万两扩增为1000万两，分为10万股，国家认购5万股，国人认购5万股。大清银行主要经营短期折息，各种期票之贴现或卖出，买卖生金生银，汇总划拨公私款项及贷物押汇，代为收取银行和商家所发票据，收存各种款项及保管贵重物件，放出款项，发行各种票据，代国家发行纸币，代行国家经理公债及各种证券等。

宣统三年（1911）十二月，大清银行改为中国银行，至同年十二月三十日止，各行停业清理和办理移交手续。1912年2月5日，中国银行正式开始营业，成为中央银行。

大清银行设正、副监督各一人，理事四人，总理总行、分行一切事务；监事三人，监察总行、分行一切事务；另设经理、协理、总账、司账等员。

大清银行总行设于北京，先后在上海、天津、汉口、济南、奉天、营口、张家口、库伦、广州、重庆、河南、山西、福州、浙江、江西、吉林、安徽、湖南、陕西、南京、云南21处设立分行。在成都、镇江、保定等地设立30余处分号，为分行的派驻机构。大清银行总行内部机构设有事务处及稽核股等。事务处设委员若干人、司员若干人，负责总行一切日常事务的处理。

大清银行的直属机构有北京储蓄银行和大清银行学堂。北京储蓄银行，于光绪三十四年四月由度支部奏准设立，由度支部拨库平银10万两作为官本，同年七月正式开办。大清银行学堂，于光绪三十四年七月由大清银行呈请设立，经学部批准立案开办，分简易、专修二科，简易科学制一年半，专修科学制三年，各科学生毕业后，分在大清银行总、分各行任职。

二、档案情况

馆藏大清银行全宗档案，一部分是1960年中国银行总行移交而来，另一部分是从社会上征集进馆的。1974年，本馆将这两部分档案合并整理，按"问题—时间"原则立卷，共45卷，编制案卷级目录。2014年，该全宗档案由专业技术服务公司进行了文件级整理，重新组卷，共10卷1285件。

大清银行全宗档案起止时间自光绪二十八年（1902）至宣统三年（1911）。主要内容包括：官商银钱行号钱票章程，通用银钱票暂行章程，总、分各行设立分号办事章程等文件；济南行、南京行、营口行、赣行、奉行、闽行设立分号的函件；重庆、江西、山西、山东、上海、库伦各行机构、官职任免变动情况及薪俸方面的文件；查核各行纸币数目，总、分各行发行货币与纸币，各行发行银两票、银元票、准备金数目表及其银两、银元票面额、种类规定等文件；各行发行的支票、汇票、特票以及沪行发行期票、安徽发行的公债票等文件；地方分行收存关税厘金、收存盐款、兑收捐款、代解赈款、汇解地丁、汇解练兵经费与海军经费事等文件；各行的押款清单、细账，代存的股票、息折、股本收据、招股彩票等文件；各行办理公私储蓄款项，放贷借款，汇兑证券、汇兑公款甘结，各行银两、钱票、铜元等兑换比价等文件；各行经费支出，查核账目，报告业务，各行号月报总结单等文件。

大清银行全宗档案经过文件级整理后，形成案卷级秩序目录10条（档号格式如：24-00-000-000001），与馆藏责任内阁等共14个全宗合编为1册。形成文件级秩序目录1285条（档号格式如：24-00-000-000001-0001），与馆藏督办盐政处全宗合编为1册。

督办盐政处全宗

全宗号 25

一、机构概况

督办盐政处，是清末中央盐政管理机构。在其成立之前，全国盐务由户部山东司监理。地方盐务，顺治初年设巡盐御史、盐政、巡按，顺治二年（1645），定两淮、长芦、两浙、河东巡盐御史、盐政各一人，福建、四川、广东、广西、云南、贵州盐务由巡按管理。康熙五十九年（1720）至雍正二年（1724），以各省督抚兼理盐政，具体事务则由各省盐运使司或各盐道办理。清朝在有盐务的省份设盐运使司，全称"都转盐运使司"，无盐运使司省份设盐法道或盐粮道、驿盐道、茶道，下设盐务分司。另设盐课司、批验所、巡检司等基层盐务机构。

宣统元年（1909），设督办盐政处，置督办盐政大臣一人，由镇国公载泽充任；会办盐政大臣若干，由产盐及行盐各省督抚兼任，便于就地办理考核、疏销、缉私等事宜；设提调一员、帮提调二员、秘书官一员、参事官九员，禀承盐政大臣办理一切事宜。分设八厅一所：盐务总厅，掌筹议改良盐法，审定各项章程，撰拟机要文牍，考核盐务官吏，总核一切事宜；奉直盐务厅，掌奉天、长芦、吉林、黑龙江、河南、察哈尔、热河、绥远城等地方盐务；潞东盐务厅，掌山东、河东及陕、甘、豫、苏、皖等地方盐务；两淮盐务厅，掌淮南北及鄂、湘西、皖、豫等地方盐务；两浙盐务厅，掌浙东西、苏、皖、赣等地方盐务；闽粤盐务厅，掌闽、粤、赣、桂、湘、黔等地方盐务；川滇盐务厅，掌川、滇、鄂、湘、黔等地方盐务；庶务厅，掌钤用关防、收发文件以及本处会计事宜并一切杂务；会议所，负责约集会议。

宣统三年八月，督办盐政处改为盐政院。设盐政大臣一人由度支大臣兼任，管理全国盐政，统辖盐务官员；盐政大臣下设丞一人，参议一人。分设三厅，各

设厅长一人及佥事、录事等官，承宣政令，分掌和执行各厅事务。总务厅，以督办盐政处原设之盐务总厅及庶务厅改设，掌机要铨叙，会计收发，筹拟盐法，编订章程；南盐厅，以原设之两淮、两浙、闽粤三厅改设，掌淮、浙、闽、粤盐务；北盐厅，以原设之奉直、潞东、川滇三厅改设，掌奉直、潞东、川盐务。宣统三年十一月，以盐政院事务较简为由，奉旨归并度支部办理，盐政院遂裁。

二、档案情况

馆藏督办盐政处全宗档案原存天津，1957年由食品工业部盐务总局移交本馆。曾按"地区—问题—朝年"原则立卷进行整理，共16卷，编制案卷级目录。2014年，该全宗档案由专业技术服务公司进行文件级整理，重新组卷，共3卷213件。

督办盐政处全宗档案绝大部分是宣统二年（1910）、三年督办盐政处的档案，亦有少数盐政院的档案。内容包括：考察山西盐务的调查条对清册，整顿山西北路盐务简章文稿，两淮盐运使等申禀扬子盐河工程给度支部立案稿，淮南续借长芦、山西引盐用轮装运请免厘税奏稿等文件，长芦盐商借外债善后办法折稿等文件以及商人所具甘结等。

督办盐政处全宗档案经文件级整理后，形成案卷级秩序目录3条（档号格式如：25-00-000-000001），与馆藏责任内阁等共14个全宗合编为1册。形成文件级秩序目录213条（格式如：25-00-000-000001-0001），与馆藏大清银行全宗合编为1册。

溥仪全宗

全宗号 26

一、全宗概况

　　爱新觉罗·溥仪（1906—1967），是清朝末代皇帝。光绪三十二年（1906）正月十四日出生，其父为醇亲王载沣，其母为大学士荣禄之女苏完瓜尔佳氏。光绪三十四年十二月初二日，溥仪正式登极，以载沣为监国摄政王，次年改元宣统。1911年10月10日武昌起义后，各省纷纷宣布独立，清廷迫于无奈，于宣统三年十二月二十五日（1912年2月12日）以溥仪的名义颁布退位诏书，清朝统治至此结束。按清室与民国政府议定的《关于清帝逊位后优待之条件》，溥仪退位后仍居于宫内，内务府、宗人府等机构亦继续运转，吏役照常供职，这就是所谓"小朝廷"时期。1924年11月5日，溥仪被冯玉祥驱逐出宫，暂住什刹海后醇亲王府。1925年2月在日本势力的运作下移居天津，先后在日租界的张园和静园居住。北京、天津和奉天分别设立清室办事处，其中驻津办事处下设总务、庶务、收支、交涉四处，负责其起居等事务。1931年11月，溥仪自天津出发到奉天，次年3月在日本势力的扶植下出任伪满洲共和国"执政"。1934年伪满洲共和国改称"满洲帝国"，溥仪称帝，改元"康德"，1945年日本战败后伪满洲国旋即覆灭，溥仪在出逃途中被苏联俘虏。1950年，溥仪被押送回国，在旅顺战犯管理所改造，1959年溥仪被特赦释放。1960年被分配到中国科学院北京植物园工作，1964年被调到全国政协文史资料研究委员会任资料专员，并担任全国政协第四届委员会委员，1967年病逝。

溥仪全宗

二、档案介绍

馆藏溥仪全宗档案主要来源有二：一是"小朝廷"时期档案，该部分档案在1924年溥仪出宫后由清室善后委员会接收，后交由故宫博物院文献部管理；二是居住天津时期档案，原存于天津溥修之宅，1946年由故宫博物院文献馆接收，共物品文件218箱又4小提箱，其中档案20余箱。这两部分档案合并庋藏，名为"溥仪全宗"。我馆于1963年对溥仪全宗进行了案卷级整理，分为个人部分、内务府、宗人府、其他机构四大类别，但未能完成，是为"旧整"；1982年，按上述类别接续整理完成，是为"新整"。经过两次整理，共形成"清废帝溥仪档案"5466卷，编制案卷级目录6册。2014年，该全宗档案由专业技术服务公司进行文件级整理，保留原"旧整""新整"两类，类下不设项，对原案卷进行了调整合并，共3060卷415201件。

溥仪全宗既有溥仪个人从事政治、外事活动及其生活学习等方面的档案，也有为其个人和清室服务的内务府、宗人府、奏事处等机构的档案。内容包括：

1.政务活动方面。清室优待条件相关档案，如宣统帝宣布退位后三个《清室优待条件》的抄件、逊清皇室关于1914年制定的《善后办法》及1924年被逐出宫后再次修改皇室优待条件表达诉求的文件；复辟帝制相关档案，如复辟时溥仪授官封爵的谕旨和相关奏章、段祺瑞马厂誓师《讨逆告示》，溥仪移居天津期间为复辟帝制与吴佩孚、张作霖、张宗昌、阎锡龄、毕翰章、刘凤池、刘文辉、龙云等的往来信函，与外国势力联络的往来文书等；一般性往来文件，如溥仪与民国总统、总理等政要的来往文书，在津期间与各国官员、社团的往来信件，与清室旧臣等遗老之间的往来文件，赏赐旧臣遗老匾额、福字、照片等物的文件；人事庶务档案，如内务府机构变革裁撤人员、官员升迁调补、王公宗室生死承袭嫁娶、紫禁城内值班等方面的文件，内务府堂呈每日收到各处来文件数、各处回执以及回投档等，事筒与收文目录，各类杂档等；旗务档案，如宗人府教养工厂章程，宗室生计情形及宗人府筹划解决办法等文件。

2.财务收支方面。日常收支档案，如"小朝廷"时期内务府、宗人府等各机构经费报销，官兵、宫女、太监俸饷津贴银两的发放文件，内务府传办各项事务的月折，雍和宫、三旗银两庄头处、升平署、圆明园等处征收地租数目，遗臣遗老进贡的各类物品记载等文件，居津时期衣、食、住、行、玩乐等费用方面的账簿以及房租水电、变卖古董字画、发放属下人员薪水等文件；土地房产档案，如内务府办理土地清查与房屋买卖，社会各机构拆占及借用内务府房屋场地的文件；陈设什物档案，如清查宫内铜磁玉器古玩等细数实在清册，内务府关于出售物件广告及招商估价等档案，民国初年成立古物陈列所并接收展出古物宝器的文件等；工程修建档案，如各处关于应行修理房屋的呈文，兴修崇陵工程、修理醇贤亲王园寝等方面的文件。

3.婚丧礼仪方面。隆裕皇太后丧礼档案，如买办什物祭供用品及官役工食银两费用开支的簿册、隆裕皇太后几筵前奠祭及梓宫奉移等礼仪的文件、民国政府及外国使节致唁隆裕皇太后信电公文、光绪与隆裕两梓宫奉安的文件等；溥仪大婚典礼档案，如内务府大婚典礼处关于大婚各项准备布置与大婚礼仪文件，1931年溥仪与文绣离婚的相关文件；日常礼仪档案，如溥仪给皇太后节庆贺表，元旦、万寿节旧臣遗老给溥仪的贺表及请安折，纂修玉牒皇册事宜的文件等，典礼院掌礼司奏致祭各陵事宜，王公生子命名及给官顶的文件；陵寝祭祀档案，如崇陵工程、德宗帝后安葬祭祀、东西陵守卫等事宜文件，为东陵盗案请民国政府派军护陵及成立陵区自治会的文件等。

4.生活习读方面。饮食起居档案，如帝后用膳果品单、年节进奉各皇贵妃膳品单，采办各项用品价目支出清单，溥仪购买汽车及自行车、配制眼镜等文件；延医用药档案，如溥仪、婉容、端康皇贵妃等人脉案、药方，各宫传取各色药味档，内务府大臣用药簿等；习读游乐档案，如聘请庄士敦的合同文件、任命溥杰等人为伴读的名单，溥仪等人练字习诗书写的卡片、诗课、画片画页、清汉文功课簿等；私人书信，主要是溥仪与亲友间的书信，如溥仪、婉容、文绣之间的往来书信，溥仪与二妹、三妹等人的往来信件，溥杰在日本给玛丽、丽丽的信件等。

端方全宗

全宗号 27

一、全宗概况

端方（1861—1911），字午桥，号陶斋，托忒克氏，满洲正白旗人。由荫生中举人，历任工部员外郎、会典馆协修官、张家口监督、节慎库监督等职。光绪二十四年（1898）闰三月，补授直隶霸昌道，同年七月赏加三品卿衔，督办农工商总局局务，九月升陕西按察使。光绪二十五年，改任布政使，护理陕西巡抚。庚子之变，慈禧太后与光绪帝逃到西安，端方拱卫周备，深得宠信，于光绪二十七年三月擢升湖北巡抚。次年九月，署理湖广总督。光绪三十年四月，调署江苏巡抚，摄两江总督，同年十一月调任湖南巡抚。光绪三十一年九月，衔命出国考察政治。三十二年归国，上《欧美政治要义》和《请改定官制以为预备立宪折》，建议立宪，以缓和革命。同年七月，任两江总督兼南洋大臣。宣统元年（1909）五月，调任直隶总督兼北洋大臣，因事被参免职。宣统三年九月，以候补侍郎任督办粤汉、川汉铁路大臣，并署四川总督，受命率湖北新军赴四川镇压保路运动，十一月十九日行至四川资州被起义新军所杀。

二、档案情况

馆藏端方全宗档案，为1935年4月至1936年3月故宫博物院文献馆先后三次向端方家属购得，主要是端方任湖北巡抚、湖南巡抚、湖广总督、两江总督等职时形成的文件及部分私人信件。端方档案经文献馆按文种分为来电、去电、专案电、函件、杂件五类，以时间顺序整理编目。2009—2010年，对端方全宗档案重新进行整理，将来电、去电、专案电归并为电报，与函件、杂件共为三类，对汇

编装订成册的函电进行分件编号著录，共1058卷88769件。

全宗名	类	项	案卷数	项下总件数	类下总件数
端方档案（27）	电报（01）	去电（001）	230	29271	76024
		来电（002）	334	39331	
		专案电（003）	113	7422	
	函件（02）	—	217	5660	5660
	杂件（03）	—	164	7085	7085

端方全宗档案起止时间自光绪二十六年（1900）至宣统三年（1911）。主要内容有：

1.电报。电报在端方档案中占绝大部分，包括来电、去电和专案电，除原稿外，另有誊清本，原稿及誊清本封面多标有名称。

来电、去电两项，以收、发文机关或个人为单位归并。其原名称有下列几种："各省公事来去电""各省寻常来去电""本省公事来去电""本省寻常来去电""外洋来电""致外洋电""致北京各部院电""致张宫保电""张宫保来电""项城来电""各局来电""各处明码来电""代梁观察致各处电""两院会衔合词去电""贺电"等。其内容包括：镇压革命党起义及会党活动，镇压抗捐、罢市、抢米风潮等；帝国主义侵略、赔款、租界、教案、商务交涉及其他外交事务等；整顿厘金，银币改革，与外国商办银行，收取粮、米、盐等货的出口税，查禁东洋仿铸铜元进口事等；清末新政，各省设立谘议局等事务；筹捐教育经费，聘请学堂教员，开办各种学堂，整顿学务事，选派游学生等；勘查并开采铜矿，创办新兴工业厂矿公司，粤汉、滇越、京汉、沪宁、津浦等铁路的勘查、借款、修筑等事；购买枪支弹药，整顿军务，兴办团练，筹措军饷，操练新军，镇压兵变等事；有关属下官员的奖惩、升迁、调补，与部分官员及外国使节之间的礼仪应酬来往电报等。

专案电一项，即按事件设立名目的电报，多系誊清本。内容包括：苏报案、徐锡麟案及镇压会党等事来去电；有关对外交涉事务的湖南辰州教案和江西教案来去电，日本侵占我东沙岛（即"西泽岛"）事来去电，德、英舰艇无端驶入鄱阳湖演习事来去电，日俄战事来电，各国向清政府索要赔款之金镑案来去电；有关财政的讨论币制事来去电和赈务来去电；有关广西军务的来电，处理皖省兵变事来去电；有关与美国交涉收回粤汉铁路，兴修苏杭甬铁路筹借外债及江浙绅民公拒外债事来去电等；有关中外通商及内地商民案件来去电等。

2.函件。有来函、去函两种。来函原多标有名称，计有：要函、各国领事来函、游学生来函、湘署函件、外洋来函、次要函件、寻常函件、家函等。去函稿，除浚浦函件外，其余均无名称。这些来去函件大多是有月无年，有的年、月、日均无；有的首尾不全，无收信人或寄信人名；有的是只字片纸、残缺不全。函件内容庞杂，且与电报内容多相重复。内容主要有：

外交方面，美国禁止华工入境事，江西抚院拒德商拟在南昌开设报馆事，端方与各国君主、领事互赠磁器、书画、工艺品的来往致谢信及礼物单，法国新展租界订立界石事，中英续订通商条约事，上海会审公堂改订章程，上海各界要求西人公园及跑马厅对华人开放游览事等。

政务方面，对"苏报案"人员治罪的朱笔判词，秘密稽查捉拿黄兴、熊成基及与徐锡麟同案的陶成章等人情况报告，湘边、广西、西南等地"匪情"密报，追查为秋瑾收尸埋骨、树碑开追悼会革命党人情况等。

考察宪政方面，端方出国考察政治期间对欧美各国政体、国情、民俗文化等情况的介绍，回国后编印《欧美政治要义》《各国政要》《考察各国政治条例》分寄各省大员情况等。

军务方面，有日俄战纪，端方与袁世凯、胡惟德、良沛等就日俄战局及东三省命运以及加强海防、军备措施问题等的往来信件等。

另有游学生来函请求补发官费，要求清政府加强军备及陈述政见等，端方家信以及与中外官员的往来贺信等。

3.杂件。除电报、函件外，统归为杂件类。较整齐的，主要有收发电报摘由、电报费收照、电报密码，筹设学堂购买各种书籍目录，护理陕西巡抚时期的请安折、奏稿与批饬文稿，所属各处造报的表册等。

顺天府全宗

全宗号 28

一、全宗概况

顺天府，是京畿地区的地方行政机关。清沿明制，于顺治元年（1644）设顺天府，掌管京畿地方行政事宜。初设时，仅辖大兴、宛平两京县，兼领近京通州、昌平、涿州、霸州、蓟州5州，良乡、固安、永清、东安、香河、三河、武清、漷县、宝坻、顺义、密云、怀柔、房山、文安、大城、保定、玉田、丰润、遵化、平谷20县。顺治十六年，裁漷县并入通州。康熙十五年（1676），升遵化县为州，仍领于顺天府。康熙二十六年，设东、西、南、北四路捕盗同知。雍正三年（1725），以武清县改隶天津州。雍正四年，复归顺天，又改蓟州、玉田县隶永平府管辖。雍正五年，将原隶通州之三河、武清、宝坻，原隶昌平州之顺义、密云、怀柔，原隶霸州之文安、大城、保定，原隶蓟州之平谷，俱改为直隶于顺天府，分属于四路同知管辖。雍正九年，将宝坻县所属梁城改置宁河县。乾隆八年（1743），升遵化州为直隶州，以丰润、玉田2县属之，不领于顺天府。此后，顺天府特别行政区领四路同知，辖5州、19县的行政规模确定。即：东路厅属，通州、蓟州、三河、宝坻、香河、宁河；西路厅属，涿州、大兴、宛平、良乡、房山；南路厅属，霸州、东安、文安、大城、保定、固安、永清；北路厅属，昌平州、顺义、密云、怀柔、平谷。

顺天府署设于地安门外鼓楼东，为明朝顺天府署旧址。大兴、宛平两京县治所设于城内。大兴县治所在安定门迤南教忠坊，宛平县治所在地安门外迤西积庆坊。

顺天府设府尹一人，其职掌是监督所属官吏，管理地方钱粮、刑法和京师地方治安，掌坛庙祭祀供给，主持顺天乡试等。雍正元年，增设兼管府尹事务大臣一人。府尹下设府丞一人，主管顺天府学校及考试诸事；治中一人，掌地方民事，所属州县钱粮、户籍、田土诸事；通判一人，掌词讼、礼仪及一切杂务，掌京城各牙、僧之籍，榷其常税等事。除府尹、府丞、治中、通判各有办事衙署外，还设有府堂房、本房，吏、户、礼、兵、刑、工六房，经历司，照磨所，司狱司，顺天府学，崇文门分司，府僧纲司，府遵纪司，府阴阳学等机构。

光绪末年改革官制，顺天府增设派办处、宪政筹备处、统计处、奏销处、警务处、学务总汇、督捕巡警总局等机构。宣统时期，顺天府内部机构又有变更，设有总务、民政、学务、度支、司法、劝业六科，科下设股，将原设司、所、房等机构所管事务，依类分别归属各科承办。

二、档案情况

顺天府档案在光绪二十六年（1900）八国联军侵华时遭到严重破坏，现在所保存的档案，大部分是1949年后陆续接收或征集来的，少部分是1961年中国科学院历史研究所第三所南京史料整理处移交来的。1975年，本馆对该全宗进行了初步整理，按问题原则分设14个大类，类下设项，又分别按朝年或问题组卷，编制案卷目录。1993年，再次对顺天府全宗档案重新进行了排序加工整理，排定卷内文件顺序，固定档号，对其中残破程度严重的档案进行了修复，将全部档案拍摄成缩微胶片，提供利用。馆藏顺天府全宗档案共333卷41839件，未设类项号，全部案卷以流水编号，起止时间自雍正朝至宣统朝。

顺天府全宗档案涉及文种广泛，有咨呈、呈文、申文、详文、禀文、呈状、状结、职揭、票稿、比单、札、宪牌、堂牌、护牌、火票、会票、递票、路引、批、谕、告示、咨、移、照会、知会、牒文、关文、付、执照、图说、印结、当票、契约、合同、信函、验尸册、单、片、簿册等40余种。内容主要有：官员升迁调补、纠参处分、京察大计、请假、病故、履历、袭荫等文件；筹设巡警队，调查拟定警务章程，招募警兵、购买枪械服装及巡警俸饷等项银两支放等文件；举办慈善机构养济院、育婴堂、粥厂，抚恤灾民、平粜、移解流民回籍等文件；遵饬属州县筹办宪政、地方自治、会议厅等事宜，遵设统计处及所属县局呈送调查表册等文件；刑部等分发的词讼案例、司法成案、刑律及司法统计等方面的文件，宝坻县刑房审理偷盗抢劫、婚姻奸情、赌博、拐骗、债务、斗殴等各类刑事案件等文件；为防范革命党人活动及武昌起义后加强京畿防务等文件；武职官员升迁调补、纠参处分、履历、请假、退役的文件，办理马匹、草料、军械等购买、报销等文件；整饬京畿钱法、限制票币、查禁私铸及银钱管理的文件，各项税务、官员公费及衙署公费开支的文件，办理盐务、征收各种租税、地丁钱粮等文件；拟定印刷造纸局厂址，筹办自来水管道、兴办城工、浮桥、铁路占地及办理矿务等文件；勘丈荒滩、兴修河工、捕蝗及报告雨雪情形、秋夏水灾分数等文件；推行统一度量衡制度、办理南洋劝业会展品、整饬当行、办理私开集市、禁止买空卖空、办理牙行经纪更换等文件；法、美、土等国学者绅员等前往直隶等地游历，办理朝侨回国、中法战争加强京畿防范，查办德商井陉公司、奥商私开矿窑、英商赴内地采购土货等文件；报送各属教堂与教民数目、查办教士被戕等文件；京师地区"救护月食"的文件，办理帝后婚、丧、徽、谥等事务，办理达赖喇嘛到京备办车辆等文件；筹办中小专业学堂经费开支、招生考试，办理红十字会、妇孺防护会及防疫卫生用具，拟定报馆条规及创建游艺活动场所等文件；文书呈递、转送、用印等文图庶务文件。

山东巡抚衙门全宗

全宗号 29

一、全宗概况

山东巡抚衙门，是清代山东省最高行政管理机关。顺治元年（1644）设于济南府，辖十府、三州、九十三县。巡抚是该省最高行政长官，掌理山东省行政事务，统辖文武官员。康熙四十四年（1705）定山东巡抚兼管山东河道，五十三年兼管临清关关税事务。乾隆八年（1743），加提督衔，节制本省各镇总兵。道光十七年（1837）兼理盐政事务。清代后期，兼理对外通商交涉事务。

山东巡抚衙门内部机构有吏、户、礼、兵、刑、工六房，各设书吏掌文书案件，另设有幕友。巡抚衙门辖有直属军营，名为"抚标"，设有中军、参将等武职官员。光绪三十三年（1907）官制改革，改六房为交涉科、吏科、民科、度支科、礼科、学科、军政科、法科、农工商科、邮传科十科，各设参事员一人掌科务，秘书员一人掌理机密折件、函牍。

山东巡抚衙门下辖布政使司、按察使司，分守济东泰武临道、登莱青胶道，分巡兖沂曹济道等衙门。此外，还辖有运河道、督粮道。光绪二十八年，将运河道裁归兖沂道。三十二年，改按察使司为提法司，增设劝业道、巡警道。三十四年，裁督粮道。

二、档案情况

馆藏山东巡抚衙门全宗档案，为1961、1966年中国科学院历史研究所第三所南京史料整理处移交而来，起止时间自咸丰五年（1855）至宣统二年（1910），大部分是奏稿和簿册，还有少部分电报。1974年，本馆按"机构—问题"原则对

其进行整理，分类组卷，编制案卷目录。2014年，该全宗档案由专业技术服务公司进行文件级整理，共5卷317件。

该全宗档案主要内容包括：经费报销、整顿盐政章程、关税银两拨解，奏报挑浚河淤、赈抚灾民、钱粮完欠情形，办理铁路情况及历年火车装运货物吨数表、奏派武卫右军先锋队左右翼翼长、办理登州镇总兵关防事，东海关监督、登莱青胶道造送救护中外失事船只出力各员履历清册等，曹州教堂选购基址事，德商开枪轰毙百姓、德兵焚烧兰山韩家村民房事等文件，还有山东民医朱焜奏报其奉旨进京为光绪皇帝诊脉情况的电文等。

山东巡抚衙门全宗档案经文件级整理后，形成案卷级秩序目录5条（格式如：29-00-000-000001），与馆藏责任内阁等共14个全宗合编为1册。形成文件级秩序目录317条（格式如：29-00-000-000001-0001），单独编为1册。

黑龙江将军衙门全宗

全宗号 30

一、全宗概况

黑龙江将军衙门，是清代黑龙江地区驻防八旗的最高军事机关，兼管地方行政。康熙二十二年（1683）十月，设立黑龙江将军衙门，驻黑龙江城（今瑷珲城）。二十三年六月衙署迁移至新瑷珲城，二十九年迁至墨尔根城（今嫩江县），三十八年移驻齐齐哈尔城，直至清末。光绪三十三年（1907），东北改行省制，撤销将军衙门，以东三省总督兼理将军事务，黑龙江等地改设行省，另设巡抚治理民务。

黑龙江将军是清代黑龙江地区最高军政长官。初设之时为正一品官，乾隆三十二年（1767）改为从一品。黑龙江将军镇守黑龙江等处地方，总管辖区内各项事务，均齐政刑，修举武备，绥徕部族，控制东陲。管辖齐齐哈尔、黑龙江（今瑷珲）、墨尔根（今嫩江县）、呼兰、呼伦贝尔、布特哈、通肯（今海伦）七处副都统衙门与兴安总管衙门，共计八城。除了黑龙江将军与齐齐哈尔副都统是同城治理外，剩余七城皆专城驻防，由副都统负责各自辖区内的军政事务。除将军、副都统外，各驻防城下皆设有协领、佐领、骁骑校、前锋、护军等官员以及相应数量的驻防八旗官兵。此外，黑龙江将军治下还设有水师营、火器营等。

黑龙江将军衙门初设印务处、兵司、户司、刑司、工司、银库等办事机构。印务处，亦称印房，设主事，为各司领班，代表将军处理日常政务和行文印务等。兵司，设掌关防官、随关防笔帖式、额委笔帖式，掌管军政事务，如官兵训练、奖赏、惩处、抚恤、马政、驿站等事，同时负责旗务，如旗员升迁调补、引见、调查户口、旗表等，此外兵司还掌管边界交涉、外国人游历与贸易等事。户司，设掌关防官、随关防笔帖式、额委笔帖式，掌管地丁钱粮、各项杂税的征

收，文武官员兵丁的俸饷、赏赐、抚恤、招垦、清丈田亩等，此外兼办典礼、祭祀等。刑司，设理刑员外郎、关防笔帖式、额委笔帖式、掌旗民控告、缉拿逃人和审理案件等。工司，设掌关防官、随关防笔帖式、额委笔帖式，掌管各项工程事宜，修造衙署官房。银库，设主事官、笔帖式，掌银两收储、俸饷发放。

道光、咸丰朝以后，又分别设立了税务厅、军械局、电报局、铁路局等机构，直属黑龙江将军衙门管辖。

二、档案情况

黑龙江将军衙门档案在光绪二十六年沙俄入侵中国东北时被其劫掠。苏联时期，按照"朝年—机构"原则立卷整理，共14804卷，编制案卷目录。1956年9月，本全宗档案连同宁古塔、阿勒楚喀、珲春三个副都统衙门档案由苏联归还中国，交由第一历史档案馆保存。20世纪70年代，本馆将原俄文目录译成汉文。本馆技术部将康雍乾三朝黑龙江将军衙门档案拍照成缩微胶片，提供社会各界利用。1984年，本馆将大部分黑龙江将军衙门档案、俄文目录和汉文翻译目录各7册移交给黑龙江省档案馆保管，留存737卷。

黑龙江将军衙门档案，康熙、雍正两朝全为满文，乾隆朝大部分是满文，嘉庆至同治朝满汉文参半，光绪朝则基本上是汉文。主要是黑龙江将军衙门与中央各部院、盛京将军、吉林将军、各城副都统、东北各蒙古扎萨克等之间的往来文书，基本上是兵、刑、户、工各司的收发文簿册，多为抄录。文种繁多，包括谕旨、移文、呈文、奏折、题本、咨文、札文等等。档案内容囊括极为广泛，主要包括：清代黑龙江地区官员升迁调补、承袭世职、奖惩抚恤、请假休致的文件，官员履历册、各处驻防额设官缺册、更换佐领名姓咨文、各旗更换佐领册等；黑龙江将军为军队训练布防、设立驿站边卡、人员配备、兵丁挑补、军队内部案件处理等事及对各营的命令、札饬，各营领取粮饷、饲料的报表、清册，有关俸饷、军费与户部的往来文书，军械修造、火药制造的报表和清册等；清代黑龙江地区户籍人口统计、旗户迁移、灾害赈济、税课征收、土地招垦清丈等；清代黑龙江地区案件的审理，各省发遣为奴案、逃人缉捕等；中俄关系方面如俄人越界交涉、签订《瑷珲条约》等；迁移安置索伦、达斡尔、巴尔虎等民族，管理蒙古扎萨克王公等；黑龙江将军萨布素奏请设立墨尔根官学，礼部议复黑龙江民籍学额，光绪八年黑龙江将军等为创设省垣义学拟定的条规，呼兰、绥化等处考试童生等文件。

宁古塔副都统衙门全宗

全宗号 31

一、全宗概况

宁古塔副都统衙门，设立于康熙十五年（1676），是清代八旗驻防的军事组织，受吉林将军的管辖。光绪三十三年（1907）东北地区始建行省，改吉林将军为巡抚。宣统元年（1909）撤销宁古塔副都统衙门。

顺治十年（1653）宁古塔设昂邦章京一员、梅勒章京二员，镇守宁古塔，统领吉林、宁古塔、珲春、三姓、阿勒楚喀等地旗兵。康熙元年改昂邦章京为镇守宁古塔等处将军，改梅勒章京为副都统（正二品）。康熙十年宁古塔将军移驻吉林，改宁古塔为副都统衙门，受吉林将军管辖。

宁古塔副都统守卫本属分地，统率下属各官，以赞将军之治。据档案记载，礼部铸颁宁古塔机构关防，其下设机构有：左司，管理军务、边务、营务、司法事宜；右司，管理行政、民政、财政经济事宜；官参局，管理发放参票、巡查参山等事；仓监督，管理仓储事宜；边务印务处，光绪六年设，专办中俄要务。另外，在左、右司下还设有火药局、税课司、督捕厅、街道厅等机构。咸丰、光绪年间又设有招垦局、电报局、中俄书院等。

光绪九年珲春设立副都统前，宁古塔副都统衙门兼辖珲春协领，所以在宁古塔副都统衙门全宗中也有珲春地区的档案。

二、档案介绍

宁古塔副都统衙门档案在光绪二十六年沙俄入侵中国东北时被其劫掠。苏联时期，按"朝年—机构—文种"原则立卷整理，档号为两级，用罗马数字与阿拉

伯数字混合编写，如I—1170，贴在案盒下角，共1268卷，编制案卷目录。1956年9月，本全宗档案连同黑龙江将军衙门、阿勒楚喀副都统衙门、珲春副都统衙门档案由苏联归还中国，交由本馆保存。20世纪70年代，本馆将原俄文目录译成汉文。1987年，本馆技术部将该全宗档案拍照成缩微胶片，提供社会各界利用。

2012年，本馆对该全宗档案重新整理，继承原档号体系，按"朝年—机构—文种"，根据现有馆藏档号体系编制四级档号，即"全宗—类—案卷—件"，编有文件级馆藏秩序目录1册。2019年根据馆档号设置要求，改为五级档号，即"全宗—类—项—案卷—件"，补入项号001。宁古塔副都统衙门全宗档案总计1563册（件），其中簿册1252册，折件311件。

本全宗档案起止时间自康熙十五年（1676）至光绪二十六年（1900），主要为宁古塔副都统衙门与吉林将军衙门和下属机构的往来文书。档案文字大部分是满汉文合璧，部分全为满文，极少数全为汉文。形制上有簿册和折件。簿册大多为行文档、来文档、移文档、看稿档、户口册、比丁册，还有口粮册、银两册、俸饷册、履历册、号簿等。折件有呈文稿、移文稿等。行文档和看稿档是发文稿。凡经过审批的稿件，名为"看稿"，抄入看稿档册。来文档是收文簿。还有平行的移付档，下行的札文档以及少量的地丁存查、私人信件。主要文种有咨文、札文、移付、告示、禀、结，还有部分宁古塔副都统衙门转行吉林将军衙门咨送的上谕、题奏等。档案内容除了反映宁古塔、珲春地区的重大史实外，也反映了全国的一些军政大事。包括：官员升迁调补、捐纳、奖惩考绩、抚恤等职官事项；兵丁挑补与操练、防务调遣、边界防守稽察、军需马政、镇压反清斗争等军务活动；发遣人犯和缉捕逃犯、逃人、审办案件；中国与朝鲜、俄罗斯、英国的外交事务；户籍、保甲、查禁民间武器、禁烟等民政事务；垦荒、移驻京旗、雨雪粮价、参务、地丁、仓储、赈济；商业、经费、货币金融等；祭祀、祝寿、进贡、旌表节妇等礼仪；志书则例纂修、查禁违碍书籍、科举学校、文书档案等；修理衙署、仓库、监狱、城垣、道路、桥梁等工程料估与核销；关于禁毁偷窃电线、由宁古塔至鄂摩更换电杆等文件，为修五站、帐房山子铁路派靖边左路统领王宽带兵弹压保护事的照会等。

阿勒楚喀副都统衙门全宗

全宗号 32

一、全宗概况

阿勒楚喀（又作"阿拉楚喀"，今黑龙江省阿城）副都统衙门，是吉林将军衙门派出的地方军事机构，兼管地方行政事务。雍正三年（1725），阿勒楚喀设协领、佐领、防御、骁骑校、笔帖式等。雍正五年，阿勒楚喀添设教习官。乾隆元年（1736），裁汰阿勒楚喀副协领。乾隆九年，阿勒楚喀笔帖式移驻拉林。乾隆二十一年，设阿勒楚喀副都统衙门。

阿勒楚喀副都统衙门内设有左司、右司。左司，掌管军务、司法、人事、对外交涉，相当于清朝中央政府中兵、刑、吏三部的职掌。右司，掌管财政、税收、工程、礼仪等事，相当于清朝中央政府中户、礼、工三部的职掌。左、右两司均由值班章京和笔帖式处理日常事务及收发文书事宜。还设有税课司、银库、参票处、总查荒地局、督办军务粮饷处、查街处、税务处等。

乾隆三十四年，裁汰拉林副都统归阿勒楚喀管辖。因此，在本全宗内收藏有拉林的档案。拉林设协领、佐领、防御、骁骑校、笔帖式、管仓官。

嘉庆二十五年（1820），添设阿勒楚喀翻译笔帖式。光绪二十五年（1899），再添设笔帖式。光绪三十三年，吉林将军衙门改为行省，阿勒楚喀副都统衙门仍继续存在，直至宣统元年（1909）撤销。

二、档案介绍

阿勒楚喀副都统衙门档案曾在光绪二十六年沙俄入侵中国东北时被其劫走。苏联时期，对本全宗档案按"朝年—机构—文种"的原则进行立卷整理，档号为

两级，用罗马数字与阿拉伯数字混合编写，如II—434，贴在案卷盒子下角，共434卷，编制案卷目录。1956年9月，该全宗档案连同黑龙江将军衙门、宁古塔副都统衙门、珲春副都统衙门档案归还中国，交由本馆保存。20世纪70年代，本馆将原俄文目录译成汉文。1987年，本馆技术部将该全宗档案拍照成缩微胶片，提供社会各界利用。1994年，本馆与东北师范大学明清史研究所合作编辑，由中华书局出版了《清代东北阿城汉文档案选编》，约30万字。

2012年，满文处对该全宗重新整理，按"朝年—机构—文种"原则整理排序。此次整理继承原档号体系，根据现有馆藏档号体系编制四级档号，即"全宗—类—案卷—件"，共434卷604册（件），编有文件级馆藏秩序目录1册。2019年根据馆档号设置要求，改为五级档号，即"全宗—类—项—案卷—件"，补入项号001。

阿勒楚喀副都统衙门档案起止时间自同治五年（1866）至光绪二十五年（1899），主要是该衙门与吉林将军、左右翼、拉林协领及查街屯界章京的往来文书底册。档案文字是用汉文、满文、满汉合璧及满文文件汉文摘由的形式书写的。形制有簿册和折件。簿册类多为左右司收发文簿册，即行文档，还有户口册、比丁册、官兵名册、各类清册、履历册、银两册、号簿等。折件有移文、札文、咨文稿、呈文稿、禀文稿、移文稿等。文种有咨文、札文、移付、禀文、印结。档案内容涉及广泛，包括：机构设置、官弁升迁调补、封赠荫袭、考核奖惩、捐输、抚恤等官制职官事项；营制、训练、防务、调遣、军需、马政、镇压反清运动等军政事务；申明各项律例、审办案件等司法事务；通商贸易、传教活动、外国人游历过境、保护华工等外交事务；庄户名册、铺户商民姓名籍贯清册、旗军户籍册、核对户口档、旗人子嗣过继册等；农业垦务、雨雪粮价、地丁钱粮、灾情赈济、仓储事务；查禁私设煤窑、烧锅等；有关官兵俸饷、公费钱粮、生息银两等经费事项；帝后生日、亲政、婚丧、进贡、旌表、祭祀、封开印信、颁发时宪书等礼仪；有关科举、开设学校学堂、留学生等；阿勒楚喀和拉林修理衙署、城墙、监狱的估修清册和核销工料运脚银两清册，派员赴省关领估修工程、购买重修城墙谷草、捐修城墙银两数目清册，阿勒楚喀衙署各项房间数目、建修年限图说清册等文件；钦派许景澄总办黑龙江、吉林两省边界铁路公司，胡燏棻接办津榆铁路谕旨、驿站管理、修理渡船等文件。

珲春副都统衙门全宗

全宗号 33

一、全宗概况

珲春副都统衙门，是清代驻防八旗的地方军事组织，同时管理地方行政事务。康熙五十三年（1714）设珲春协领，同治元年（1862）珲春协领加副都统衔，隶属于宁古塔副都统衙门。光绪七年（1881），经吉林将军铭安等奏请，在珲春地方设副都统衙门，隶属于吉林将军。光绪三十三年，吉林改建行省，珲春副都统衙门仍保留，直至宣统元年（1909）二月裁撤。

珲春协领品级为武职正三品，归宁古塔副都统管辖。珲春协领下设佐领、骁骑校、披甲、防御、笔帖式等。珲春协领的办事机构为珲春协领衙门，其内部设有档册房等机构，委派佐领、防御、骁骑校、笔帖式等员办事，处理日常事务。

珲春改为副都统衙门以后，分立左右翼，设左右翼协领各一员。内部机构设有左司、右司、印务处。左司，掌管人事、军务、司法，"左司之职务，专掌本地驻防旗兵以及旗员差缺，旗员旗兵各册等事"。右司，掌农业、经费钱粮、军需、教育、礼仪等，"右司之职务，专事本地旗丁、征解地租、领放饷项、编查户口册籍，本署应贡物品、收支库款，咨报山海各税捐数及雨雪收成谷价各事宜"。印务处，掌办理对吉林将军衙门、珲春副都统衙门内部各机构和珲春下属机构的行文，掌管行文用印。

珲春副都统衙门的直属机构有：承办处、招垦局、矿务公司、税课司、通商局、电报局等。承办处（后改边务司），专门办理对外交涉的机构，主要是对俄交涉事务，下设俄文书院。招垦局，光绪七年设立，负责开垦事宜。矿务公司，光绪二十二年设立，筹办珲春地区开矿事宜，下有柳树河子金矿分局。通商局，光绪十五年设于和龙峪，主要办理与朝鲜通商事宜。电报局，光绪十二年四月，由奉天接展吉林陆路电线直达珲春，设珲春电报局。

二、档案介绍

珲春副都统衙门档案曾于光绪二十六年沙俄入侵中国东北时被其劫走。苏联时期，对本全宗档案按"朝年—机构—文种"的原则进行立卷整理，档号为两级，用罗马数字与阿拉伯数字混合编写，如Ⅲ—291，贴在案卷盒子下角，共574卷，编制案卷目录。1956年9月，该全宗档案连同黑龙江将军衙门、宁古塔副都统衙门、阿勒楚喀副都统衙门档案归还中国，交由本馆保存。20世纪70年代，本馆将原俄文目录译成汉文。1987年，本馆技术部将该全宗档案拍照成缩微胶片，提供社会各界利用。

2002年，国家项目"东北边疆历史与现状系列研究工程"，将清代珲春档案的整理出版列为其中重点项目。

2002年7月—2003年4月，由本馆满文处对该全宗档案重新进行整理，尊重原有基础，继承原档号体系，根据现有馆藏档号体系编制四级档号，即"全宗—类—案卷—件"，共574卷961册（件），编有文件级馆藏秩序目录1册，将原先整理时归错的宁古塔副都统衙门13卷17件（册）、阿勒楚喀副都统衙门档案1卷1件（册），集中编排在该目录最后，分别予以注明。2019年根据馆档号设置要求，改为五级档号，即"全宗—类—项—案卷—件"，补入项号001。

编辑《清代珲春衙门档案汇编》，共223册，2006年12月由广西师范大学出版社出版。

珲春副都统衙门档案，起止时间自乾隆二年（1737）至光绪二十六年（1900），以满汉两种文字书写，大部分是满汉合璧或汉文。档案形式绝大部分是簿册，少部分是折件。簿册主要有：行文档、来文档、呈堂稿、户口册、比丁册、驻防官兵名册、奴仆册、注销册、俸饷册、银两清册、地亩清册、用印清册、库稿、履历册、号簿等。折件主要有：来文原件、案卷卷宗、执照、完纳地租票据存根等。主要文种，在光绪七年前为珲春协领衙门对宁古塔副都统衙门的呈报文书和宁古塔副都统衙门对珲春的札饬文书。光绪七年，珲春改为副都统衙门后，主要文种为咨、札文，另外也有一些奏折、清册、禀文、呈文。档案内容涉及广泛，包括：职官设置、官弁升迁调补、引见、考核、奖惩、抚恤等；营制、训练、防务、调遣、军需、马政、镇压反清运动等；申明各项律例、审办案件等；编审丁册、编审保甲等；召民垦荒、移驻京师八旗往东北垦荒事宜、京旗计口授田、雨雪粮价、参务、赈济、仓储等；开办金矿、进出口货物、开设集市、严禁违禁物品买卖等；驿站递送公文增设额丁、军台卡伦管理、办理电线工程等；地丁钱粮、税捐、经费奏销、捐纳、设立钱局、筹办银局等；科举学校、撰修志书等；典礼、进贡、旌表、祭祀、颁发时宪书等；修理城垣、衙署、仓库、监狱等工程动用银两章程，核销工程钱粮等；与俄国、朝鲜、英国、法国、奥斯马加（今奥地利）等交往和交流事项。

长芦盐运使司全宗

全宗号 34

一、全宗概况

　　长芦盐运使司，又称"长芦都转运盐使司"，是专管长芦地区盐务的机关。清沿明制，于顺治二年（1645）设长芦盐运使司，衙署在沧州，康熙二十四年（1685）迁至天津。清代长芦盐运使司设运使一人，秩从三品。其下还设有运同、运判、经历、知事、库大使等职。1937年经国民政府南京财政部批准，长芦盐运使司改称长芦盐务管理处，主官改称局长。

　　长芦盐运使司内设机构主要有：经历司，掌领解京部河工饷课，兼理京盐张湾引目及张湾循环单照，承催商课，办理运使衙门事务；广积库，掌平兑收放各项饷课，经管印信、锁钥；吏房，掌官员的升迁调补奖惩抚恤等事；户房，掌理盐的生产、运销、征收灶课等事；兵刑工房，管理护库巡役卫队，缉查私盐，处理有关盐务案件及各项工程修理事宜；礼房，掌管礼仪、科举学校等事宜；架阁库，掌藏各项账籍文案，收藏残引，年终汇齐缴部。

　　光绪、宣统年间还先后设立了承发科、监制科、勘合科、长芦官运总局、财政处、永平盐务办公处等机构，分别掌办编造表册、收发款项、查核月报、向直隶清理财政局编报长芦正杂款项表册和专门经管永平盐务等事宜。同时，在所管引岸处分设京引官运局、顺天五属官运局、蓟六官运局、顺德七属官运局、口北官运局、新行官办盐务局、冀州三属官运局、赵州三属官运局、高博蠡三属官运局、卫辉七属官运局、禹长两属官运局、郑州四属官运局、阳温官运局、陈杞太三属官运局、商淮官运局15个官运局。各官运局分设坐办、委员，办理分销事宜。

　　长芦盐运使司下辖直属机构有：

天津分司，乾隆四十三年（1778）将青州分司改为天津分司，驻天津，辖兴国、富国、丰财、芦台四场，道光十一年（1831）裁富国场，十二年兴国场并入丰财场，实辖丰财、芦台二场。

沧州分司，康熙十八年设，驻沧州，下辖八场，雍正十年（1732），裁利民、阜民、利国、富民、海盈、阜财六场，只辖海丰、严镇二场，道光十二年裁沧州分司，并入天津分司。

蓟永分司，雍正十年设，驻越支场宋家湾，掌辖蓟州、遵化等十六州县引务验放等事。

小直沽盐引批验所，掌验引目截角，缴验支单，称掣天津坨盐，经征皇盐厂地租银两等事。

长芦盐引批验所，掌验引目支单，称掣沧州坨盐。

永平盐务总局，专管永平盐务及银钱账目等事务。

长芦缉私总局，光绪三十一年（1905）二月设，驻天津，下设静海、高阳、冀州、大名、卫辉、祥符六个分局，分别管理直豫各岸缉私事宜，宣统元年（1909）裁撤原设六个分局，重新设立十六个分局，其中直隶十个分局，河南六个分局。

长芦官办盐务转运总局，宣统三年六月成立，办理各岸官盐事宜。

二、档案情况

长芦盐运使司档案原存天津，由原中国食品工业部盐务总局保存并整理编目，约5000余册卷，卷内档案大部分按问题粘连成册，于1957年移交本馆。1974年，本馆按"机构—朝年"原则对其进行初步整理，分类组卷。2014年，该全宗档案由专业技术服务公司进行文件级整理，分"长芦盐运使司"和"所属各机构"两类，重新分件组卷，共为655卷14551件。

馆藏长芦盐运使司全宗档案，是长芦盐运使司与户部、直隶总督兼盐政及其下属机构在日常公务交往中形成的，起止时间自乾隆三十三年（1768）至1914年。主要内容包括：长芦盐运使、芦属批验所大使、场大使、经历、巡检、知事等的选派、到任、交接及履历等文件；饬各州县造送的督销盐引考成职名清册等文件；各地盐商关于租办、代办、试办、认办以及续办或收回引岸、请户部更名立案等问题给运司的禀、详、咨、呈等文件；各场、各灶户造报的滩副分数、人工、日期清册等文件；商人请领引目，在盐山、修武、津武、大沽、北塘口、芦北口、永平府属各州县开设盐店，呈交正课帑利、交纳领引课银、芦纲公所征收办公银两等文件；稽查夹带余盐、无引行盐、灶丁带盐出场、灶户私煎私贩，拿获和惩办走私盐犯、拿获私盐数目等文件；按月向盐政衙门呈报运库收支各款银数四柱清册，每年春秋拨解运司养廉银及呈解户部京饷，征解偿还甲午战争后对日赔款向英德俄法借款之旧案赔款等文件；与日本领事就日本贩盐充斥引地事往来交涉照会等文件。

长芦盐运使司全宗档案经文件级整理后，形成案卷级秩序目录655条（格式如：34-00-000-000001），与馆藏军谘府等共38个全宗合编为1册，目录名称《长芦盐运使司等38个全宗档案案卷级馆藏秩序目录》。形成文件级秩序目录14551条（格式如：34-00-000-000001-0001），单独编为3册。

会议政务处全宗

全宗号 35

一、全宗概况

会议政务处，是清末中央政务机构。光绪二十七年（1901）三月设立，初名"督办政务处"。光绪三十二年，奉旨更名为"会议政务处"，隶属内阁。宣统三年（1911）四月，因设责任内阁，会议政务处奉旨裁撤。会议政务处的主要职责：博采群言，统汇内外臣工的条陈意见；会议可行与否，报朝廷抉择；对允准的新政，负责实施和监督。

会议政务处设有政务大臣、提调、帮提调、总办、帮总办、章京、委员等官。政务大臣初由军机大臣兼充，光绪三十二年官制改革后由内阁大学士、各部尚书兼任。提调、帮提调、总办、帮总办各二人，章京八人，委员二人，初期多由军机处调充，官制改革后由内阁典籍、中书和翰林官充补。此外还添设文案与递事官，皆由内阁典籍、中书等兼任。会议政务处内部，各官吏按章疏分门别类，分股办事。

二、档案情况

馆藏会议政务处全宗档案，不仅有政务处办理的各官员条陈及议复折件，还有大量的各有关衙门咨送的文件副本。1974年，本馆对其进行了初步整理，分政务处簿册、政务处、会议政务处三个大类，整理到案卷级，编制案卷目录。2010年8月至2011年2月，本馆重新进行了文件级整理，共为1135卷20602件。

会议政务处全宗档案起止时间自光绪二十七年（1901）至宣统三年（1911）。主要内容包括：

宪政方面，中央和地方各衙门官员关于立宪事宜的条陈、说帖、呈文等，各地绅士请开国会的文件，各部院所设立宪筹备处，各省所设宪政调查局、筹备宪政督催所、筹备宪政考核处、自治局、谘议局、会议厅等机构的有关文件，关于实行新政、预备立宪的章程、条例、办法等文件。

官制方面，关于改革官制的条陈说帖及改订的官制条例，各地州、县、旗、盟行政辖区的变动等文件。

官员任用方面，官员的升转、截取分发、选补、调用、褒奖、荫袭、举贡生员出路、毕业学生任用、捐例、俸给、考核惩戒、京察、守制、议恤等文件。

外交事务，清朝驻英、德、荷兰等国大臣接任的报告，有关旧金山、域多利、合厘、缅甸等地设立中华商会等文件。

民政事务，京师及各省设立机构、学堂及配置各种警察的文件，民政部制定的《调查户口章程》《禁止买卖人口办法》及各省调查户口的文件，宪政编查馆核定的《禁烟条例》及各省制定的《禁烟办法》，行政区划变动，各地旱涝灾情报告等文件。

财政事务，各省地丁钱粮及漕粮的奏销，各地仓储数量，盐课征收，各海关的关税及百货厘捐、土药膏捐、铺捐等各种杂税等文件。

教育文化方面，乡试、会试、殿试等科举资料，教育改革、学制改良、筹捐教育经费、编制教科书等资料，各地兴办学堂，学部拟订的京师及各省图书馆章程、创设医学研究会等文件。

实业方面，北洋、江南等地设立机器局，各地成立商务总会，各省的雨雪粮价、收成分数报告等文件。

司法方面，《变通秋审复核旧制》《刑律分则草案》《变通任用法官办法》《各省提法司办事划一章程》、新订报律、著作权律等文件，各级检察厅、审判厅的设立及审理的各种案件等文件。

军政事务，八旗、绿营、各新军的营制设置、军事训练、教育及军政考察，各省筹解军饷以及购制军火、军装，拴养军马等文件。

交通事务，粤汉、京汉、川汉等铁路的勘查、修建和管理，铁路借款、经费支销以及《变通铁路免价减价章程》等文件，各省架设电线、制定密码、裁减驿站、设立邮政的文件，邮传部第一、第二次交通统计表、邮政沿革表等文件。

礼仪方面，元旦、冬至、万寿三大节庆贺礼节，慈禧太后、光绪帝丧葬事宜礼节，宣统帝登极、监国摄政王礼节，帝后加封徽号、谥号、庙号及玉牒告成、千秋礼仪等文件。

八旗事务，京师及各地驻防八旗筹办旗丁生计，八旗兵丁挑补及官员请假丁忧，官兵领发钱粮，挑选秀女，化除满汉畛域等文件。

边疆民族事务，驻藏大臣与库伦、西宁、科布多、塔尔巴哈台、乌里雅苏台、绥远将军、甘新巡抚、东三省总督等关于各地情形的报告，屯田实边、卡伦设置、少数民族事务等方面的文件。

其他，如各省督抚条陈时政的折件、与会议政务处的来往电报公文等文件。

銮仪卫全宗

全宗号 36

一、全宗概况

銮仪卫，是掌管皇帝车驾仪仗的机构。顺治元年（1644）仿明制设锦衣卫，为正二品衙门，设指挥使等官。二年，更名为銮仪卫，设五所，每所设一司。四年，罢指挥使等官，改设銮仪正、副使。五年，复罢銮仪副使，设满、汉銮仪使各二人，定为正二品衙门。九年，始以侍卫处内大臣为掌卫事大臣。宣统元年（1909），因避溥仪名讳，改銮仪卫为銮舆卫、銮仪使为銮舆使。

銮仪卫的职能包括"供奉乘舆，秩序卤簿，辨其名物，与其班列；凡祭祀、朝会、时巡、大阅则率所司而敬供之，既事，复进而藏之"。皇帝外出时其前后的仪仗队叫"卤簿"，其卤簿按祭祀、朝会、出巡等不同用途，分为"大驾""法驾""銮驾""骑驾"四种。銮仪卫平时负责保管车驾仪仗，用时则事先陈设布置。遇帝后出巡，则扈卫侍从。此外，还负责紫禁城钟楼昼夜值更。

銮仪卫的内设机构有堂上办事处、左所、右所、中所、前所、后所、驯象所、旗守卫、銮驾内库、銮驾外库、银库等。

二、档案情况

1976年，本馆对銮仪卫全宗档案进行了初步整理，分仪仗、职官、财政经费、文图庶务四个大类，整理到案卷级，类下按问题、时间、名称等组卷，编制案卷级目录。2014年，该全宗档案由专业技术服务公司进行文件级整理，不分类项，共158卷20892件。

馆藏銮仪卫全宗档案起止时间自乾隆朝至宣统朝，主要为呈堂稿，少部分

是簿册、奏稿、咨文、移会等。主要内容包括：本卫章程、办事条规及奖惩办法等文件，本卫官制章程、设官沿革、挑选民校尉办法等文件；本卫官员到任、拣选、京察、引见、谢恩、考试、丁忧、请假、呈报履历、考语、更名、认买貂褂、参斤、派差、留用、惩罚、印结等文件；本卫官员支领俸银、俸米、公费、养廉，支领民校尉工食银两、米石，奏销三旗校尉全年钱粮米石等文件；皇帝登极、升殿、颁诏、殿试、传胪、视牲，帝后巡幸、木兰秋狝行围、帝后祭陵、祭祀坛庙，梓宫奉移等事，陈设卤簿等文件；皇帝万寿，圣训、实录、玉牒告成尊藏，皇子、公主婚嫁，外藩使臣等朝觐等礼仪及备办物品等文件；各处官兵值宿文件；修造、领取卤簿仪仗器物、乐器等文件；老挝、越南等国进贡大象，领取象具、草料等文件；本衙门卫所房屋修缮、搭盖凉棚、清查军器等文件；本卫例案、则例、应入宫史事件、巡幸上谕、领时宪书、用印备存、封印日期，所奏事件及所奉谕旨造册咨送奏事处核对等文件。

銮仪卫全宗档案经过文件级整理后，形成案卷级秩序目录158条（格式如：36-00-000-000001），与馆藏长芦盐运使司等共38个全宗合编为1册。形成文件级秩序目录20887条（格式如：36-00-000-000001-0001），单独编为5册。

巡警部全宗

全宗号37

一、全宗概况

巡警部，是清末掌管全国公安警政的中央机构，光绪三十一年（1905）九月设立。上谕称："巡警关系紧要，迭经谕令京师及各省一体举办，自应专设衙门，俾资统率，著即设立巡警部"，"所有京城内外工巡事务，均归管理，以专责成。其各省巡警，并著该部督饬办理"。三十二年九月民政部成立，其职掌改归民政部管理，巡警部遂撤销。

巡警部设尚书一人，左右侍郎、左右丞、左右参议各一人，设郎中五人、员外郎十六人、主事十六人、小京官四人、书记官（三十二年改为录事）三十人、采访官若干，分在各司办事。内设机构五司一所：警政司，掌人事、统计、户籍及一切行政警察事项，下设行政、考绩、统计、户籍四科；警法司，掌司法警察、国际警察、调查地方警政、管理书刊等事，下设司法、国际、检阅、调查四科；警保司，掌社会治安、特种行业捐章、医药卫生、建筑工程等事，下设保安、卫生、工筑、营业四科；警学司，掌审定各级巡警学堂及编译各国警察法规等事，下设课程、编辑二科；警务司，掌拟办该部重要文稿及部内庶务等事，下设文牍、庶务二科；机务所，掌开用印信、收发文件、接洽电话、值日值宿、递折等事，下设专电事务处。

巡警部直属机构有：内外城巡警总厅，总理京师内、外城一切警务；内外城预审厅，掌理词讼事宜；官医院，负责推行警政、卫生，管理防疫等事宜；教养局，掌收贫民学习工艺事宜；京师习艺所，负责收取轻罪人犯，酌收贫民令习工艺；稽查处，负责恭查坛庙警卫，稽查内外城地方巡警等事；消防队，专司救火，分任巡逻要差等事；路工局，掌修筑京师马路工程事宜；高等巡警学堂，培

养巡警学生；协巡队，负责夜间巡逻，白天操练巡防，解送人犯，保护中外大员等事；探访队，专司探访、侦缉等事。

二、档案情况

馆藏巡警部全宗档案，一部分是中国科学院历史研究所第三所南京史料整理处整理后移交本馆的，按"机构—问题"原则分类立卷；一部分是本馆原存，1974年亦按"机构—问题"原则分类立卷整理，两部分共441卷，编制案卷目录。2014年，该全宗档案由专业技术服务公司进行文件级整理，分馆藏、南京移交两类，重新组卷，共87卷13561件。

巡警部全宗档案起止时间自光绪二十八年（1902）至三十二年（1904）。主要文种有奏折、咨、札、呈、禀、移付、片、清册、清单等。主要内容包括：巡警部及其内部机构的设立、裁撤、试办等章程规则，拟定集会律草案及客寓饭店、茶酒馆、庵庙祠院管理规则等；各总、分厅及区、所巡警数目表，各司奏请补官事由单，各司官员履历单、考语清册等；各省有关警务、警学及游学方面的文件；京师内外城巡警总厅关于扈从警卫、护送解运铜钱、查禁彩票、聚赌、淫秽制品以及申送案件表册等文件；新年会晤各国使臣，拟定各国军队禁入皇城简章等文件；本部奏请提拨常年巡警经费，核拨内外城路工经费，外城卫生局报解经收娼寮、烟馆捐款数目及各项捐款数目清册等文件；内外城巡警总厅申转开设报馆请立案及章程，京师内城地面阅报、讲报处所规则，申报征收营业执照费等特种行业管理文件；京师内外城救火及整顿消防，年节封印期间禁放花爆、加强巡逻等文件；修理天坛围墙，内外城各段道路沟渠工程修筑及拆迁官民房事项，修建京师市场铺房工程等文件；本部各司局开用印信知照，本部警政司处理文书等文件。

巡警部全宗档案经文件级整理后，形成案卷级秩序目录87条（格式如：37-00-000-000001），与馆藏长芦盐运使司等共38个全宗合编为1册。形成文件级秩序目录13561条（格式如：37-00-000-000001-0001），单独编为3册。

醇亲王府全宗

全宗号 38

一、全宗概况

醇亲王府，是两代醇亲王即奕譞和载沣生活居住的地方。清朝后期，醇亲王府地位显赫，出过两个皇帝、一个摄政王，特谕准在三处地方修建府邸。第一处醇亲王府，位于北京城西南宣武门内太平湖东岸，即现在中央音乐学院所在地，是咸丰九年（1859）三月奕譞奉旨与懿贵妃叶赫那拉氏（即后来的慈禧太后）之妹成婚分府出宫时所赐，简称"南府"。第二处醇亲王府，位于北京城什刹海北河沿，即现在卫生部及宋庆龄故居所在地。同治十三年（1874），奕譞次子载湉被选入宫继嗣皇位，根据雍正朝成例，要腾出"潜龙邸"，慈禧太后便把原成亲王府邸赏给奕譞，光绪二十年（1894）完成扩建并迁府，简称"北府"。第三处醇亲王府，选定于中南海集灵囿紫光阁一带。宣统皇帝即位，其父醇亲王载沣出任监国摄政王，隆裕皇太后决定给醇亲王修建一座新王府，刚刚兴工，辛亥革命推翻了清王朝，该醇亲王府邸工程即行终止。

第一代醇亲王奕譞（1840—1891），字朴庵，道光帝第七子，生母为庄顺皇贵妃乌雅氏。道光三十年（1850）正月咸丰帝即位，封其为醇郡王。咸丰九年分府后仍在内廷行走。同治帝继位，谕令准享用"免宴见叩拜，奏事书名"之礼，先后授正黄旗汉军都统、正黄旗领侍卫内大臣、御前大臣、后扈大臣、管理善扑营事务、署理奉宸苑事务、管理正黄旗新旧营房事务、管理火枪营事务、管理神机营事务、特命商办军机处紧要事务等职。同治三年（1864），加亲王衔。十一年，晋封为醇亲王。十三年，同治帝载淳病逝，奕譞次子载湉嗣位，年号光绪，赐奕譞醇亲王爵"世袭罔替"。光绪五年，赐食亲王双俸。十一年，总理海军衙门。光绪十六年十一月病逝，赐谥曰"贤"。

第二代醇亲王载沣（1883—1951），字亦云，奕𫍽第五子，生母为奕𫍽侧福晋刘佳氏。光绪十五年，封镇国公。十六年，承袭醇亲王。二十六年，慈禧太后指婚以内阁学士福茂之女为福晋。二十七年十一月，慈禧太后又指大学士荣禄之女苏完瓜尔佳氏为福晋。光绪三十四年十月，光绪帝、慈禧太后相继去世，慈禧太后临终前指定载沣长子溥仪入宫继位，载沣为监国摄政王。1911年辛亥革命后，退归藩邸。1924年11月，冯玉祥逐溥仪出宫，避居醇亲王府。后载沣随溥仪移居天津张园，1928年移居天津英租界。1939年9月，载沣返回北京醇亲王府。1951年2月病逝于北京。

二、档案情况

馆藏醇亲王府全宗档案，1961年由中国科学院历史研究所第三所南京史料整理处移交，当时已经过整理，编制案卷目录。2014年，该全宗档案由专业技术服务公司进行文件级整理，不分类项，重新组卷，共6卷270件。

醇亲王府全宗档案起止时间自光绪元年（1875）至1926年。主要为王府自身形成的及各处呈报或抄送的奏稿、咨、呈、禀、图表、册等公务文书及私人函札。记录了亲王、王府和皇室的有关活动，主要内容包括：宣统年间在集灵囿附近修建第三座醇王府图样，安设电灯地势图，王府布置采购小火轮等文件；光绪十五年慈禧太后归政仪式，光绪皇帝脉案及处方，溥仪小朝廷继用宣统年号补授官员及赏赉物品文件；光绪三十三年京内外官员及各省举人、御史、同知等关于立宪条陈等文件；吉林将军、盛京将军、伊犁将军、库伦章京、密云副都统等关于查明机器、屯垦、商务利弊、剿办马贼等文件；海军章程、战图，山东巡抚张曜任帮办海军军务并胶州海防情形禀文等；中法战争中，有关法人派遣奸细、攻占鸡笼山炮台及防御法人自制水雷、对法作战方案、指派捐输军饷、海口布防情形等文件；有关八国联军入侵破坏殿宇、陵寝，俄人占据东三省，与俄签订东三省条约等各种函禀，醇亲王载沣庚子年卜问吉词等文件；有关挑选神机营官兵赴天津武备学堂、海船水师，神机营向外国购买器械等事务的文件等；还有日俄战争后日本陆军举行所谓凯旋阅兵式，发给醇亲王的陪观许可证。

醇亲王府全宗档案经过文件级整理后，形成案卷级秩序目录6条（格式如：38-00-000-000001），与馆藏长芦盐运使司等共38个全宗合编为1册。形成文件级秩序目录270条（格式如：38-00-000-000001-0001），与馆藏总理练兵处全宗、神机营全宗合编为1册。

总理练兵处全宗

全宗号 39

一、全宗概况

总理练兵处，是清末掌管全国军政的中央军事管理机构。中日甲午之战，清军惨败，北洋海军全军覆灭，中外臣工纷纷条陈时务，请求练兵兴学。有些省份已开始编练新军，较大的有北洋新军、武毅军、江南自强军、董福祥的甘军等，皆聘请洋教习，练洋枪洋操。光绪二十九年（1903）十月十六日上谕："前因各省军制、操法、器械未能一律，迭经降旨饬下各省督抚，认真讲求训练，以期划一。乃历时既久，尚少成效，必须于京师特设总汇之处，随时考查督练，以期整齐而重戎政。著派庆亲王奕劻总理练兵事务，袁世凯近在北洋，著派充会办练兵大臣，并著铁良襄同办理。"正式成立练兵处。

练兵处由皇帝钦命总理、会办、襄办大臣三人，均为兼差，同时特简提调一人，掌管庶务，率同文案各员经理文牍。下设军政、军令、军学三司，各司设正使一员、副使一员。军政司，统辖所属各科考查官兵、筹备军需，凡各司例行公事径咨各军，重要事件禀请本处核示，下设考功、搜讨、粮饷、医务、法律、器械六科；军令司，统辖所属各科运筹机宜，策划防守，赞佐练兵处之出纳号令及用兵机密事务，下设运筹、向导、测绘、储才四科；军学司，统辖所属各科训练各军操法，整饬武备学校，定期呈请派员至各处校阅队伍，考试学堂等事，下设编译、训练、教育、水师四科。

光绪三十二年官制改革，兵部改为陆军部，遂将练兵处之军政、军学二司并入，将军令司之权另设军谘处（宣统三年改名军谘府），练兵处遂即撤销。

二、档案情况

馆藏总理练兵处全宗档案，一部分为中国科学院历史研究所第三所南京史料整理处移交本馆，分类整理立卷，编制案卷目录；一部分为本馆原存，1974年按"机构—问题"原则进行整理，分类立卷，编制有案卷目录。2014年，该全宗档案由专业技术服务公司进行文件级整理，不分类项，重新组卷，共15卷2226件。

总理练兵处全宗档案起止时间自光绪二十九年（1903）至宣统朝。主要有咨、咨呈、申文、清册、议奏稿、军机处抄交折片及部分函电等，大部分是军政司形成的，军令、军学司的档案很少。主要内容包括：奏订练兵处办事简要章程，分设司科职掌章程，有关承领练兵关防并呈报收到、开用日期等文件；练兵处厘定陆军人员任职等级补官章程及咨行文稿，遴员分别补署练兵处提调、各司正副使及各科监督文稿等文件；陆军考绩章程，军政司、军学司、陆军二至四镇、陕西提镇人员、贵胄学堂、京师陆军小学呈送各员司考绩表等文件；练兵处议奏变通武备章程折及咨稿，会同陆军部具奏陆军官弁服帽章记折、制备军服价值单等文件；北洋常备军二、三、四镇成军起饷日期，遴委各镇翼长等官衔名，各省编练新军情形表等文件；校阅新军，拟办秋操，闽浙、直隶、福州各省以及荷兰等外国使馆拟派员观操折稿等文件；光绪三十二年通行各省陆军枪炮口径等项程式咨稿，练兵处核议直隶、热河、贵州、河南等省购买枪炮子弹、调拨和核销购买军火经费咨稿等文件；练兵处核办江苏、安徽等省陆军购补马匹、截留兵船等文件；光绪三十年镇压河南西平县起事会首苗金声和江西萍乡会党情形等文件；催解各省练兵经费，北洋常备军、江南自强军等请领饷项银两，提拨军政司等办公经费收支清册等文件；有关陆军小学堂、陆军速成学堂等添建校舍、搭盖凉棚、购置物品，陆军学堂等毕业生发给执照、考试授官章程以及赴外国陆海军学堂肄业暂行章程等文件；各司收发文件登记等。

总理练兵处全宗档案经文件级整理后，形成案卷级秩序目录15条（格式如：39-00-000-000001），与馆藏长芦盐运使司等共38个全宗合编为1册。形成文件级秩序目录2226条（格式如：39-00-000-000001-0001），与馆藏醇亲王府全宗、神机营全宗合编为1册。

神机营全宗

全宗号 40

一、全宗概况

神机营,是清朝八旗禁卫部队,由八旗骁骑营、前锋营、护军营、步军营、火器营、健锐营等营中挑选的精壮兵士组成,驻扎近畿,拱卫京师,职司守卫紫禁城及三海,扈从皇帝出巡谒陵。道光十九年(1839),御前大臣奕纪奏请建神机营,虽已铸印,但未成军。咸丰十一年(1861),为整顿武备加强京师和皇宫的警卫,组建神机营,由礼部颁发道光十九年所铸银印,派议政王奕䜣、醇郡王奕譞督率管理。

神机营设掌印管理大臣一人,于亲王、郡王内特简。管理大臣无定员,于王公大臣、都统、副都统内特简,"掌神机营之政令"。下设总理全营事务翼长三人,共有马、步队25营,分为左翼、右翼及中营,计有官兵14000多人。

神机营内设机构有总理文案处、总理营务处、印务处、粮饷处、核对处、稿案处,军火局、军器库、枪炮厂、机器局等。马、步队还设有专操管带、帮操、营总、令官等官员。

二、档案情况

馆藏神机营全宗档案,1974年按"时间—问题"原则进行整理,编制了案卷目录。2014年,该全宗档案由专业技术服务公司进行文件级整理,不分类项,重新组卷,共3卷776件。

神机营全宗档案起止时间自同治七年(1868)至宣统二年(1910),其中大部分是光绪末年的文件,主要文种有移会、咨呈、奏折、奏片、印结、详文等。

内容主要包括：裁撤善后协巡局、练兵处、神机营卫队等文件；神机营官员衔名册，神机营官员、亲军卫队官兵补授、接任、引见、开缺、病故、请假的文件，亲军卫队革除学兵册，考试学兵清册，察哈尔都统衙门造送精锐新军营挑补炮队章京、队官衔名册等文件；火器营兵制，加练新军，亲军卫队练习打靶处所选址，拨借神机营兵厂、炮厂筹建陆军学堂，陆军部遵旨整顿前锋和护军各营等文件；军械所存储军械、军装数目，发放枪支弹药数目，江南制造局制造枪械军火，亲军卫队马匹添购、倒毙及添补马夫等文件；庚子年行在神机营随慈禧太后、光绪帝回京后奉命将所带枪支交军械所存储，清理收集八国联军抢掠、毁弃枪械兵器情况；外务部查询庚子年被德兵劫去观象台古铜仪器等文件；户部知照领饷日期，神机营所属机构奏销薪饷、公费、津贴、饭食银两情况，神机营收支四柱清册，修缮营房、营署、马房、搭盖天棚、裱糊讲堂等用银文件；元旦、冬至、万寿三大节行礼、回避事件，换戴暖帽、修理普陀峪陵墓、随扈陵差、启闭宫门等文件；亲军卫队、工巡总局、外务部、政务处、京旗练兵大臣、商部、户部办理财政大臣咨开用关防日期等文件，神机营咨文底簿等文件。

神机营全宗档案经过文件级整理后，形成案卷级秩序目录3条（格式如：40-00-000-000001）与馆藏长芦盐运使司等共38个全宗合编为1册。形成文件级秩序目录776条（格式如：40-00-000-000001-0001），与馆藏醇亲王府全宗、总理练兵处全宗合编为1册。

京师高等审判厅检察厅全宗

全宗号41

一、全宗概况

京师高等审判厅，是清末京师的审判机构，由大理院直辖，光绪三十三年（1907）正式设立。清末进行官制和司法改革，实行的三级审判和城乡谳局（初级审判厅）、地方审判厅、高等审判厅、大理院裁判所的四级裁判制度。京师高等审判厅就是设在京师的第二级合议审判机关，主要掌初级审判厅上诉各终审案件及不服地方审判厅判决的二审案件，同时负责监督京师地方各级审判厅的工作。

京师高等审判厅设厅丞一人，总理全厅一切事务，调度刑、民审判官及典簿以下各官，审定刑、民两科各庭拟结的案件，监督京师地方各级审判厅。内设：刑科二庭，审理刑事不服控诉及上告各案；民科二庭，审理民事不服控诉及上告各案；典簿厅，负责办理文牍、监用印信和按月造具报销经费表册、承领各项经费等；看守所，管收刑事未经判决人犯暨民事不能保释之被告人，收存人犯赃物。内、外城地方审判厅与初级审判厅直属中国科学院历史研究所第三所南京史料整理处。

京师高等审判厅附设京师高等检察厅，设检察长一人，负责京师高等审判厅民、刑案内的检察事务，监督京师各级检察厅。设检察官四人，典簿、主簿各一人，录事二人。所辖机构有内、外城地方检察厅和初级检察厅。

二、档案情况

馆藏京师高等审判厅检察厅全宗档案，是1961年中国科学院历史研究所第

三所南京史料整理处移交而来，编制有案卷目录。2008年9月，本馆对该全宗档案进行重新整理，不分类项，在原案卷基础上，将卷内文件按时间排序，固定文件级档号，各案卷内添加本卷备考表，编制文件级秩序目录，共145卷2692件。

京师高等审判厅检察厅全宗档案起止时间自光绪三十三年（1907）至宣统三年（1911），有各种案件审理情况的文件，也有一些本机构的收文和发文，如咨移、移付、札、电及各种报表等。主要内容包括：高等审判厅各项事宜单，典簿厅办事规则，考试承发吏规则，禁烟公所拟定出结官规则，法官考试内外场办事规则（附场规），宪政编查馆奏核议法部酌拟死罪施行详细办法等文件；初级检察厅刑事案件执行官职月表，第一初级检察厅各员履历清册，官员升迁调补、到任、请假、销假、病故、值班、值宿等文件；审理各类刑、民、违禁案件，各属解送案件手续等文件；核定审判厅、检察厅员额薪数清单，月支各项经费数目册，试办全国预算各项表册格式，诉讼状纸各费清册等文件；法官免考图结表，京师初级检察厅的月报、旬报表，步兵统领衙门宣统三年收审案卷表册，国际律师协会事务所分送各检察厅徽章等文件。

近畿陆军督练公所全宗

全宗号 42

一、全宗概况

近畿陆军督练公所，又称近畿陆军督练处，缘各省督练公所制而设，是专司督练近畿陆军各镇事宜的机构。光绪三十二年（1906）九月清廷改革官制，设立陆军部，将练兵处、太仆寺并入，同时统辖各省已编新军。三十二年十月，经袁世凯奏准，将北洋六镇中的第一、三、五、六共四镇亦交陆军部管辖。时陆军部因正在筹拟章制，一切办法均未大定，无力直接管辖北洋四镇，乃特旨派副都统凤山专事训练近畿陆军各镇。三十三年正月凤山接任，五月奏准在保定设立近畿陆军督练公所。摄政王载沣当政后，为进一步集揽军权，宣统二年（1910）八月借军谘处奏请整顿近畿陆军各镇之机下谕："所有近畿陆军第一、第二、第三、第四、第五、第六各镇，均著归陆军部直接统辖，其近畿督练公所著即裁撤"。

督练公所设督办一员，总办参议官一员，参议官四员，文案四员。下设兵备处、参谋处、教练处，各设总办、帮办等。处下设股，兵备处设考功股、执法股、筹备股、军需股、医务股；参谋处下设谋略股、运输股、测绘股；教练处下设教育股、校兵股、海防股。

督练公所直属机构有粮饷局、军械局、军医局、稽查局，各设总办、帮办、委员等。于北京、山东设粮饷分局，以便就近筹拨第五、六两镇军装饷糈。于安徽芜湖设立军米局，派员驻局购米，陆续分运各镇，以济军食。

宣统二年四月，增设近畿陆军调查财政局，附于督练公所，以调查近畿陆军财政，为实行预决算之基础。设总办、会办各一名，负责综理本局一切事务，造具各项册表，随时呈督练公所核办咨部。

二、档案情况

馆藏近畿陆军督练公所全宗档案，大部分是1961年从中国科学院历史研究所第三所南京史料整理处接收来的，少部分是从陆军部档案中挑选出来的。1974年，本馆将两部分档案合并，按问题原则整理至案卷级，编制案卷目录。2014年，该全宗档案由专业技术服务公司进行文件级整理，不分类项，重新组卷，共2卷554件。

近畿陆军督练公所全宗档案起止时间自光绪三十三年（1907）至宣统二年（1910），主要文种有咨呈、申、详、片、札、禀、章程、清册等。主要内容包括：设立近畿陆军财政局的章程，海军处具奏重订各司职掌，陆军部、军谘处、海军处、禁卫军训练处等刊刻、换铸、启用关防印信日期的奏片；所辖陆军各镇官员的升迁调补、奖惩、请假、考绩等文件；陆军各学堂毕业生试充各镇军职、毕业生核定等第分拟应补官阶、游学毕业生补官办法等文件；所辖陆军各镇请领枪弹、装备、造报武器销存、购买军马、招募兵勇、校阅操演等文件；所辖各镇拨发军饷、购买军米、造送预算、核发各镇修缮费用、川资、津贴、宿卫营购置衣帽、制做军衣等文件；凤山被参案等文件。

近畿陆军督练公所全宗档案经文件级整理后，形成案卷级秩序目录2条（格式如：42-00-000-000001），与馆藏长芦盐运使司等共38个全宗合编为1册。形成文件级秩序目录554条（格式如：42-00-000-000001-0001），单独编为1册。

卓索图盟扎萨克衙门全宗

全宗号43

一、全宗概况

卓索图盟为内扎萨克蒙古六盟（哲里木盟、昭乌达盟、卓索图盟、锡林郭勒盟、乌兰察布盟、伊克昭盟）之一。下辖土默特左（附牧喀尔喀左翼旗）、右翼二旗，喀喇沁左、右翼二旗，又增设一中旗。会盟于土默特右翼旗境内之卓索图地方，因之得名卓索图盟。盟长、副盟长由各旗扎萨克兼任。雍正六年（1728），设立副盟长。乾隆十二年（1747），颁给盟长印信。

土默特二旗，在喜峰口东北五百九十里，东西距四百六十里，南北距三百十里。东至养什牧地界，西至喀喇沁右翼界，南至盛京边墙界，北至喀尔喀左翼及敖汉界，至京千里。土默特左翼旗，驻扎旱龙潭山。土默特右翼旗，驻扎大华山。

天聪三年（1629），台吉俄木布、塔布囊善巴归附皇太极。崇德元年（1636），以善巴从征有功，赐号多罗达尔汉，封镇国公。康熙元年（1662），晋封多罗达尔汉为贝勒，掌左翼。俄木布初封镇国公，康熙元年，晋封为固山贝子，掌右翼。

喀喇沁二旗，又增设一旗。在喜峰口东北三百五十里，东西距五百里，南北距四百五十里。东至土默特及敖汉界，西至正蓝旗王屯界，南至盛京边墙界，北至翁牛特界，至京七百六十里。喀喇沁右翼旗，驻扎席伯河北。喀喇沁左翼旗，驻扎牛心山。增设一旗，在二旗界内，为喀喇沁中旗。

天聪年间，苏布地率昆弟塞冷等归附皇太极。崇德元年封苏布地之子古鲁思遐布为贝子，赐号多罗杜棱，掌右翼。顺治五年（1648），封塞冷为镇国公，掌左翼。康熙三年（1664），古鲁思遐布之子班达尔沙，晋封为多罗杜陵郡王。康熙四十四年，授格勒尔为一等塔布囊。

二、档案介绍

　　该全宗档案是20世纪80年代辽宁省档案馆向本馆移交内阁流散残题本时夹带而来，主要为外藩蒙古内扎萨克卓索图盟长所辖相关旗扎萨克衙门的档案。因档案数量不大，故以盟设立全宗，将各扎萨克旗列入类下，包括"喀喇沁中旗、喀喇沁左翼旗、喀喇沁右翼旗"及"其他蒙古文档案"4类，全宗命名为"卓索图盟扎萨克衙门"，将原撤销的工巡局全宗档案的全宗号43为其所用。其中哲里木盟科尔沁右翼后旗扎萨克衙门档案，由于数量极少，酌情归入本全宗"其他蒙古文档案"类下。

　　1999年，满文部对该全宗档案做过初步的清理工作。2015年3月至2016年12月，满文处重新进行整理，折件类档案仍按"满文12字头顺序"和一定的次序原则排序组卷，簿册类档案亦仍按"文种—朝年"原则排序组卷，共513卷13696件，编制案卷级目录1册、文件级目录3册。

全宗名	类	项	案卷起止	案卷号	项下总件数	类下总件数
卓索图盟扎萨克衙门（43）	喀喇沁中旗（01）	折件（001）	1—316	316	12024	13696
	喀喇沁左翼旗（02）	折件（001）	1—165	165	1241	
	喀喇沁右翼旗（03）	簿册（001）	1—27	27	120	
	其他蒙古文档案（04）	折件（001）	1—5	5	311	

　　卓索图盟扎萨克衙门档案起止时间自乾隆五年（1740）至1933年，主要内容有：

　　1.喀喇沁中旗。该旗扎萨克初封于康熙四十四年（1705），由喀喇沁右翼旗析出。该旗扎萨克衙门档案皆为折件，文种繁多，有理藩院、热河都统、察哈尔都统、西勒图库伦并其他旗的来文；有与八沟理事司员、平泉州之间的来往咨文；旗内呈文、呈状，有文书，也有抄存件。内容主要涉及盟务、旗务，旗内官员任免、调遣、俸禄；旗内债务、土地、房屋、财产、婚姻纠纷；会盟、年班进京、册封；军需筹备、应招出兵；民刑案件的受理与处理等等。该项档案文件所署时间为民国纪年，其月日用阴历者较多。

　　2.喀喇沁左翼旗。该旗扎萨克初封于天聪九年，驻扎牛心山。该旗扎萨克衙门档案皆为折件，文种繁多，有理藩院及其他旗的来文；有与塔子沟理事通判、建昌县知县之间的来往移文；旗内呈文、呈状，有文书，也有抄存件。内容主要涉及盟务、旗务，旗内官员任免、调遣、俸禄，旗内债务、土地、房屋、财产、婚姻纠纷；会盟、年班进京、册封；军需筹备、应招出兵；民刑案件的受理与处理等。

3.喀喇沁右翼旗。该旗扎萨克初封于天聪九年，驻扎席伯河北。该旗扎萨克衙门档案皆为簿册，有理藩院来文档、外旗扎萨克行文档、旗内行文档，各类登记簿、名册，量丁会盟所用酒水粮草收支明细簿、收支流水账，登记册、清册、请安册等。

4.其他蒙古文档案。皆为折件，为哲里木盟科尔沁右翼后旗扎萨克衙门档案，数量不多，但是文种不少，有理藩院、奉天都督给该旗的照会，镇守东三省将军致该旗的行文，奉天北路观察使署致该旗的公函等。该项档案的特点：文件所署时间比较特殊，年为民国的纪年，而月日则用阴历者较多。蒙古文的文件，一般使用干支纪年。

税务处全宗

全宗号44

一、全宗概况

税务处是清末中央管理税务事宜的特设机构。光绪三十二年（1906）四月设立，系户部、外务部分设机构。初设督办税务大臣一人，会办税务大臣一人，分别由户部尚书铁良、外务部右侍郎唐绍仪充任，所有海关所用华、洋人员统归节制。其下设提调官一人，帮提调官一人，特殊时期亦有增设督办税务大臣、会办税务大臣和帮办税务大臣的情况。

税务处内设机构有第一、二、三、四股及收发处，各设总办一人，帮办、委员若干名。具体职掌如下：第一股，掌理海关税务，机器制造，各货税收，催提出使经费，稽核关埠章程，综核税司经费，查核各关收数，比较、考核各口岸贸易情形。第二股，掌理常关税，查核免税货物，稽查借还赔款，兼管税司，代收盐税、厘存票抵税，考核进出口税则，查察杜漏防弊事宜。第三股，掌理土药、洋药税，管理外货进入内地，内河行船、船钞罚款，研究各国税务等项事宜。第四股，掌理邮政事务，兼管本处官员升迁调补和经费收支等事宜。收发处，掌理盖用关防、收发文件电报等项事宜。税务处直属机构有总税务司及各关税务司、税务学堂。

光绪三十二年九月官制改革时，清廷拟将税务处归并度支部，但因顾忌各国公使干预，遂未实行，仍作为独立机构存在，至宣统三年（1911）十月裁撤。

二、档案情况

馆藏税务处全宗档案由两部分构成，一是1961年南京史料整理处移交本馆，

二是本馆原存零散档案。1974年，本馆按"问题—年代"原则，对两部分档案合并整理，分类立卷，编制案卷目录。2014年，该全宗档案由专业技术服务公司进行文件级整理，不分类项，重新组卷，共12卷1684件。

税务处全宗档案起止时间自光绪二十七年（1901）至宣统三年（1911），主要是税务处给总税务司和各海关税务司的札文，也有少部分咨、申、呈文、簿册、奏稿、电报等，总税务司档案亦包括在内。主要内容有：赫德任职履历抄件，两广总督岑春煊兼管粤海关事务及接管日期，各关口员役人数册等文件；江海关进出口船只停泊章程及引水章程，通州天生港收税试办章程，天津钞关征税则例、进出口货物则例，天津工关则例表等文件；广东香州开埠，湖北各道府筹设常关，瑷珲商会请撤梁家屯分卡，拉哈苏苏撤关设卡，西藏亚东、江孜、噶大克开埠设关等文件；淮宿海三关随征杂款及提填成数表，荆州关改章后征收银钱数目表，武昌、游湖关进出口税章表、征收船料数目表，江海、江汉、苏州、芜湖、长沙、南宁、镇南、思茅、蒙自、腾越、金陵、镇江、凤阳、粤海、潮海、琼海、三水、江门、九龙、拱北、东海等关关税收支清册，荆州、九江、塘沽、武昌、芜湖各关现办情形节略等文件；宁波正大火柴公司、山西双福火柴公司、京师丹凤火柴公司、上海日商全光玻璃公司、北洋火柴公司等公司请免子口、落地税及购买黄磷、洋硝等特殊原料税等文件；福州、开封、杭州、汉口、广州、成都、济南、上海、贵阳、蒙自等地邮政司、邮务长、副邮务长升迁调补等事的文件；津海关道与德驻津领事签订的德商租地地契，税务处奏案目录，学部咨取海关贸易总册等文件。

税务处全宗档案经文件级整理后，形成案卷级秩序目录12条（格式如：44-00-000-000001），与馆藏长芦盐运使司等共38个全宗合编为1册。形成文件级秩序目录1684条（格式如：44-00-000-000001-0001），单独编为1册。

理藩部全宗

全宗号45

一、全宗概况

理藩院，是掌管蒙古、西藏、青海、新疆及西南地区土司所辖各地少数民族事务，并兼理部分与外国通商交涉事务的机构。初称蒙古衙门，崇德三年（1638）六月，改设理藩院。顺治十六年（1659）归礼部所属。顺治十八年正月，以理藩院专管外藩事务，责任重大，为礼部所属不合旧制，仍复旧制，制同六部。光绪三十二年（1906）九月，改理藩院为理藩部。

初期设承政等官，顺治元年改设尚书、侍郎。顺治十六年，定以礼部尚书衔掌理藩院事，以礼部侍郎衔协理理藩院事。顺治十八年，复改理藩院尚书，照六部尚书入议政之例。宣统三年（1911），改理藩部尚书为大臣，侍郎为副大臣。

理藩院内设有旗籍、王会、典属、柔远、徕远、理刑六个清吏司及满档房、汉档房、蒙古房、司务厅、当月处、督催所、银库、饭银处等办事机构。关于六清吏司之设置：顺治十八年设录勋、宾客、柔远、理刑四司，康熙三十八年（1699）分柔远为前、后二司。乾隆二十二年（1757），改录勋司为典属司，改宾客司为王会司，改柔远后司为旗籍司，前司仍为柔远司。乾隆二十六年，增设徕远司。乾隆二十九年，改典属司为旗籍司，其原旗籍司改为典属司，遂成定制。

旗籍清吏司，掌管内扎萨克疆理、封爵、谱系、会盟、驿递、军旅，兼辖归化城土默特和黑龙江布特哈等部任免引见等。王会清吏司，掌管内扎萨克王公俸禄、朝贡、燕飨等事。典属清吏司，掌外扎萨克各部旗疆域、封爵、会盟、军旅、驿递及蒙藏各地喇嘛事务、恰克图事务，兼辖察哈尔、巴尔呼、额鲁特、扎哈沁、明阿特、乌梁海、达木、哈萨克等游牧各部内属事务。柔远清吏司，掌外扎萨克、喇嘛俸禄、年班、朝贡、仪制等事。徕远清吏司，掌回部扎萨克、回疆

伯克及四川土司之政令，并掌回城卡伦外各部落朝贡事务。理刑清吏司，掌外藩各部刑罚事。满档房，掌办奏折及本院官员题缺出差事。汉档房，掌缮写题本、翻清译汉以及保管档案事。蒙古房，掌蒙古文翻译及蒙古文题本事。司务厅，掌理藩院吏员、通事、差役事及收内外扎萨克、各省督抚等衙门来文。当月处，掌收在京衙门文书，内阁传抄事，由当月处抄出交各司核办，管理理藩院印信。督催所，掌稽察全院文稿、注销文卷等事。银库，掌理藩院财物出纳、保管事务。饭银处，掌书吏饭银及其他经费开支。俸档房，掌理藩院官员额定俸银、俸米开支等事。

此外，理藩院尚有所属内馆、外馆、俄罗斯馆、则例馆、蒙古官学、唐古特学、托忒学、木兰围场、喇嘛印务处等机构。

光绪三十二年改为理藩部后，六司及司务厅、当月处、银库、饭银处、喇嘛印务处等仍保留，将满档房、汉档房、俸档房、督催所等合并为领办处，扩充蒙古学为藩言馆。

二、档案介绍

该全宗名称原为理藩院全宗，后在整理过程中发现大部分档案为理藩部时期档案，故更改全宗名称为理藩部全宗。

馆藏理藩部全宗档案有两部分来源，其一为中国科学院历史研究所第三所南京史料整理处移交本馆的档案，移交时已立卷整理。第1—696卷，分为总类、典礼、蒙旗、回部、土司、喇嘛管理、寺庙管理、西藏等8大类；第697—709卷，未分类项，若干件为一卷。档案实体以牛皮纸作为卷封，用棉线装订，共709卷，编制案卷目录。其二为本馆增补的馆藏档案，未分类，若干件组为一卷，与前项档案案卷目录合编为1册。2014年，该全宗档案由满文处重新进行了文件级整理，经点数核对发现第554、654、658卷档案无存（其中654、658卷，原目录备注20世纪70年代由外交部借走；而554卷仅有卷皮，档案及卷内备考表均无存，根据卷皮所夹纸条记载为提调办展），整理时，原案卷号仍保留。此次整理，保留原案卷基础，在原8类基础上，新设"南京增补""本馆增补"两类。"南京增补"类下，参考了原8类下所设项别设1项；"本馆增补"类下，参考本馆传统18大类的类别名称设1项。整理著录后形成10类89项，计714卷11332件，形成案卷级目录1册（第554、654和658卷档案无存，但仍保留原档号和条目），文件级目录3册。

全宗名	类	项	案卷起止	案卷号	项下总件数	类下总件数
理藩部（45）	总类 01	89项	1—63	63	11332	11332
	典礼 02		64—144	81		
	蒙旗 03		145—509	365		
	回部 04		510—544	35		
	土司 05		545—550	6		
	喇嘛管理 06		551—553 555—594	43		
	寺庙管理 07		595—626	32		
	西藏 08		627—653 655—657 659—696	68		
	南京增补 09		697—709	13		
	本馆增补 10		710—717	8		

理藩部全宗档案起止时间自乾隆十五年（1750）至1912年，主要为中央各部院、理藩部（院）所属机构以及蒙古、西藏、新疆、四川等地方致理藩部（院）正堂的文件。文种多样，形制各异，涉及的文字种类较多，有满文、蒙古文、汉文、藏文、托忒文、英文以及电码等。各类档案主要内容包括：

1.总类档案。为中央各部院、理藩部（院）所属机构及西藏等地方致理藩部（院）的文件，内容涉及政治、军事、外务、刑律、邮政、铁路、商学、本部组织、员司调补奖叙、管理蒙古三学、文书事务、廉俸和经费等。

2.典礼档案。为礼部、中正殿及蒙古地方等致理藩部（院）的文件，内容涉及庆贺、丧祭、年班、洞礼经班、内廷唪经和宴赏等项。

3.蒙旗档案。为蒙古地方各旗等致理藩部（院）的文件，内容涉及预备立宪、疆域户口、会盟祭海、查核比丁、台站卡伦、军务边卫、库伦独立、外事、教案学堂、垦牧、公路铁路、邮电、实业商务、承袭爵衔、拣补官缺、朝贡、刑律和刑罚案件等。

4.回部档案。为甘肃、新疆等地致理藩部（院）的文件，内容涉及哈户管理、承袭爵衔、拣补官缺、封奖、调查谱系表传和朝贡等。

5.土司档案。为四川、云贵等地致理藩部（院）的文件，内容涉及改土归流、

袭职补官、学务和朝贡等。

6.喇嘛管理档案。为各呼图克图及喇嘛印务处等致理藩部（院）的文件，内容涉及接署印信、申领度牒、告假、朝贡、奖赏、案件审讯、喇嘛圆寂和掣定呼毕勒罕等。

7.寺庙管理档案。为雍和宫、喇嘛印务处及四川总督等致理藩部（院）的文件，内容涉及雍和宫事务学务、雍和宫班第学艺、雍和宫年例唪经、京城寺庙事务、京城寺庙年例唪经和各地寺庙事务等。

8.西藏档案。为驻藏办事大臣等致理藩部（院）的文件，内容涉及驻藏大臣官缺、经费、查录旧案、对藏政治措施、军务、学务、外事、敕封达赖、达赖活动与入觐、进贡、僧俗官缺、布施唪经等。

9.南京增补档案。为中国科学院历史研究所第三所南京史料整理处未予分别类、项的档案，内容有四川藏区改土归流、十三世达赖喇嘛来京和蒙古土谢图汗部等给理藩部（院）抄送的案卷等。

10.本馆增补档案。为本馆组卷增补的档案，内容有蒙古、新疆、西藏等地亲王袭爵、开办实业、中俄通商、殖边学堂、法律案件等。

方略馆全宗

全宗号 46

一、全宗概况

方略馆是清代纂修"方略""纪略"等书的机构。清制，每次较大的军事行动或重大政务活动之后，即要奉旨记其始末，将事件中形成的重要档案（以上谕、奏折为主）纂辑成书，名为"方略"或"纪略"。康熙二十六年（1687）为纂修《平定三逆方略》，正式设立方略馆，为临时机构，书成即撤。乾隆十四年（1749），军机大臣张廷玉等奏请纂修《平定金川方略》，方略馆重开。此后成为常设机构，除纂修方略外，还承办皇帝特旨交办事务，办公地点在隆宗门外咸安宫之左。方略馆与军机处关系密切，其主要官员皆由军机处人员兼充，军机处办理朱批奏折录副及一些誊写、抄录等工作，多为方略馆供事承担，军机处的档案存于方略馆大库中，同时方略馆纂修方略等书主要以军机处档案为基本材料，"方略馆以枢臣总领，于事无所不问，馆书无不汇集"，军机处与各部院衙门间的一般性文书往来也常用"军机处方略馆"的名义，军机处官员值班、食宿也在方略馆内，方略馆实际上成为军机处的一个办事机构。至宣统三年（1911）四月，与军机处并裁。

方略馆设有文移、誊录、纂修、校对四处及书库、纸库、大库、小库、科房等机构。置总裁一人，由军机大臣兼充。下设满、汉提调各二人，满、汉收掌官各二人，均由军机大臣于满汉军机章京内派充，掌章奏文稿及管理吏役等。另设有纂修、校对、供事等官。

二、档案情况

由于方略馆和军机处的特殊关系，军机处的档案都存于方略馆大库中，甚至有以军机处名义行文而由方略馆提调官签发文件的情况，所以方略馆的档案和军机处档案互相牵连，实难分开。馆藏方略馆全宗档案，1974年按问题原则进行初步整理，分类立卷，编制案卷目录。2014年，该全宗档案由专业技术服务公司进行文件级整理，不分类项，重新组卷，共344卷10693件。

方略馆全宗档案起止时间自乾隆四年（1739）至宣统三年（1911）。主要有稿本、书籍、档簿、堂稿、奏稿、咨呈、知会、知照、移会等。主要内容包括：

1.各种方略稿本。方略馆所修之方略、纪略等，分草本、清本、呈堂本、进呈本、陈设本等，现存档案皆为草本或清本。有《钦定剿平三省邪匪方略御制诗文》《平定台湾纪略》《南巡盛典》《安南纪略》《石峰堡纪略》《平定准噶尔方略》《平定两金川方略》《剿平三省邪匪方略》《平苗纪略》《剿平粤匪方略》《剿平捻匪方略》等书的草本及清本等。

2.各种史志稿本及书籍。有《辽史》《金史》《元史》《敕修明史列传》《清高宗纯皇帝圣训》《清朝历代皇帝圣训目录》《盛京通志》《大清一统志》《八旗通志》《热河志》《大清会典事例》《满洲源流》《蒙古源流》《枢垣纪略》《西域图志》《西域同文志》《筹办夷务始末》《新疆识略》《通鉴辑览》《爵秩全览》《中枢政考》等书草本或抄本，多已残缺不全。此外，还有一些制书、经书、御制诗文集、时宪书及各种官报、公报、图表、章程、则例等。

3.各种事务性档册。记载方略馆日常公务活动时形成的底稿汇抄等，如记载纂修工作情况的清查粤、捻匪草本簿、发交誊录草本登记簿、发缮簿、暂记功课簿、总院看本簿等；记录人事及账目情况的各种履历册、议叙人员底册、考勤簿、印领簿、各衙门咨送供事簿、供事差使簿、告假簿、到馆簿、注册簿、颁赏方略执照簿、交班簿等，出入流水账、银钱收付总账、出入零钱账、随扈用账、大库折费公账、日记账、领公费簿等；汇录对外行文情况的行文档、移付档、文移档、电付档，及奏稿、咨稿摘由目录等文件；关于人员任免、调补、奖惩情况的堂谕簿等文件。

4.堂稿、奏稿。主要有官员升迁调补、议叙铨选、告假丁忧、病故开缺、参加乡试等事务，开支桌饭工食银两、咨取书籍、奏销纸张、支领公费用具，奏请拨方略馆经费等文件。

5.来文。京内外各衙门给方略馆的咨文、移会、知会、知照等文书，内容主要包括各衙门咨送方略馆往调文件的行文以及一般事务性的通知。

方略馆全宗档案经文件级整理后，形成案卷级秩序目录344条（格式如：46-00-000-000001），与馆藏长芦盐运使司等共38个全宗合编为1册。形成文件级秩序目录10693条（格式如：46-00-000-000001-0001），编为2册。

舆图汇集全宗

全宗号 47

一、全宗概况

馆藏舆图，在清代是分别收藏在内务府等机构集中保管的，或作为附件随军机处录副奏折一起保管，其中内务府造办处舆图房内的舆图数量最多。本馆在整理舆图档案时，根据其原收藏单位，按照全宗管理原则，把大部分舆图分别归入内务府、军机处、内阁等全宗，各设舆图类项，剩下部分无法区分其全宗的零散舆图用"集"字统合在一起，归为一个全宗单独管理，称为"舆图汇集"。

为便于集中管理，本馆内务府舆图、军机处舆图、内阁会典图，与舆图汇集之舆图一起，专设舆图库收藏保管。

二、档案情况

馆藏舆图汇集全宗的舆图，一部分是原存宫中各处的舆图，一部分是1953年和1958年北京大学、沈阳博物馆等单位移交而来的舆图，一部分是本馆1930年以来陆续购买和接收个人捐献的舆图。舆图汇集共分为舆地、江河湖海、水陆路程、军务战争、名胜古迹、矿厂、建筑、庆寿、陵墓、其他十类，共648卷819件。

这些舆图起止时间自康熙五十六年（1717）至1924年。其中，重要舆图主要有：光绪七年（1881）绘制的《中俄交界全图》，根据康熙朝稿本印制的满汉合璧《清内府一统舆地秘图》，光绪三十年吴长发印制的《大清天下中华各省府州厅县地理全国》，奉天、吉林、黑龙江各省的全界地图，直隶全省一览地图，新疆总图，云南省地图，青海省舆地全图，新疆省城形势图，新疆伊犁总

图，北京外城巡警厅区地面全图，江苏姑苏城图，湖北省城街道图，黄浦江上海城市图，黄河图，长江图，山东运河图（附详细说明一册），天津至通州北运河图，通州至京通惠河图，京郊通惠河工程图，七省沿海全图，直隶沿海总图，奉天、直隶、山东沿海总图，江苏沿海总图，浙江沿海图，福建沿海图，台湾东海全图，广东沿海总图，大鹏湾图，香港图，南澳岛图，新疆路程图（从迪化至伊犁绥定县），吐鲁番厅至喀喇沙尔厅路程图，喀喇沙尔厅至库车厅路程图，库车至扎木台路程图，奇台县至北京路程图，东三省铁路图，东三省铁路干线车驿表等。

舆图汇集目录1册，统一流水卷号，以图名为案卷题名。

都察院全宗

全宗号48

一、机构概况

都察院是明清全国最高监察机构。清沿明制，崇德元年（1636）五月设立都察院，掌察核百官，整饬纲纪。皇太极谕："凡有政事背谬及贝勒大臣有骄肆慢上、贪酷不法、无礼妄行者，许都察院直言无隐。"顺治初年又规定："凡朝廷政事得失、民生利弊，以时条上；百官有奸贪劣迹，亦得据实纠弹。"此外，都察院职掌还包括：参加九卿议奏事，与刑部、大理寺汇题重大案件，稽察各级衙门及吏役，检查注销文书案卷及封驳事，监察乡试、会试、殿试，巡视各营、仓等事务等。与刑部、大理寺并称三法司。

都察院初设承政，左、右参政。顺治元年（1644），改承政为左都御史，改参政为左副都御史，设左、右佥都御史。右都御史由总督加衔，右副都御史由巡抚等加衔，均不在京设专员。乾隆十三年（1748），裁左、右佥都御史，停右都御史衔。都察院执行监察任务的机构有：

1.六科。即吏、户、礼、兵、刑、工六科。清初沿明制，六科为独立机关。雍正元年（1723）改隶都察院。六科各设满、汉给事中各一人，职掌主要是：稽察在京各衙门的政事；发科抄、封驳、注销各衙门文卷；颁发官员敕书；察核京察、大计册及各项奏销册、文武学册；复奏秋审、朝审案件；监视行刑；参加皇帝御门听政、经筵、临雍的侍班；纠察朝会礼仪等。光绪三十二年（1906）改革官制，裁撤六科名称，仅设给事中二十人公同办理一切事宜。

2.十五道。按省区划分有京畿、河南、江南、浙江、山西、山东、陕西、湖广、江西、福建、四川、广东、广西、云南、贵州等道，分掌稽核各省刑名案件，共有掌印监察御史三十人，一般监察御史二十六人。十五道主要职掌是：考核百官，监礼纠仪，监督考试，察荒查工，问拟刑名，监决囚犯等。在京内负责刷卷，巡视京营，监督文武乡会试，稽察部院各司；在京外负责巡盐、巡漕、巡仓、纠察提督学政等官。此外，还监督朝会、祭祀、临雍等礼仪，并轮流担任本衙门的值月和督催工作。光绪三十二年，增设辽沈、甘肃、新疆三道，改江南道为江苏、安徽二道，改湖广道为湖北、湖南二道，共为二十道。

3.五城察院。稽察京师地方治安的机构，分东、西、南、北、中五城，每城设一衙门，称为"察院"，"五城御史衙门"简称"五城"，各派御史巡城。各城分别设有兵马司，由五城御史督率，负责审理诉讼、缉捕盗贼等事。五城察院各设满、汉巡城御史各一人，五城兵马司各设指挥、副指挥各一人。光绪三十二年改革官制，设立各级审判厅等，遂撤五城巡城御史。

4.宗室御史处。雍正五年设，由十五道的宗室御史二人兼管，一人掌印，一人协理，掌稽察宗人府事务，又称"稽察宗人府衙门"。光绪三十二年十二月裁。

5.稽察内务府御史处。乾隆三年设，由协理陕西道及掌贵州道满御史二人兼管，掌稽察内务府事务，又称"稽察内务府御史衙门"。光绪三十二年十二月裁。

都察院内设机构有吏房、户房、礼房、兵房、刑房、工房、印房、火房、本房和架阁库等，直接对堂官负责，分办堂上各事及保管档案、伙食管理等。此外，还设有办理行政事务的经历厅、都事厅、值月处、督催所。

二、档案情况

馆藏都察院全宗档案，主要是1961年由南京史料整理处移交而来。1974—1975年，本馆按问题原则对其进行整理，分类立卷，编制案卷目录。2014年，该全宗档案由专业技术服务公司进行文件级整理，不分类项，重新组卷，共计6卷237件。

都察院全宗档案起止时间自顺治朝至宣统朝，主要有奏、呈、咨、移、揭帖、勘合、簿册、清册、清单等。主要内容包括：都察院排单、改订官制奏底、京察官员、京察候补官员册、选派更换巡城官员，奏派巡察天津、通州漕船差务等文件；督审各类案件，各省常犯情实名单等文件；都察院代递外务部员外郎辜汤生条陈内政外事折、江南道监察御史吴钫奏请各省遍设法政学堂折等文件；都察院官员赴各地查办事务的勘合，各科造送的红本清册、目录册、接本簿，都察院节帖等文件。

都察院全宗档案经文件级整理后，形成案卷级秩序目录6条（格式如：48-00-000-000001），与馆藏长芦盐运使司等共38个全宗合编为1册。形成文件级秩序目录237条（格式如：48-00-000-000001-0001），与馆藏军谘府等共7个全宗合编为1册。

军谘府全宗

全宗号 49

一、全宗概况

军谘府是清末襄赞皇帝通筹全国陆海军事务的参谋机构。光绪三十二年（1906）九月由原练兵处之军令司改设，隶归陆军部。三十三年四月，经陆军部奏定，暂名军谘处，设正、副军谘使各一人，一、二、三、四与测地等五司，负责掌理全国筹防用兵等事务。宣统元年（1909）五月，军谘处从陆军部独立，改设管理大臣，从王大臣中特简，令贝勒载涛、毓朗二人担任，其下设军谘使二人，内设机构由司改为厅，共设总务、第一（作战）、第二（情报）、第三（交通与通信）、第四（测量）、第五（史志）、海军等七厅，厅下设科，负责襄赞皇上通筹全国陆海各军事宜。宣统三年四月，正式改名为军谘府，原管理大臣改称军谘大臣，仍从亲王、大臣中特简，原设之七厅裁去海军厅，改为六厅，另设军事官报局、印刷所。辛亥革命后，北洋政府改设参谋本部，军谘府遂裁。

军谘府的职权，随着时间发展略有变更。在军谘处隶陆军部时，按军谘处章程规定，禀承陆军部堂官之命，"掌理全国筹防用兵事务"，凡关于规划筹防用兵及重要事件，均由军谘处慎密酌拟，呈请陆军部堂官复核，会同军机大臣具奏请旨遵行。同时秉承陆军部堂官的指示，负责参谋人员的教育，并管理陆军大学堂、测绘学堂及驻扎各国武官以及该处所属人员的补官黜陟等事。军谘处独立设置后，其《军谘处暂行章程》进一步明确"襄赞军谋"之责："军谘处为赞助皇上通筹全国陆海各军事宜之所，凡关涉国防用兵一切命令、计划，胥由该处拟案奏请，由皇帝亲裁之后，饬下陆海军部遵办。"

二、档案情况

馆藏军谘府全宗档案，1974年按"机构—问题"原则对其进行了分类立卷，整理到案卷级。2014年，该全宗档案由专业技术服务公司进行文件级整理，不分类项，重新组卷，共2卷102件。

军谘府全宗档案数量较少，大部分是宣统元年（1909）至宣统二年（1910）军谘处时期形成的奏稿、片稿、清单、说帖、章程等，主要内容包括：军谘处拟订的陆军参谋章程、开办京师陆军测地局和试办章程，呈拟大元帅典制的奏稿，军谘处大纲说帖、暂行章程和各厅科职掌的奏稿，冯国璋等关于创设军谘府的条陈等文件；军谘使、各厅厅长及各省参谋处总办、帮办等官员的调补，颁发各级爵章，陆军各学堂拟设官考试、请奖等文件；调查边防要塞、变通禁卫军暂行章程、军米场及军装库员弁章程，各省军队调遣、裁撤、改编及调拨军马、枪炮等文件；购置房屋、修建衙署、购买机器和呈送各学堂、局、所收支经费等文件；通筹全国军用图书办法，军事电报划归军谘处及办理各衙门军事文电等文件。

军谘府全宗档案经文件级整理后，形成案卷级秩序目录2条（格式如：49-00-000-000001），与馆藏长芦盐运使司等共38个全宗合编为1册。形成文件级秩序目录102条（格式如：49-00-000-000001-0001），与馆藏都察院等共7个全宗合编为1册。

资政院全宗

全宗号 50

一、全宗概况

资政院是清政府在预备立宪时设置的中央谘议机构。光绪三十三年（1907）八月，以"中国上下议院一时未能成立，亟宜设资政院以立议院基础"，谕令设立资政院，命溥伦、孙家鼐为总裁，并提出各省设立谘议局。宣统元年（1909）七月，颁布资政院院章。宣统二年九月正式开院。宣统三年十二月，随着清政府的灭亡，资政院宣布结束。

资政院掌取决公论，并议决国家岁出岁入预决算、税法、公债、法典朝章以及奉旨交议之事。初设总裁二人，总理全院事务；副总裁二人，佐理院务。宣统三年六月，改总裁一人，副总裁一人。总裁之下，设有协理四人，帮办、参议各三人。宣统元年置秘书厅，掌本院文牍、会计，记载议事录及一切庶务，下设机要科、议事科、速记科、庶务科，另附设图书室一所。

资政院议员定额为二百人。议员由"钦选"和"互选"方法产生，任期三年，任满改选。资政院会议，总裁为议长，副总裁为副议长。会议期分为两种，一是常年会，每年一次，会期三个月；二是临时会，会期一个月。

二、档案情况

馆藏资政院全宗档案为原存于清史馆中的零散档案，经收集立卷整理，编制案卷目录。2014年，该全宗档案由专业技术服务公司进行了文件级整理，不设类项，重新组卷，共2卷123件。

资政院全宗档案起止时间自光绪三十三年（1907）至宣统三年（1911），主

要文种有说帖、禀、呈、咨、奏折、图表、清册、甘结、电报及有关章程、则例的底稿等。主要内容有：资政院及地方谘议局的各项章制议案，如资政院院制、旁听规则、议事日程、各省谘议局章程研究草稿等文件；有关立宪选举方面的条陈意见及事宜，如各议员就筹款、借款、发行纸币、禁烟、公债、选举、大清银行亏耗等问题向资政院提出的质问等文件；资政院札复谘议局议决宣统三年四川地方行政经费岁出岁入预算案、贵州省谘议局呈报年度经费特别预算册、资政院收发文簿等。

资政院全宗档案经文件级整理后，形成案卷级秩序目录2条（档号格式如：50-00-000-000001），与馆藏长芦盐运使司等共38个全宗合编为1册。形成文件级秩序目录123条（档号格式如：50-00-000-000001-0001），与馆藏都察院等共7个全宗合编为1册。

步军统领衙门全宗

全宗号 51

一、全宗概况

顺治初年，设步军统领一人，左、右翼总尉各一人以及步军校等官，管理京城八旗满、蒙、汉军步军，其九门步军及巡捕三营，皆归兵部职方司管理。康熙十三年（1674）命步军统领提督九门事务，并改总尉为翼尉。康熙三十年，将巡捕三营隶步军统领管理。雍正七年（1729），始定步军统领衙门，并派部院堂官一人管理刑名事务。乾隆八年（1743），将原归八旗都统管理的白塔信炮改归步军统领管理。乾隆四十六年，巡捕三营增为巡捕五营，并增设左、右翼总兵各一人，协助步军统领坐办公务。至此，步军统领衙门的全称为"提督九门步军巡捕五营统领"。步军统领衙门初为正二品，后为从一品。

步军统领衙门的军队有两部分：一是京城八旗步兵，二是京城巡捕五营马步兵。八旗步兵防守内城，按八旗方位分汛驻守稽查；巡捕五营防守外城及京郊地方，按五营分二十三汛驻守稽查。其主要职掌是：负责京城的守卫、审断案件，编查保甲，管理京师地面，管理监狱、审判、词讼、缉捕、巡夜、禁令、门禁、救火、发信号炮等事。步军统领衙门内部机构为：理刑科、司案科、兵缺科、司务厅、厅档房、厅科房、激桶处、查案处、两翼捕务公所、银库、满汉折房、俸饷房、清档房、底档房、挂号房、门军房、皂班房、技勇厂。在清末官制改革期间，步军统领衙门内部机构有所更改。光绪三十二年（1906）原有机构归并、裁撤，改设总司、司务厅、左司、右司。

二、档案情况

　　馆藏步军统领衙门全宗档案极不完整。1974年，按机构分类立卷，即八旗步军（左司），分为防守、探报、缉捕、禁令、职官、其他等6类；巡捕五营（右司），分为探报、缉捕、禁令、镇压革命运动、职官、俸饷、其他等7类；司务厅，分为防守、职官、词讼案件、俸饷、镇压革命运动、饷鞘、信炮、文书、其他等9类，分别立卷，编制案卷目录。2014年，该全宗档案由专业技术服务公司进行了文件级整理，不设类项，重新组卷，共5卷859件。

　　步军统领衙门全宗档案起止时间自咸丰三年（1853）至1914年。档案内容主要有：两翼、五营军政事宜节略，军政官员考语、考验单，左、右翼各旗门官员差务调查表，左翼所属内外九门城门领名单，左翼激桶处官兵单，左翼游缉队官兵花名册，镶白旗捕务公所官员单，各旗捕务公所官兵单等；两翼领取津贴、兵丁、马匹、米石数目及应领囚粮、点验服装、枪械、马匹册，摄政王恩赏各卫队银两，两翼五营裁撤兵饷办法，各省解京饷鞘入店出店日期及鞘匣数目奏底等文件；左翼及内城巡警总厅派驻摄政王府守卫官兵、摄政王卫队随员、枪队驻守景山内外官兵、左翼所属马道处所官兵、帝后谒陵守卫道旁官兵名单，京营地图，三海墙外守卫官兵单，京城旗营地面守卫弹压、派往学部守卫弹压官兵数目单等文件；在紫禁城内拿获人犯，各旗营捕获抢妻、霸产、造假银元、偷钱票、抢劫、私入宫内等人犯，五营捕获折毁电线、结伙持械抢劫、盗窃、私铸御宝、私铸制钱、不使大钱、刨挖坟墓等人犯，游缉队日报表等文件；南营在北京东西车站探报来往大员、中外官兵学生及护卫武卫军情形，西山一带山主姓名、坐落地段，左右翼所属各门官房、铺户单，南营各商铺门牌号，派往天津、浦口、安平、通州等地探访官兵单等文件；左翼随营学堂演练中队操式单，右翼学兵演练中队阵式说帖，训练打靶中靶名单，核议督操章程，左翼考取陆军学员名单，保送警务学堂名单，随营学堂教习及学兵花名册等文件；勘验朝阳门、东直门城门工程，育婴堂地基图，开挖官井，修理内城沟渠用款，拆修安定门外城墙，南营厅堆工程，查修德胜门等城楼门扇损坏情形等文件；禀报崇文门、大兴县署、北场、北海万佛楼等处起火、救火情况，京师水会绅商报效水龙、激桶数，五门委绅及安定四营水龙员弁清折等文件；八国联军侵入北京时期德界意界安民公所办事绅士名单，德界巡捕公所、捕务公所官兵单，洋人占领镶白旗练兵场情形折，各国洋人居住地址，各国所占地段单，英美教士要求惩办义和团人员单，英美法三国咨行严拿顺天所属州县义和团等文件；用印簿、销毁行在步军统领衙门关防等文件。

　　步军统领衙门全宗档案经文件级整理后，形成案卷级秩序目录5条（档号格式如：51—00—000—000001），与馆藏长芦盐运使司等共38个全宗合编为1册。形成文件级秩序目录859条（档号格式如：51—00—000—000001—0001），与馆藏都察院等共7个全宗合编为1册。

北洋督练处全宗

全宗号 52

一、全宗概况

北洋督练处是直隶总督所辖、统管训练直隶全省新军的地方军事机构，其机构沿革可分三阶段：

第一阶段为新建陆军督练处。光绪二十年（1894）十一月，广西按察使、驻津办理东征粮台胡燏棻会同洋员汉纳根在天津开始编练定武军十营。二十一年，胡燏棻奉命督造津芦铁路，督办军务处奏准派浙江温处道袁世凯接统定武军。袁世凯奏准改称新建陆军，并设立新建陆军督练处。督练处设督练官一名，下设稽查全军参谋军务营务处一名、执法营务处一名、督练营务一名及督队稽查先锋官、议案、委员等。下设教习处、粮饷局、军械局、军医局、转运局、侦探局。

第二阶段为军政司。光绪二十七年，袁世凯受命为直隶总督、北洋大臣。二十八年五月，奏准于保定创设军政司，下设兵备处、参谋处、教练处。

第三阶段为北洋督练处。光绪二十九年十月，清廷于中央设总理练兵处，总汇全国练兵事宜，于全国各省设督练公所。三十年，袁世凯遵章改军政司为督练处，由于其兼练兵大臣、北洋大臣，故其所练新军，即有北洋军之称，因而直隶督练处亦称北洋督练处。其督练公所为北洋练兵总汇之区，举凡施行军政、厘订章制、策划战守、训练教育各事，皆总而成之，下设兵备、参谋、教练三处，各专责成。宣统二年（1910）九月，北洋督练处奉饬裁撤。

二、档案情况

北洋六镇中只有第二、四镇驻扎直隶，第一、三、五、六镇既未驻扎直隶，

又于光绪三十二年（1906年）九月兵部改为陆军部后即归部直辖，因此北洋督练处实际只管第二、四镇。宣统二年（1910年）九月底，第二、四镇亦归陆军部直辖。所以，馆藏北洋督练处全宗档案就是宣统二年十月北洋督练处交陆军部的第二、四镇的档案。1974年，进行立卷整理，编制案卷目录。2014年，该全宗档案由专业技术服务公司进行了文件级整理，不设类项，重新组卷，共8卷868件。

北洋督练处全宗档案起止时间自光绪三十二年（1906）至宣统二年（1910），档案内容主要有：委任第二、四镇统制、统领、统带、管带、督队官、队官、参谋、教练官、中军官等事文件，第二、四镇给北洋督练处的禀详，北洋督练处给第二、四镇的批文、札稿以及给陆军部的咨呈，官佐衔名清册，其中包括段祺瑞、曹锟、张怀芝、卢永祥等补官任职，北洋督练处委任陆军速成学堂、贵胄学堂学长、教习、助教习给陆军部的咨呈稿，考试队官、排长、军需官及考选禁卫军等文件；常备军退伍办法，各营正目入伍三年期满后择优赏功牌办法，第二、四镇统制请赏正目的禀详以及花名清册、考试官佐成绩表及请奖禀详，逃兵官长分记功过章程，年内奖赏优等目兵册，对委靡误公、不堪表率、久假不归、操课懒惰、擅用兵夫存款等管带、队官、排长、司务长、见习生等给予撤差降革处分的札稿等；第二、四镇管带、军医长、队官、排长、司务长、目兵等因公残废、伤故请赏银两的禀、详、批、札稿等；北洋督练处为官佐、目兵、候差毕业生因病及回家省亲、结婚、治丧、修墓等事请假给陆军部的咨呈稿等；北洋督练处关于第二、四镇新授管带、队官、候差官佐和毕业学生及发往第二、四镇差遣的目兵起支薪饷日期和月给薪饷、津贴、伙食银两数目给北洋陆军粮饷局的札稿等。

北洋督练处全宗档案经文件级整理后，形成案卷级秩序目录8条（档号格式如：52—00—000—000001），与馆藏长芦盐运使司等共38个全宗合编为1册。形成文件级秩序目录868条（档号格式如：52—00—000—000001—0001），与馆藏都察院等共7个全宗合编为1册。

钦天监全宗

全宗号 53

一、机构概况

清沿明制，顺治元年（1644）设钦天监，主管观测天文气象、编制历书等事，隶礼部。顺治十五年与礼部分析职掌，康熙二年（1663）仍归礼部。康熙十年再次分出，除立春日春牛芒神之仪式仍由礼部具体掌管外，其余俱归钦天监掌行。乾隆十年（1745）特简大臣管理监务，钦天监始为独立机构。

钦天监"掌测候推步之政令，以协天纪，以授人时。凡观象占验，选择候时之事，皆掌之"。其具体职掌是：编制时宪书，每年二月初一日，钦天监以次年时宪书式呈皇帝阅后翻译刊印；观测天文气象，按立春、立夏、立秋、立冬各规定日期和时节验风验雷，推算日、月食；选择祭祀时日，每年九月中，由钦天监推演选择次年祭祀日期，开送礼部，凡吉庆兴造等诸典礼吉期，亦俱由钦天监选择；值更候时，每年委博士二人，督率阴阳生十人，轮值谯楼报时；分送春牛图，每年六月，顺天府移文钦天监，经校正次年春牛颜色绘图，俟立春日，礼部进呈春山土牛后，由钦天监分送诸王贝勒各一图。

钦天监职官设置，顺治元年设监正、监副、监候、五官正、灵台郎、司晨、司书、博士、主簿等官，均用汉员。康熙三年，增满洲官员；八年，定汉监正用外国人，名曰监修。雍正三年（1725），以西洋人实授监正，去监修之官名；六年，增设西洋监副一人。乾隆十年，定监副以满、汉、西洋人分用，特简大臣监理监务；十八年，裁满、汉监副各一人，增设西洋左、右监副各一人；四十四年，以亲王管理监务。道光六年（1826），不用西洋人，仍定满、汉监正各一人，满汉左、右监副各二人。钦天监内部，顺治元年设天文、时宪、漏刻、回回四科；顺治十四年，"议准回回科推算虚妄，革去不用"，止存三科，另设主簿厅。

二、档案情况

馆藏钦天监全宗档案现存数量较少，极不完整。1974年，进行立卷整理，编制案卷目录，与国子监全宗目录合编为1册。2014年，该全宗档案由专业技术服务公司进行了文件级整理，不设类项，重新组卷，共2卷35件。另，现存钦天监编制的大量时宪书，作为馆藏古籍保存，尚待整理著录。

钦天监全宗档案起止时间自康熙五十四年（1715）至宣统二年（1910），其主要内容有：康熙五十四年七政经纬宿度五星伏见目录；雍正十年至十三年、乾隆元年至七年的晴雨录；乾隆十八年的月食图和观测乾隆三十年月食奏折副本；有关颁发、领取时宪书文件及道光十五年、同治三年（1864）等时宪书；观测天象变异的风占、流星占、五星占等图册；工部为暂缓修理观象台测量所工程给钦天监的电文等；国子监归并学部后其算学改隶钦天监的奏底；顺义县造送光绪三十三年（1907）雨雷阴晴平均量数统计表册等。

钦天监全宗档案经文件级整理后，形成案卷级秩序目录2条（档号格式如：53-00-000-000001），与馆藏长芦盐运使司等共38个全宗合编为1册。形成文件级秩序目录35条（档号格式如：53-00-000-000001-0001），与馆藏都察院等共7个全宗合编为1册。

国子监全宗

全宗号 54

一、全宗概况

　　清沿明制，于顺治元年（1644）设国子监，掌管国学政令。初隶礼部，顺治十五年分出独立。康熙二年（1663）复归礼部，十年再度分出，此后遂为独立机关。光绪三十一年（1905）十一月设立学部，遂裁撤国子监，其学堂事务由学部管理，文庙祀典另设国子丞一人管理，算学馆分隶钦天监。

　　国子监设管理监事大臣一人，雍正三年（1725）始由满、汉大学士、尚书、侍郎内特简。下设满、汉祭酒，满、蒙、汉司业，满、汉监丞，满、汉博士，满、汉典簿，汉典籍，满、蒙、汉助教、教习、笔帖式，经承，汉学正、学录，额外汉教习。后增设算学，特设满管理大臣一人、汉助教一人、汉教习二人。

　　国子监内部设有：绳愆厅，掌颁肄业之规制，而稽其勤惰；博士厅，掌教经义，立肄业生之课程而考其业；典簿厅，掌章奏文稿之事，治其吏役，钤监印以行事；典籍厅，掌守书籍、碑板之藏；六堂，即率性堂、修道堂、诚心堂、正义堂、崇志堂、广业堂，为贡监生员学习之所；南学，雍正九年奏准，将毗连国子监街南官房一所赏给本监，令助教等官及肄业生等居住，是为南学；算学，康熙五十二年在畅春园蒙养斋设算学馆，雍正十二年于八旗官学增设算学，乾隆三年（1738）停止官学教习算法，于钦天监专立算学一所，乾隆四年改隶国子监管辖；档子房，掌清学奏折文移；钱粮处，掌关领支销之事以及曾经附学的八旗官学、非常设的琉球官学等。

二、档案情况

馆藏国子监全宗档案现存数量较少，主要为算学馆档案。1974年，进行立卷整理，编制案卷目录，与钦天监全宗目录合编为一册。2014年，该全宗档案由专业技术服务公司进行了文件级整理，不设类项，重新组卷，共2卷231件。

国子监全宗档案起止时间自乾隆五年（1740）至光绪三十二年（1906），其主要内容有：派惇亲王管理算学事务的文件，算学馆助教、教习、书吏等报明到任及役满日期的文件，官员的丁忧、京察、补缺、革退及请补马甲钱粮等事的文件，算学生考试恩监以及取中恩监生名次及呈请告假开缺、自费随学肄业的文件，挑补满、蒙、汉官学生考试八旗算学的文件，算学馆收支数目以及领取纸墨用品的文件等；国子监司业、助教等请假及点派阅卷大臣的文件，奏请修理御书楼、开办速成科、请添盖堂舍、辟雍殿各处洒扫及添购器物，监生考试等文件。

国子监全宗档案经文件级整理后，形成案卷级秩序目录2条（档号格式如：54-00-000-000001），与馆藏长芦盐运使司等共38个全宗合编为1册。形成文件级秩序目录231条（档号格式如：54-00-000-000001-0001），与馆藏都察院等共7个全宗合编为1册。

乐部全宗

全宗号 55

一、全宗概况

乐部设于乾隆七年（1742），是掌祭祀、朝会、燕飨时的演乐及审定乐器音律事务的机构。设管理大臣，也叫"典乐大臣"，由礼部满尚书兼任，后改由各部侍郎、总管内务府大臣一人兼理，或于懂音乐之王大臣内特旨简派。

乐部下设有：神乐署，掌奏郊庙祠祭诸乐。顺治元年（1644）初设神乐观，隶太常寺，其职官有汉提点、左右知观、协律郎、司乐。乾隆七年设立乐部后，神乐观改隶乐部，八年改神乐观为神乐所，十九年改神乐所为神乐署，兼隶太常寺。和声署，掌奏殿廷朝会、燕飨、乐律及诸队舞仪节。顺治元年初设教坊司，隶礼部。其职官有奉銮、左右韶舞、左右司乐等。雍正七年（1729），改教坊司为和声署。乐部设立后，和声署改隶乐部。什榜处，掌奏"掇尔多密"（即"音律平和"）之乐，遇朝廷燕飨，或皇帝出巡、行围、宴蒙古王公，都奏此乐曲。

此外，乐部还统一管理其他机构所属奏乐事务，如内务府掌仪司的中和乐处和銮仪卫的旗手卫所管之乐事，亦由乐部管理。宣统三年（1911），神乐署、和声署均并入典礼院。

乐部未专设管理行政机构，其管理乐器、乐章及一切奏折文移、档案等事，原由效力笔帖式办理。乾隆三十五年裁效力笔帖式，所管事务由供用官办理。

二、档案情况

馆藏乐部全宗档案数量很少。1974年，进行立卷整理，编制案卷目录，与陵寝礼部、太仆寺全宗目录合编为一册。2014年，该全宗档案由专业技术服务公

司进行了文件级整理，共1卷7件。

乐部全宗档案起止时间自光绪二十九年（1903）至宣统三年（1911）。档案内容有：乐部拟添设人员演习乐章以重典礼的奏底，神乐署造送光绪二十九年祠祭祈谷坛乐官、乐舞、乐生等人花名数目册，协律郎呈启的会修、欠修乐器清单，禁卫军乐队官领取军衣、帽、鞋、肩章等甘结，御制乐章——云汉诗八章等文件。

乐部全宗档案经文件级整理后，形成案卷级秩序目录1条（档号格式为：55-00-000-000001），与馆藏长芦盐运使司等共38个全宗合编为1册。形成文件级秩序目录7条（档号格式如：55-00-000-000001-0001），与馆藏陵寝礼部等共20个全宗合编为1册。

陵寝礼部全宗

全宗号 56

一、全宗概况

陵寝礼部是掌管帝后陵寝祭祀事务的机构。

清朝帝后的陵墓分盛京陵、东陵和西陵三处。盛京陵，分别在兴京（今辽宁省新宾县）及盛京（今辽宁省沈阳市）之郊，兴京郊区之陵为清始祖"肇""兴""景""显"四祖之陵，名为"永陵"；盛京郊区之陵，为"太祖"（努尔哈赤）、"太宗"（皇太极）之陵，名为"福陵"与"昭陵"。东陵，在河北省遵化县，有昭西陵（顺治帝母）、孝陵及孝东陵（顺治帝后）、景陵（康熙帝后）、裕陵（乾隆帝后）、定陵及定东陵（咸丰帝后）、惠陵（同治帝后）八处。西陵，在河北省易县，有泰陵及泰东陵（雍正帝后）、昌陵及昌西陵（嘉庆帝后）、慕陵及慕东陵（道光帝后）、崇陵（光绪帝后）七处。

各陵都设有礼部衙门管理陵寝事务。其中，孝陵礼部，康熙二年（1663）设立；孝东陵礼部，康熙五十七年设立；昭西陵礼部，康熙二十七年设立；景陵礼部，康熙十九年设立；泰陵礼部，乾隆元年（1736）设立；泰东陵礼部，乾隆四十二年设立；裕陵礼部，乾隆十七年设立；昌西陵礼部，咸丰三年（1853）设立；慕陵礼部，道光十五年（1835）设立；慕东陵礼部，咸丰六年设立。定陵礼部，同治四年（1865）设立；定东陵礼部，光绪七年（1881）设立；惠陵礼部，光绪五年设立。

上述各陵所设之礼部办事衙门统称为"陵寝礼部衙门"。东、西陵由礼部、工部、内务府分派官员管理。礼部官掌判署文案，监视礼仪、岁供品物；工部官掌修缮工程；内务府官掌祭祀与打扫启闭，而总管大臣则负责督率官兵巡防游击保卫陵寝。盛京陵则由盛京礼部、工部和内务府管理。

各陵礼部衙门均设郎中、员外郎、主事、读祝官、赞礼郎、笔帖式等职官。此外，在西山妙高峰有醇贤亲王（光绪帝之生父奕譞）园寝，设有礼部主事一人，掌园寝祭祀事务。

二、档案情况

馆藏陵寝礼部全宗档案数量较少。1974年，进行立卷整理，编制案卷目录，与乐部、太仆寺全宗目录合编为一册。2014年，该全宗档案由专业技术服务公司进行了文件级整理，共1卷39件。

陵寝礼部全宗档案起止时间自乾隆十二年（1747）至宣统朝，内容有：各陵报销祭祀经费、支放陵寝官员俸银文件；孝东陵、惠陵、裕陵、定陵、普祥峪定东陵奉祀礼部造送祭祀应用各项物品清册，陵寝等处各衙门事宜册，昭西陵、孝陵、孝东陵三陵总理事务衙门及泰陵造送官员兵丁数目清册，东陵承办事务衙门为出具印领及造送孝陵奉祀礼部更换牛羊槽面清册；西陵承办事务衙门造送六陵奉祀礼部各圈牛羊数目并饲养情形清册，慕陵奉祀礼部为修造牛羊圈槽及喂养应需工料估册；孝陵内关防各项事宜清册，查复陵寝文职各衙门有无关防印信、设立年分、现办事宜清册等。

陵寝礼部全宗档案经文件级整理后，形成案卷级秩序目录1条（档号格式为：56-00-000-000001），与馆藏长芦盐运使司等共38个全宗合编为1册。形成文件级秩序目录39条（档号格式如：56-00-000-000001-0001），与馆藏乐部等共20个全宗合编为1册。

太仆寺全宗

全宗号 57

一、全宗概况

太仆寺是掌管马匹事务的机构，始设于顺治元年（1644），附于兵部武库司，同年十二月裁撤，顺治二年二月复设。雍正三年（1725）另建衙署办事。光绪三十二年（1906）改革官制，改兵部为陆军部，裁撤太仆寺，将所管事务并入陆军部。

太仆寺初设满、汉卿各一人，满、汉少卿五人。乾隆四十四年（1779）以后，派大臣一人兼管，嘉庆十三年（1808）停派大臣兼管。以后规定满、汉卿各一人，满、汉少卿各一人，满、蒙员外郎各二人，满、蒙主事各二人，满主簿一人，笔帖式十六人，并设经承、厅书、司书等。太仆寺设立之初，掌直隶、山东、河南、江南额征马价之储库、考核、奏销及预备巡幸沿途需用马驼等事。康熙七年（1668）议准，将直省额征马价事务划归户部考核、奏销。九年，将兵部大库口外种马二厂交归太仆寺管理。嘉庆六年（1803），奏准将其扈从牵驼驮载事务交护军统领衙门办理。此后，其主要职责即在两翼马厂事务。

太仆寺内设左、右二司与主簿厅。左、右二司设有员外郎、主事、笔帖式等，左司掌巡幸所需马驼等事，右司掌两翼马厂均齐赏罚等事。主簿厅设主簿、笔帖式等，掌题奏本章，承发文移等事。所属左、右翼马厂，分别设左、右翼总管、翼长、协领、副协领管辖，还设有副管、防御、骁骑校、护军等，侦捕盗窃私卖马匹等事。设有笔帖式掌管统计造册事务，每年查验孳生、倒毙马数，造册报太仆寺。马厂之下按马群（四百匹以内为一群）设牧长、牧副、牧丁专管收养马匹。

213

二、档案情况

馆藏太仆寺全宗档案于1975年立卷整理，编制案卷目录，与乐部、陵寝礼部全宗目录合编为1册。2014年，该全宗档案由专业技术服务公司进行了文件级整理，共2卷650件。

太仆寺全宗档案起止时间自光绪二十五年（1899）至三十二年（1906），内容主要有：拣补太仆寺员外郎、驻口值年主事、笔帖式、左右两翼牧群总管、翼长等文件，左右翼官员到任、引见、请假、病故、请奖及兵丁升革病故等文件；光绪三十一年冬季应领夫役工食银两花名册、八旗牵驼兵丁册，户部支放官兵解运马匹路费及草票，太仆寺向户部借拨银两等文件；察哈尔都统等咨两翼开垦地界并垦牧情形，太仆寺参奏右翼总管擅并马群、腾地丈放事，肃州贡马毛齿数目册，两翼呈报实存马匹、孳生倒毙马匹数目册，光绪二十八年太仆寺接收全国各地咨报马匹数目、补购马匹数目和马价银两等文件；补行庚子恩科乡试，举行癸卯恩科乡试、甲辰科会试等文件；礼部、鸿胪寺咨取参加坛庙祭祀行礼陪祀官员衔名，礼部咨送元旦、冬至礼节单，咨照封印开印、穿戴换季日期，巡警部咨取太仆寺应差官员衔名并门照、腰牌式样等文件；外务部知照开用关防印信和各国使臣及夫人觐见日期，答复各国庆贺慈禧太后寿辰国书，顺天府查勘使馆界址咨等文件；太仆寺请拨建署工款并奏销建署收支各款咨文及归并陆军部办理移交等文件；吏部札知留京办事处接收赍递在京文武官员紧要与寻常具奏事件时间，兵科、广西道知照具奏注销太仆寺文卷等。

太仆寺全宗档案经文件级整理后，形成案卷级秩序目录2条（档号格式如：57-00-000-000001），与馆藏长芦盐运使司等共38个全宗合编为1册。形成文件级秩序目录650条（档号格式如：57-00-000-000001-0001），与馆藏乐部等共20个全宗合编为1册。

太常寺全宗

全宗号 58

一、全宗概况

清沿明制，于顺治元年（1644）设太常寺，掌管坛庙祭祀礼仪事宜，初隶属礼部，置有卿、少卿等官。顺治十六年由礼部分出，康熙二年（1663）又改隶属礼部，十年又分出。雍正元年（1723）始特简大臣总理太常寺事。乾隆十四年（1749）定由礼部满尚书兼管寺事，遂成定制。光绪三十二年（1906）改革官制，将太常寺裁撤，并归礼部。

太常寺，"掌相祭祀之仪，辨其器数与其品物，大祀、中祀、群祀各率其属以共事"。清朝的坛庙祭祀，分大祀、中祀、群祀。大祀祭天地、太庙、社稷，中祀祭日月、先农、先蚕、历代帝王、先圣先贤、关帝、文昌、太岁，群祀祭群庙，包括先医、太昊、炎帝、黄帝、诸神等。祭祀前，太常寺奏报，并开列承祭官、分献官，候旨钦定，于祭前两日会同乐部演礼。至祭期，皇帝行礼，由太常寺卿、少卿等任赞礼官。

太常寺设有管理寺事大臣、卿、少卿、寺丞、赞礼郎、学习赞礼郎、读祝官、学习读祝官各官职。太常寺内部机构有：博士厅掌考祝文、礼节、规定仪式，并掌题奏文稿和支销祭祀费用等事务；典簿厅掌治吏役，凡坛庙官、太庙内监、神乐署官及乐生、舞生、执事生之补充，厨役之分派等，皆归所管；工程处掌坛庙修除、整饰等工程事务；寺库掌守库藏，收储户部拨交之果品项、工部拨交之工程款项，同时分储神库之祭器；祠祭署掌各坛庙祭祀事宜；神乐署，兼隶乐部，掌祭祀坛庙的奏乐；当月处掌收发文稿，监用印信等。

太常寺初设有牺牲所，掌祭祀所用牛羊猪等物，置所牧、所副。乾隆二十六年，改归内务府庆丰司管理。天坛斋宫，原属太常寺管理，嘉庆十二年（1807），

谕交内务府奉宸苑管理。

二、档案情况

馆藏太常寺全宗档案于1975年立卷整理，编制案卷目录，与光禄寺、鸿胪寺全宗目录合编为1册。2014年，该全宗档案由专业技术服务公司进行了文件级整理，共6卷506件。

太常寺全宗档案起止时间自康熙元年（1662）至宣统元年（1909），主要内容有：太常寺机构设置表、太常寺职官的京察、考语，选补报送热河、盛京随围官员清册，值班官兵花名册，光绪三十二年太常寺并入礼部后的有关文件；奏请派祭祀官分处拈香祈祷、开工告祭山神后土等奏稿，各坛庙斋戒底册，同治帝后升附太庙牌位放置，告祭太庙、都城隍庙祝文，太岁殿开工祝文，礼部有关祭祀来文底簿等；工部为修各坛庙山陵开工告祭的来文，乐部、神乐署等报修演奏乐器及祭祀器物折单，太常寺催解社稷坛铺五色土的文件，火神庙、城隍庙糊饰等项销算清册，先农坛、祈谷坛、先蚕坛等添修祭器物品、房屋等事的来文，双忠祠、褒忠祠、昭忠祠、贤良祠、旌勇祠等为修缮工程的呈文，工程处料估所呈堂簿，工程处用印簿、文书底簿、行文簿等文件。

太常寺全宗档案经文件级整理后，形成案卷级秩序目录6条（格式如：58-00-000-000001），与馆藏长芦盐运使司等共38个全宗合编为1册。形成文件级秩序目录506条（格式如：58-00-000-000001-0001），与馆藏乐部等共20个全宗合编为1册。

光禄寺全宗

全宗号 59

一、机构概况

光禄寺是掌朝廷典礼预备筵席及供应官员食物的机构。光禄寺设于顺治元年（1644），初隶属礼部，十五年独立，十八年复归礼部。康熙十年（1671）又由礼部分出。光绪二十四年（1898）并入礼部，后又分出，三十二年官制改革，裁光禄寺，所属事务仍归礼部。

清代凡遇祭祀，光禄寺堂官先期亲视宰牲，祭毕负责颁赏祭肉。元旦、万寿、冬至三大节及皇帝大婚，预备筵宴。如遇丧礼，预备馔筵、奠筵；僧道诵经，则预备供筵、斋筵等。

顺治初年，光禄寺置卿、少卿、寺丞、笔帖式等官职。康熙三十八年裁汉少卿、汉寺丞等职。乾隆十三年（1748）以后，特简满大臣一人总理寺事。光绪年间，各职又有增减。光禄寺内设有：典簿厅，掌章奏文稿事务，缮具本寺一年经费并用过酒、茶、米、布等物及库储金银器皿四柱清册奏销；督催所，掌催办档案，依限督催各衙门送到文移办理，分别已未完结情况具稿呈堂备查；当月处，掌收文与监印；大官署，掌供祭祀、筵燕需用猪只猪肉，征收菜园租银，并预备筵席所用桌椅等物；珍馐署，掌供祭祀用禽兔及鱼、面、供茗，预备应用器皿，给发黄寺喇嘛斋食银两，并总办筵席及供应各处来使日给食物；良酝署，掌供祭祀、筵席等用羊、酒、牛乳，寿皇殿日供、陵寝祭祀乳油及备酿酒器物；掌醢署，掌备供筵席所用醢、酱、盐、烛、香等物，并本寺良酝署所需酒麴引酵等，征收寺属果园税银交银库；银库，掌银库之出纳并储藏祭祀、筵燕所用金银器皿；黄册房，掌钱粮缮册奏销。

二、档案情况

馆藏光禄寺全宗档案数量很少，1975年整理时立为1卷，编制案卷目录，与太常寺、鸿胪寺全宗目录合订为1册。2014年，该全宗档案由专业技术服务公司进行了文件级整理，共1卷4件。

光禄寺全宗档案时间均为光绪三十年（1904），内容为：珍馐署等为筵宴差事完竣发给官员胙肉票的禀文以及选补职官、奏请饬催广储司调拨银两等文件。

光禄寺全宗档案经文件级整理后，形成案卷级秩序目录1条（格式如：59-00-000-000001），与馆藏长芦盐运使司等共38个全宗合编为1册。形成文件级秩序目录4条（格式如：59-00-000-000001-0001），与馆藏乐部等共20个全宗合编为1册。

鸿胪寺全宗

全宗号60

一、全宗概况

鸿胪寺是掌朝会宾客、祭祀燕饗、赞导礼仪的机构。"鸿"为声，"胪"为传，即传声赞导，故称"鸿胪寺"。清沿明制，于顺治元年（1644）设立鸿胪寺。初由礼部掌行一切事宜，顺治十六年，改由鸿胪寺自行办理，十八年，仍归礼部。康熙十年（1671）复故。雍正四年（1726）仍隶属礼部统辖。光绪二十四年（1898）戊戌变法，鸿胪寺再次并入礼部，旋又分出。光绪三十二年官制改革，将鸿胪寺与太常寺、光禄寺一同裁并，归于礼部。

鸿胪寺掌鸣赞仪，包括朝会赞仪，如三大节庆贺、大朝、颁诏、颁朔、经筵、耕耤等；筵燕赞仪，如太和殿大筵等；进书赞仪，如恭进实录、圣训、玉牒等；册命赞仪，如册立中宫、尊封太妃等；贡举赞仪，如殿试传胪等；祭祀引礼，如大祀圜丘、祈谷、饗太庙、祭社稷坛、祭堂子等。此外，三大节及庆典，文武各官有朝贺行礼失仪者，由鸿胪寺指名题参；常朝日谢恩，由该寺委官于午门外收取职名，其不到者指参，交吏兵二部议处；凡外国贡使到京，由礼部先期知会，由鸿胪寺演习朝仪。鸿胪寺设兼管事务大臣一人，由礼部满尚书兼任。初设从三品满洲卿一人、正四品汉卿一人，从五品满洲少卿一人、汉左右少卿各一人，正六品汉左、右寺丞各一人，从九品满洲鸣赞十六人、汉鸣赞八人，汉序班二十二人、汉司宾序班二人，八品满洲主簿一人、汉主簿一人等。后改三品满洲卿为正四品，职官设置屡有裁减变更。鸿胪寺内部设有：主簿厅，掌文稿撰拟、来文登记等；鸣赞厅，掌赞导朝会礼仪及御前唱赞宣表；司仪厅，掌序百官之班次。

二、档案情况

馆藏鸿胪寺全宗档案数量很少。1975年，进行立卷整理，编制案卷目录，与太常寺、光禄寺全宗目录合编为1册。2014年，该全宗档案由专业技术服务公司进行了文件级整理，共1卷10件。

鸿胪寺全宗档案起止时间自光绪二十八年（1902）至光绪三十二年（1906），内容有：正蓝旗满洲行文咨送应选鸣赞人等花名造册的行稿，鸿胪寺造送本寺满堂司各官应领秋冬季银两数目册，皇帝巡幸、祭祀各坛庙等该寺派员随往唱赞事宜清单，该寺职官的题补、拣选、引见等规定等，另有光绪三十二年云贵总督丁振铎为缴销执照事的咨文及鸿胪寺执照。

鸿胪寺全宗档案经文件级整理后，形成案卷级秩序目录1条（格式如：60-00-000-000001），与馆藏长芦盐运使司等共38个全宗合编为1册。形成文件级秩序目录10条（格式如：60-00-000-000001-0001），与馆藏乐部等共20个全宗合编为1册。

翰林院全宗

全宗号61

一、全宗概况

清沿明制，于顺治元年（1644）设翰林院，掌编修国史、起居注、进讲经史并草拟有关典礼文件。二年，将翰林院并入内三院，称"内翰林国史院""内翰林秘书院""内翰林弘文院"。十五年七月，改内三院为内阁，另设翰林院。十八年，复归并于内三院。康熙九年（1670），再改内三院为内阁，复设翰林院。此后，翰林院成为独立机构。

翰林院的职掌主要有：

1.充经筵日讲。每年春秋举行经筵典礼，先由翰林院开列值讲官满、汉各八人，奏请皇帝钦派四人值讲，掌院学士会同值讲官拟定经题，并撰拟讲章进呈，择吉在文华殿行经筵之礼，由值讲官照讲章进讲。

2.撰拟册文、诰文。凡册立、册封妃嫔的册宝文，册封王公、贝勒、贝子的册诰文，祭告祝文，祭内外文武官员的祭文、碑文，封赠内外文武各官的诰册文等，皆由翰林官撰拟。

3.纂修书史。凡纂修实录、圣训，例由掌院学士充副总裁官，侍读学士、侍讲学士、侍读、侍讲、修撰、编修、检讨充纂修官。

4.科举考试事宜。凡殿试文进士，由掌院学士、詹事充读卷官，侍读、侍讲学士以下充受卷官、弥封掌卷官；顺天乡试，由掌院学士充正、副考官，侍读、侍讲学士以下充同考官；各省乡试，学士以下，编修、检讨以上充正、副考官。

5.入值侍班。顺治十七年谕令翰林各官分班值宿，以备顾问，并在景运门内建造值房，分班入值。康熙三十二年，令在尚书房入值，三十三年令进南书房侍值。雍正三年（1725）定，每逢听政，翰林院满汉编修、检讨四人入值。道光八年（1828），又定在圆明园值班。

6.扈从。顺治九年定，皇帝外出京城内外及王府等处，翰林官都应随从。

7.暂摄批本。雍正八年起，如遇内阁学士奉使请假，则以詹事、少詹事、翰林院侍读、侍讲学士及三、四品京堂曾任翰林者兼摄代理。

8.稽查史书等事。六科根据红本辑录的史书、录书，每年派翰林官二人专司稽查，以防"玩忽潦草"。宗人府的宗学、觉罗学，内务府的咸安宫官学及八旗官学，亦派翰林官稽查教习功课。

翰林院设掌院学士，由大学士、尚书、侍郎充任。另设侍读学士、侍讲学士、侍读、侍讲、修撰、编修、检讨、庶吉士等，名额历年各有变动。顺治元年，掌院学士只设汉学士一人，兼礼部侍郎衔，侍读学士至侍讲各二人，修撰、编修、检讨、庶吉士无定员。康熙朝，因纂修各种书籍的需要，翰林院编修、检讨竟至二百人，庶吉士也有五十至六十人。雍正以后，额定总人数一百十九人。翰林院人员虽有削减，但并未降低其地位。翰林院作为储才之所，地位重要，"所以培馆阁之才，储公辅之器"。

翰林院内部机构设有典簿厅、待诏厅、当月处。典簿厅掌章奏、文稿及吏员、差役的管理和图书保管等事务；待诏厅掌缮写、校勘之事；当月处掌存储堂印、厅印，由厅官、笔帖式轮流看守，堂印由办事翰林监盖，厅印由典簿监盖，用毕仍交当月处存储。翰林院所属部门有庶常馆、起居注馆、国史馆。

二、档案情况

馆藏翰林院全宗档案数量较少。1975年，进行立卷整理，编制案卷目录，与大理院、会考府、清理财政处全宗目录合编为1册。2014年，该全宗档案由专业技术服务公司进行了文件级整理，共1卷73件。

翰林院全宗档案起止时间自顺治九年（1652）至光绪三十二年（1906），其内容主要有：翰林院应变通厘定事宜说帖；翰林院撰拟的配享、告祭太庙祝文；礼部、兵部等请求为阵亡官员撰拟祭文碑文，查考阵亡官员出身履历、事迹并咨取入祠牌位等文件，如"三河之役"中与太平军作战的清军官兵伤亡情况、奖恤名单、战役中阵亡的浙江布政使李续宾家世及事迹等；顺治九年考选满、汉庶吉士及翰林官的考卷；掌院学士张英的礼记讲章；进士馆讲堂做法清册等；顺治十一年陕西省地震给翰林院的咨文；典簿厅的收入簿等文件。

翰林院全宗档案经文件级整理后，形成案卷级秩序目录1条（格式如：61-00-000-000001），与馆藏长芦盐运使司等共38个全宗合编为1册。形成文件级秩序目录73条（格式如：61-00-000-000001-0001），与馆藏乐部等共20个全宗合编为1册。

大理院全宗

全宗号62

一、机构概况

清仿明制，置三法司。顺治元年（1644），设大理寺，为平驳刑狱的机关。光绪二十四年（1898）戊戌变法期间，于七月十四日裁撤大理寺，并入刑部，变法失败后，旋于八月十一日复设。三十二年改革官制，实行三级审判、四级裁判所制度，同年九月二十日颁布上谕，将大理寺改为大理院，专掌审判。

清制，凡重大死刑案件，均由刑部、都察院、大理寺（合称"三法司"）会同办理，即由刑部审明，都察院参核，大理寺平允。大理寺"掌平天下之刑名"，参加会勘斩绞重大案件及每年的"朝审""秋审"，此外参与由九卿议办的朝廷重大政事。改为大理院后，成为掌管全国诉讼案件的最高裁判机关，负责终审全国各地方审判厅初审、高等审判厅二审不服之上控案，并办理宗室、官犯、国事重大案件和皇帝特旨交审案件。

大理寺设满、汉卿各一人，满、汉少卿一至二人，内设左寺、右寺、档房、司务厅等机构。改为大理院后，设正卿一人，掌总理全院事务，监督刑事、民事审判官及都典簿以下各官及所属各级审判厅事宜；设少卿一人，协助正卿工作。设有刑科、民科、典簿厅、详谳处等机构。

1.刑科，共分四庭，第一庭以推丞为庭长，审判特交及国事犯罪案件，并详核京内外重大死刑案件；第二庭掌审判宗室犯及官犯；第三庭掌审判不服京师高等审判厅判结之上控案；第四庭掌审判不服各省高等审判厅判结的上控案。

2.民科，共分二庭，第一庭以推丞为庭长，掌民事词讼及不服京师高等审判厅判结的上控案；第二庭掌审判不服各省高等审判厅判结之上控案。

3.典簿厅，负责法庭的录供、例案的编辑及一切文牍、会议事务。

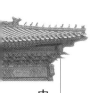

4.详谳处，仿刑部律例馆之制而设，择各庭推事中之熟悉例案者，派为总核或分核，专司复判外省死刑案件。

设在大理院的总监察厅隶法部，其官员由法部会同大理院请简，掌大理院民刑案件的检察事务，并调度司法警察官吏，监督各级地方检察厅。

二、档案情况

馆藏大理院全宗档案数量很少。1975年，进行立卷整理，编制案卷目录，与翰林院、会考府、清理财政处全宗目录合编为1册。2014年，该全宗档案由专业技术服务公司进行了文件级整理，共1卷10件。

大理院全宗档案起止时间自光绪三十三年（1907）至宣统三年（1911），内容为：本院官员请假、销假，领执照等人事方面的电、印结等，有关刑事、民事案件的奏稿，看守所的囚粮清册等文件。

大理院全宗档案经文件级整理后，形成案卷级秩序目录1条（格式如：62-00-000-000001），与馆藏长芦盐运使司等共38个全宗合编为1册。形成文件级秩序目录10条（格式如：62-00-000-000001-0001），与馆藏乐部等共20个全宗合编为1册。

会考府全宗

全宗号 63

一、机构概况

会考府是雍正元年（1723）正月为察核动支钱粮事项专门设立的机构。雍正帝即位后，鉴于各部院利用分掌奏销事项的权力，存在收受"部费"、勒索地方之弊，决定集中掌握奏销之权，堵塞勒索漏洞，遂成立会考府，专司办理察核奏销事项。雍正三年八月，以"恐设立日久"，"多一衙门多一事端"，且各部门"每预留等地，以待会考府之驳正，使宽大之名归之于己，刻薄之名归之于会考府"等为理由，撤销会考府。

地方钱粮除正项外，凡因军需动用各省之项，具题到日，由会考府王大臣会同该部查核，分别应准、应驳题复；各部动支钱粮，该部定稿奏销，需先将一切档案移送会考府查核，支领开销数目相符，会考府大臣列衔会题，若有冒销隐漏等情，由会考府立即查参。会考府设立近三年，共办过部院奏销事项550件，其中驳回应改者96件，准题奏销者454件。

会考府设立期间，先后主管会考府的有怡亲王允祥、吏部尚书隆科多、大学士白潢、吏部尚书兼都察院左都御史朱轼、兵部尚书卢询五人。会考府设满、汉郎中各二员，满、汉员外郎各二员，满、汉主事各二员，笔帖式十员。会考府未置关防印信，有事使用总理三库印信。下设左、右二司，分别负责办理奏销事件及呈堂存案等工作。除因事题、奏外，对外向六部、理藩院等行文用平行文"咨"，向太常寺、光禄寺、鸿胪寺、钦天监等行文用下行文"札"。

二、档案情况

馆藏会考府全宗档案，主要是左、右司的说堂稿，也有少数奏稿、题稿、咨文和簿册，原归放在内阁杂档之中。1974年，本馆将其检出，设立会考府全宗，立卷整理，编制案卷目录，与翰林院、大理院、清理财政处全宗目录合编为1册。2014年，该全宗档案由专业技术服务公司进行了文件级整理，共1卷114件。

会考府全宗档案时间均为雍正元年（1723），主要内容有：核销工部有关殿宇、行宫、坛庙修缮与用度物品，河湖海塘、城垣、仓廒工程以及火药、硝铅等解办运输事项钱粮等文件；核销礼部有关景陵等处祭祀、筵宴等用牛羊数目及价银，铸造金宝、金印、银印数目及所用金银数目的说堂稿等文件；核销太常寺有关祭祀坛庙、陵寝所用牛羊、果品的奏销等文件；核销光禄寺有关康熙帝丧事用钱粮，梓宫安放、京城至陵寝沿途祭桌以及喇嘛、僧道念经斋供所用钱粮数目，康熙皇帝祭祀钱粮等文件；核销刑部有关康熙六十一年至雍正二年刊刻秋审、朝审招册板，刷印律例等开销纸张、板块数目及工价银两的说堂稿，核销刑部年例用纸、办买棉袄等钱粮的说堂稿等文件；核销理藩院有关发给蒙古王公、台吉廪银的满文说堂稿，内阁杂稿的驳查簿、题奏簿、准题簿等文件。

会考府全宗档案经文件级整理后，形成案卷级秩序目录1条（格式如：63-00-000-000001），与馆藏长芦盐运使司等共38个全宗合编为1册。形成文件级秩序目录114条（格式如：63-00-000-000001-0001），与馆藏乐部等共20个全宗合编为1册。

清理财政处全宗

全宗号64

一、全宗概况

财政处是清末为整顿财政而设立的机构，因而命名该全宗为"清理财政处全宗"。

清理财政是清末新政的重要内容，为推进清理全国性紊乱财政秩序、挖掘隐含的中央及地方富余财源，需要设立专门机构，遴派专官进行大规模清查。光绪二十九年（1903）三月二十五日奉上谕："方今时局艰难，财用匮乏，国与民俱受其病，自非通盘筹划，因时制宜，安望财政日有起色。著派庆亲王奕劻、瞿鸿機会同户部认真整顿，将一切应办事宜，悉心经理。"乃专设机构，名"钦命办理财政事宜处"。

清理财政处的职掌范围包括：审核与制订清理财政事宜相关的章程，审核办理各衙门与各省清理财政局所造报的出入款项表册，审核办理以后各年造送之预算、决算。财政处内部机构及设官，设立之初不见记载。后来设提调、帮提调总司清理财政事宜，设总办、帮办分管清理财政事宜。内部设有十二科，即总务科、京畿科、辽沈科、江赣科、青豫科、湘鄂科、闽浙科、粤桂科、秦晋科、甘新科、梁益科、收掌科。光绪三十二年九月，户部改为度支部后，该处撤销，并入度支部，成为度支部的一个内部机构。

二、档案介绍

馆藏清理财政处全宗档案数量很少。1974年，设立全宗，立卷整理，编制案卷目录，与翰林院、大理院、会考府全宗目录合编为1册。2014年，该全宗档

案由专业技术服务公司进行了文件级整理，共1卷3件。

清理财政处全宗档案起止时间自光绪二十九年（1903）至三十一年（1905），内容为：户部会奏八省土膏统捐收支各数查核事、湖南银元局机炉试铸铜元请财政处立案事、户部抄录驻美沈代办及梁大臣有关商议银价事给财政处的咨文。

清理财政处全宗档案经文件级整理后，形成案卷级秩序目录1条（格式如：64-00-000-000001），与馆藏长芦盐运使司等共38个全宗合编为1册。形成文件级秩序目录3条（格式如：64-00-000-000001-0001），与馆藏乐部等共20个全宗合编为1册。

管理前锋护军等营事务大臣处全宗

全宗号 65

一、全宗概况

管理前锋护军等营事务大臣处，于宣统三年（1911）三月设立，全称"钦命管理两翼前锋、八旗护军、内务府三旗护军、骁骑等营事务大臣处"，是专门管理宫廷守卫事宜的机构，前身是稽察守卫处。

光绪三十四年（1908）十一月奉上谕："嗣后稽察守卫宫禁事宜，务须恪守旧规，认真办理。著即派贝勒载涛、毓朗，尚书铁良总司稽察守卫。在东安门关帝庙设立稽察守卫事宜处，并在三所东墙外设进内稽察办公处。"宣统二年十月，阿穆尔灵圭等奏请将管理两翼前锋、八旗护军及内务府三旗护军、骁骑等营事务派员管理，酌拟暂行办法，并请刊刻木质关防。之后，奉旨著派阿穆尔灵圭、载润管理两翼前锋、八旗护军及内务府三旗护军等营，专司整顿各该营一切事务。宣统三年三月奉旨，改设管理大臣处，裁稽察守卫处，将稽察守卫事宜处并入其内。宣统三年十二月二十日，管理大臣阿穆尔灵圭奏请将"前锋护军等营事务拟改归内务府大臣管理，以节经费而一事权"，管理前锋护军等营事务大臣处遂撤。

管理前锋护军等营事务大臣处设管理大臣二人，总办、副总办各一人，专司整顿两翼前锋、八旗护军及内务府三旗护军、骁骑等营用人行政等一切事务。内部设有文牍、综核二科，各科置提调负责，设委员办事。

另外，与本全宗有关的还有扈卫学堂、扈卫学兵营。光绪三十二年十二月，陆军部会同前锋护军各营统领拟定整顿各营办法，奏准设立扈卫新班，另设扈卫学堂、扈卫学兵营。扈卫学堂选新班入值官员入堂肄习，扈卫学兵营选扈卫新班兵丁分班学习，均以六个月为一期，轮流调换。

二、档案情况

　　馆藏管理前锋护军等营事务大臣处全宗档案数量较少。1975年，立卷整理，编制案卷目录，与健锐营、火器营、侍卫处、尚虞备用处全宗目录合编为1册。2014年，该全宗档案由专业技术服务公司进行了文件级整理，共2卷623件。

　　管理前锋护军等营事务大臣处全宗档案起止时间自光绪三十四年（1908）至宣统三年（1911），包括前锋营、护军营和稽察守卫处的档案。主要内容有：两翼前锋营、八旗护军营、内务府三旗护军营、响导处、善扑营、虎枪营等关于官弁缺额、补授引见的咨报及奏补人员履历清单；摄政王拣选正黄旗、镶黄旗、正白旗、镶白旗、正蓝旗、正红旗护军参领等员的名单；陆军毕业生升补名单；上驷院为该院护军校、骁骑校、司辔、司鞍长的升补事给管理大臣处的知照；左翼前锋营、正黄旗护军营、镶红旗护军营咨报应放副都统衔名副本；前锋营、护军营等咨报官弁升迁调补、降革、休致及告假、穿孝、病故等各方面情况的咨文等文件；正黄旗、镶红旗护军营咨送额设弁兵数目清册；各旗营咨呈陆军部各项兵丁数目册的副本；兵丁病故、请假、销假、潜逃、出缺、请求拣补及顶补新班履历名册；各营当差人员衔名册；扈卫学兵营官佐、护号夫、学兵营正目花名册，学兵记升花名册；正红旗护军营扈卫官弁目兵名册以及扈卫学堂、扈卫学兵营毕业总人数；学兵营请派员考试毕业生并接收器具的文件；右翼前锋营、镶蓝旗护军营咨报每年例行公事并例定章制清册；两翼前锋营就能否预备宣统三年秋操事给承办阅兵事务镶白旗满洲的咨文等文件；稽察委员、章京巡查禁城外围、景山周围各处、各城门守卫情形的禀报及各城门进班官兵数目、花名清折等文件；左翼前锋营宣统三年马匹数目并实领干银、实放干银、存尾零银数目册；镶红旗护军营、正蓝旗护军营官员俸饷、马乾银两数目册；请刊刻管理大臣木质关防的奏片等。

　　管理前锋护军等营事务大臣处全宗档案经文件级整理后，形成案卷级秩序目录2条（格式如：65-00-000-000001），与馆藏长芦盐运使司等共38个全宗合编为1册。形成文件级秩序目录623条（格式如：65-00-000-000001-0001），与馆藏乐部等共20个全宗合编为1册。

健锐营全宗

全宗号 66

一、全宗概况

健锐营，又称"云梯健锐营"，始建于乾隆十四年（1749）。因平定大小金川土司叛乱，进行山地碉堡攻坚战，由前锋营、护军营内选年壮勇健者1000人，操演云梯，参加金川之战。战争结束后，乾隆帝命在此基础上另组为营，名为健锐营。营内分左、右两翼，光绪年间兵额增至3900人。健锐营除演习云梯外，也演习马步射、鸟枪、舞鞭、舞刀等技艺，并在昆明湖演习水操。健锐营日常主要负责静宜园守卫事宜，并参加皇帝谒陵、宿坛守护，皇帝出巡派官兵随扈。嘉庆二十四年（1819），健锐营添设火班，专门负责宫内及圆明园的救火事宜。

健锐营设掌印总统大臣一人、总统大臣若干人，内设左、右翼长各一人，其下又有署翼长前锋参领、前锋参领、副前锋参领、署前锋参领、前锋校、副前锋校等将官分辖营众。平定金川后所带回藏羌军士单独成编，俗称"番子佐领"，设佐领、防御、骁骑校各一人管辖。此外，有协理事务章京、笔帖式掌管本营章奏文移。

二、档案情况

馆藏健锐营全宗档案数量很少。1975年，立卷整理，编制案卷目录，与管理前锋护军等营事务大臣处、火器营、侍卫处、尚虞备用处全宗目录合编为1册。2014年，该全宗档案由专业技术服务公司进行了文件级整理，共1卷3件。

健锐营全宗档案起止时间自光绪三十三年（1907）至宣统二年（1910），内容为：光绪三十三年八月和三十四年五月健锐营呈报的官员病故册，宣统二年七月右翼翼长、左翼委翼长记名履历册。

健锐营全宗档案经文件级整理后，形成案卷级秩序目录1条（格式如：66-00-000-000001），与馆藏长芦盐运使司等共38个全宗合编为1册。形成文件级秩序目录3条（格式如：66-00-000-000001-0001），与馆藏乐部等共20个全宗合编为1册。

火器营全宗

全宗号67

一、全宗概况

火器营是一支专职操演火器的军队，设于康熙三十年（1691），选八旗满洲、蒙古习火器之兵，另组为营。营兵有鸟枪护军与炮甲两种，分别操演鸟枪、子母炮。额定满洲、蒙古每佐领下鸟枪护军六人，炮甲一人，分内外二营操演。内火器营在城内，分枪、炮两营。外火器营在城外蓝靛厂，专习鸟枪。内外火器营官兵合计7800多人，其中鸟枪护军5200多人、炮甲880人、养育兵1650人。火器营定时操演枪炮、步射、骑射等技艺，水军火器技艺在昆明湖与健锐营一体操演。火器营的职掌是守卫京师、扈从出巡。在每年封印期间，火器营在城内配合八旗官兵在各街道、各城门添设堆拨，值班守卫。皇帝宿坛、谒陵、巡幸及木兰行围，则派官兵扈从，轮值护卫。

火器营设掌印总统大臣一人、总统大臣若干人，由王公、领侍卫内大臣、都统、前锋统领、护军统领、副都统内派充。所辖内、外二营，设翼长各一人、署翼长营总各一人、营总各三人、鸟枪护军参领各四人、副鸟枪护军参领各八人、署鸟枪护军参领各十六人，分掌训练事务，各营设笔帖式办理章奏文移。

二、档案介绍

馆藏火器营全宗档案数量很少。1975年，进行立卷整理，编制案卷目录，与管理前锋护军等营事务大臣处、健锐营、侍卫处、尚虞备用处全宗目录合编为1册。2014年，该全宗档案由专业技术服务公司进行了文件级整理，共1卷4件。

火器营全宗档案起止时间自光绪三十四年（1908）至宣统朝，内容为：光绪三十四年外满洲火器营秋季世职云骑尉、骑都尉荣华、勒霍春、诺木欢、都尔逊、荣德、玉贵、兴志、阿克敦等承袭加级清册，宣统元年满洲火器营城内镶白旗呈报兵丁病故挑补出缺清册，内、外火器营为检验兵丁受伤情况的呈文等。

火器营全宗档案经文件级整理后，形成案卷级秩序目录1条（格式如：67-00-000-000001），与馆藏长芦盐运使司等共38个全宗合编为1册。形成文件级秩序目录4条（格式如：67-00-000-000001-0001），与馆藏乐部等共20个全宗合编为1册。

侍卫处全宗

全宗号68

一、全宗概况

侍卫处是负责皇帝值宿警卫、随侍扈从的机构。清初始设领侍卫内大臣六人，从上三旗中挑选才武出众者为侍卫，由下五旗或汉人中挑选的统归到上三旗"行走"。此外还设有内大臣、散秩大臣、侍卫领班等官员。康熙年间，设置御前大臣，掌近御兼管奏事处事务。康熙三十七年（1698），增设宗室侍卫。雍正五年（1727），定挑选武进士为侍卫制度。侍卫处最初仅设官员，尚无正式机构名称。乾隆二十三年（1758）会典中，始见"领侍卫府"字样，在乾隆四十五年纂修的《历代职官表》中有了侍卫处的名称，从此各种官书均称之为侍卫处。

侍卫处职掌为御前警卫、禁城警卫及扈从警卫。侍卫处御前大臣及御前侍卫、行走各员，日常在内廷御前值班，兼管奏事处事务，负责稽察官员出入，带领引导官员觐见皇帝。侍卫分六班更换轮值，平日在太和门坐班，分为两翼，以镶黄旗和正白旗之半侍卫排左翼，正黄旗和正白旗之半侍卫排右翼。宿卫时分内、外班，内班宿卫乾清门、内右门、神武门、宁寿门，外班宿卫太和门外。皇帝御门听政、祭祀坛庙、阅兵、出巡等，由侍卫处大臣、侍卫前后导从，随从警卫。

侍卫处的亲军营，由上三旗满洲、蒙古各旗属下每佐领挑选二人组成，设亲军校、署亲军校各七十七人分辖之。侍卫处的章奏文稿等事务，设主事一人、署主事三人、笔帖式十二人、署笔帖式十五人掌管。

二、档案情况

馆藏侍卫处全宗档案数量较少。1975年，立卷整理，编制案卷目录，与管

理前锋护军等营事务大臣处、健锐营、火器营、尚虞备用处全宗目录合编为1册。2014年，该全宗档案由专业技术服务公司进行了文件级整理，共1卷15件。

侍卫处全宗档案起止时间自咸丰三年（1853）至宣统元年（1909），主要内容有：御前大臣、御前行走、御前侍卫等衔名单，派出观德殿暂代散秩大臣进班衔名单，各侍卫病故加级纪录册，正黄旗、镶黄旗侍卫为声明恭逢覃恩得过各次加级事呈文，侍卫处为申明本年除夕及次年正月十五保和殿筵燕仍查照光绪六年间奏定章程办理事知照，光绪十八年九月值宿登记文件的"回投本"等。

侍卫处全宗档案经文件级整理后，形成案卷级秩序目录1条（格式如：68-00-000-000001），与馆藏长芦盐运使司等共38个全宗合编为1册。形成文件级秩序目录15条（格式如：68-00-000-000001-0001），与馆藏乐部等共20个全宗合编为1册。

尚虞备用处全宗

全宗号69

一、全宗概况

尚虞备用处，又称"上虞备用处"，或称"粘杆处"，是协助护卫、随从皇帝车驾出巡、伺候垂钓娱乐的随侍扈从机构。其主要任务，在宫内，参加内班的乾清门、内右门、神武门、宁寿门和外班的太和门宿卫；皇帝出巡时，随从车驾，在銮舆旁帮扶、提灯；皇帝垂钓时，预备鱼网、鱼钩等；参加狩猎活动时，负责罗雀等。

顺治初年，尚虞备用处侍卫统在三旗侍卫额内，由司辔、司鞍侍卫兼。乾隆四十年（1775），由三旗大门侍卫挑选二等侍卫四人为尚虞备用处侍卫班长，挑选三等侍卫十五人、蓝翎侍卫十五人在尚虞备用处当差。

尚虞备用处由宗室王公、蒙古王公、额驸、满洲蒙古大臣内特简管理大臣，由粘杆头等侍卫一人协理。设笔帖式三人，掌章奏文移事务；设库掌一人、库拜唐阿十人，掌守库事务。

二、档案情况

馆藏尚虞备用处全宗档案仅1件。1975年，设立全宗整理，与管理前锋护军等营事务大臣处、健锐营、火器营、侍卫处全宗目录合编为1册。2014年，该全宗档案由专业技术服务公司进行了文件级整理，共1卷1件。

尚虞备用处全宗1件档案，为光绪三十三年（1907）九月宪政编查馆为派修订法律大臣事致尚虞备用处的咨文。

尚虞备用处全宗档案经文件级整理后，形成案卷级秩序目录1条（格式为：

69-00-000-000001），与馆藏长芦盐运使司等共38个全宗合编为1册。形成文件级秩序目录1条（格式为：69-00-000-000001-0001），与馆藏乐部等共20个全宗合编为1册。

禁卫军训练处全宗

全宗号70

一、全宗概况

禁卫军训练处是清末设立的掌管宫廷卫队禁卫军的中央军事机构。光绪三十四年（1908）十二月，命贝勒载涛、毓朗、陆军部尚书铁良充训练禁卫军大臣。宣统元年（1909）正月，"参照督公所及镇司令处之制，在京城地方设立禁卫军训练处"，以教训营队、筹备饷械、督率考查，由监国摄政王载沣亲自掌控。宣统三年十月，载沣辞去摄政王职，禁卫军改由训练大臣督饬训练，随后改禁卫军训练处为禁卫军司令处，命冯国璋为禁卫军总统官。清朝被推翻后，根据清室优待条件第八款规定，"原有禁卫军归中华民国陆军部编制，其额数、俸饷仍如其旧"，仍由冯国璋任军统，营制未变。直至1914年冯国璋调任江苏都督，禁卫军改编为陆军第十六师，禁卫军司令处遂撤。

禁卫军有步队二协、马队一标、炮队一标、工程队一营、辎重队一营、机关炮一连及军乐队等。禁卫军训练处设训练大臣三员，下设军谘官六员，禀承训练大臣办理奏咨行存各项文牍，综理筹备、考功、军略、调派、教育、训练各事宜，并监察军械、军法、军需、军医四科及协、标、营、队；设执事员十员，禀承军谘官分任筹备、考功、军略、调派、教育、训练等事宜；设一、二、三等书记员五员，绘图员、递事员各二员，印刷员、庶务员各一员，禀承军谘官各专责成。

二、档案情况

馆藏禁卫军训练处全宗档案于1975年设立全宗整理，编制案卷目录，与

京城巡防处、京城善后协巡总局、京防营务处、禁烟总局全宗目录合编为1册。2014年，该全宗档案由专业技术服务公司进行了文件级整理，共1卷21件。

禁卫军训练处全宗档案起止时间自宣统元年（1909）至三年（1911），主要内容有：宪政编查馆录旨咨行遵议考验外官划一办法；禁卫军训练处人员职掌、营制饷章，编制决定之概要；禁卫军应办各事大纲，分期设立禁卫军各标营队选择官长头目办法；请饬度支部拨解军米军饷及常年经费等文件；保定工巡局给冯国璋的呈、禀等文件；禁卫军训练处日报表等。

禁卫军训练处全宗档案经文件级整理后，形成案卷级秩序目录1条（格式如：70-00-000-000001），与馆藏长芦盐运使司等共38个全宗合编为1册。形成文件级秩序目录21条（格式如：70-00-000-000001-0001），与馆藏乐部等共20个全宗合编为1册。

京城巡防处全宗

全宗号 71

一、全宗概况

　　京城巡防处是清廷于太平军北伐期间设立的军事防务和社会治安的临时机构。咸丰三年（1853）四月，太平天国北伐军从扬州出发，很快攻入河南境内。清廷急忙委派大臣堵剿北伐军，同时加强京城巡防治安。五月，咸丰帝谕命"御前大臣科尔沁郡王僧格林沁、步军统领左都御史花沙纳、右翼总兵达洪阿、军机大臣内阁学士穆萨专办京城各旗营巡防事宜"。九月，北伐军攻入直隶，京师震动，咸丰帝特命惠亲王绵愉为奉命大将军、僧格林沁为参赞大臣，会同前命巡防王大臣总理京城巡防事宜。九月十三日，绵愉等奏请设立公所，借值年旗衙署办公（后迁至地安门外），调派满汉军机章京、步军统领衙门司员分办各事。同月，咸丰帝又派恭亲王奕䜣、定亲王载铨、内大臣璧昌、户部尚书孙瑞珍、步军统领联顺、刑部左侍郎罗惇衍、工部左侍郎杜翰，会同办理京城巡防事宜。咸丰五年初，北伐军被彻底消灭。五月，咸丰帝谕令撤销京城巡防处。其所调章京司员，经巡防王大臣酌量褒奖后回原衙门任职，粮台款册移交户部，审案案卷交刑部，兵马册籍及所有文案物件移交步军统领衙门保存。

　　京城巡防处设大将军、参赞大臣各一人，巡防大臣若干人，均于王、大臣内特简兼任。大将军坐镇京师，参赞大臣督师前线，巡防大臣或常驻军营防剿，或在京中承办调度巡防诸事。京城巡防处的具体职掌是：调动各地八旗绿营官兵防堵太平天国北伐军和捻军，抽调各地旗营官兵操演训练，在京师、直隶、山东各地组织训练团防义勇配合官兵作战，侦探各种情报，设岗稽查可疑人员，审讯人犯和北伐军重要战俘等。其内部机构有：文案处，负责提调兵马，办理章奏文稿事项；营务处，负责巡查京师内城各紧要地方的哨所，护送军装、军械、弹药等

京城巡防处全宗

事；审案处，负责审理各种案件；粮台处，负责支发巡防处及各路巡防官兵粮饷等事。

二、档案情况

馆藏京城巡防处全宗档案于1975年设立全宗整理，编制案卷目录，与禁卫军训练处、京城善后协巡总局、京防营务处、禁烟总局全宗目录合编为1册。2014年，该全宗档案由专业技术服务公司进行了文件级整理，共2卷366件。

京城巡防处全宗档案起止时间自咸丰三年（1853）至五年（1855），主要内容有：京城巡防处关于从东三省、热河、察哈尔、山西、京师等地调派旗营兵、马步兵以及三旗护军营、八旗亲军营情况的咨文；僧格林沁、胜保、崇恩等关于在直隶静海、独流、连镇、高唐、冯官屯等地布防情况等文件；捻军在河南、安徽、山东、山西、陕西、直隶等地活动情况的奏报；李鸿章、左宗棠、郭松林、都兴阿等为调遣官兵围剿捻军及调运粮饷等事给巡防处的来往文件；清军与捻军交战获胜的奏报及捻军供词等文件；巡防处派兵在天津、通州、宝坻等地防守稽查情况的文件；在北京内外城增加军队，在各城门、街道添设岗哨的文件；在外城加强巡逻稽查，对各街道地段住户采用保甲制，实行互保联防等情况的文件；巡防处在山东荏平、宁津、东光、高唐，直隶河间、献县、青县等地设侦探的文件；还有报告清军扎营地点、人数、出战情况、伤亡人数以及地方民情等方面的文件；巡防处从户部调拨钱粮，从兵部、理藩院、上驷院以及蒙古、东北、热河、察哈尔调拨驼马，从工部调拨铅丸、火药、锣锅、帐房、锹镢、铁锤，从武备院调拨弓箭、马鞍、毡条等情况的文件；文武官员的升迁调补、请假丁忧以及在战争中获胜受奖、加衔、晋级或督战不力革职处分等文件；审讯重要战俘成员情况的文件，林凤祥、李开芳等供词，各军营大员审讯太平军人员的录供以及审理可疑人犯情况的文件；巡防处在京师、直隶、京畿地区、山东各地组织团防义勇，配合清军围剿北伐军、捻军及维护社会治安情况的文件；巡防处从各地军营中抽调旗营兵训练、操演等情形的文件等。

京城巡防处全宗档案经文件级整理后，形成案卷级秩序目录2条（格式如：71-00-000-000001），与馆藏长芦盐运使司等共38个全宗合编为1册。形成文件级秩序目录366条（格式如：71-00-000-000001-0001），与馆藏乐部等共20个全宗合编为1册。

京城善后协巡总局全宗

全宗号 72

一、全宗概况

京城善后协巡总局，是光绪二十七年（1901）八国联军撤离北京前后，为维护京城地区社会治安、分段巡查、缉盗、审理案件及办理交涉等事宜设立的临时机构。

光绪二十六年七月，八国联军侵占北京。京城绅商为了维护社会治安和自己利益，协助联军先后分段设立安民公所，招雇巡捕，办理协缉盗贼各事。同年八月，清政府派奕劻、李鸿章与八国联军议和，并商定各国军队撤离北京。光绪二十七年五月，在各国军队即将撤退时，奕劻、李鸿章奏请派令侍郎胡燏棻办理京畿地方善后营务事宜。奉旨：刊给襄办京畿地方善后营务事宜关防，随时禀承奕劻、李鸿章，并会商步军统领衙门、顺天府、五城通筹办理。随后，奕劻、李鸿章上折表示，各国之兵将次退竣，前设安民公所应即裁撤，"除城外各地面应由五城酌拟办法，其城内地面按照八旗，每旗各设一局，皇城内分左、右翼各设一局，居中设一总局，以资统率"，正式成立京城善后协巡总局。光绪二十八年八月事毕，撤销京城善后协巡总局，关防呈缴外务部验明销毁，所有案卷、官物交神机营管理。

京城善后协巡总局设专职大臣一人，兼职大臣四人，并设提调、总办、会办、巡捕官等。总局之下，按八旗左翼、右翼设立善后协巡局，皇城左翼、右翼善后协巡局。各协巡局设总办、帮办、巡警等官员，局下分设巡捕处，各设管段巡警、巡捕等。总局内部设有：文案处，掌拟稿、文移等事；营务处，掌巡防、捕盗等事；发审处，掌审理人犯、案件等事。

二、现存档案

　　馆藏京城善后协巡总局全宗档案数量很少。1975年，设立全宗整理，编制案卷目录，与禁卫军训练处、京城巡防处、京防营务处、禁烟总局全宗目录合编为1册。2014年，该全宗档案由专业技术服务公司进行了文件级整理，共1卷7件。

　　京城善后协巡总局全宗档案起止时间自光绪二十七年（1901）至二十八年（1902），内容为：左翼各协巡局巡捕处段落、巡捕数目及交待巡捕段落、军械、家具等物清单；镶白旗善后协巡局关于巡捕当差、演习等事的禀文；京师地面各协巡局现行巡捕章程；镶白旗善后协巡局拿获拐骗车马人犯及拿获迭次伙窃贼犯的禀文等文件。

　　京城善后协巡总局全宗档案经文件级整理后，形成案卷级秩序目录1条（格式如：72-00-000-000001），与馆藏长芦盐运使司等共38个全宗合编为1册。形成文件级秩序目录7条（格式如：72-00-000-000001-0001），与馆藏乐部等共20个全宗合编为1册。

京防营务处全宗

全宗号 73

一、全宗概况

京防营务处，是宣统三年（1911）武昌起义以后，清廷因京城附近军队云集管理混乱而设立的军事防务临时机构。宣统三年十一月初一日，内阁代递军谘大臣、督师大臣会奏称，"现在京师各军云集，难免时相龃龉，且有游勇逃兵逗留混迹，或勾串构乱，拟设京防营务处，联络各军，稽查匪类，遇有逃兵游勇暨不逞之徒，讯有确据，即按军法惩办"，并请派开缺广东高州镇总兵陆建章总领处务。奉旨允准，办公地址设在北京西单牌楼玉皇阁。1912年南北议和后，陆建章奉袁世凯之命，将京防营务处改为京畿军政执法处，成为专责侦缉捕杀反袁志士的特务机构。

二、档案情况

馆藏京防营务处全宗档案数量很少。1975年，设立全宗整理，编制案卷目录，与禁卫军训练处、京城巡防处、京城善后协巡总局、禁烟总局全宗目录合编为1册。2014年，该全宗档案由专业技术服务公司进行了文件级整理，共1卷6件。

京防营务处全宗档案起止时间自光绪二十七年（1901）至宣统三年（1911），内容为：探访队拿获京师东安门外丁字街暗放抛掷炸弹人犯呈文；外城巡警总厅警备队拿获贵州馆掷放炸弹要犯清单；内城巡警总厅搜获各犯的便函和搜出各物清单；直隶提督姜桂题为在通州拿获土匪逃勇给陆建章的信函及人犯供词等文件。

京防营务处全宗档案经文件级整理后，形成案卷级秩序目录1条（格式如：

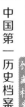
73-00-000-000001），与馆藏长芦盐运使司等共38个全宗合编为1册。形成文件级秩序目录6条（格式如：73-00-000-000001-0001），与馆藏乐部等共20个全宗合编为1册。

禁烟总局全宗

全宗号 74

一、全宗概况

禁烟总局是清末管理鸦片事务的特设机构，设于光绪三十四年（1908），掌禁食鸦片、禁种罂粟、管理烟店及纳税等事。光绪三十二年八月初三日清廷发布上谕："自鸦片烟弛禁以来，流毒几遍中国……著定限十年以内，将洋土药之害一律革除净尽。其应如何分别严禁吸食并禁种罂粟之处，著政务处妥议章程具奏。"同年十月初六日，政务处奏拟禁烟章程十条。十二月二十五日，民政部奏通筹禁烟事宜，采用都察院河南道监察御史赵启霖条奏建议，"拟于京师设立禁烟总局……将种烟地亩、吸食人数、烟店、烟税，每年减少若干，逐一调查，请钦派大员专司其事"。奉旨依议。禁烟年余，内外大小臣工中吸食者难以戒除。光绪三十四年三月谕命"著派恭亲王溥伟、协办大学士鹿传霖、协办资政院事务景星、丁振铎充办理禁烟大臣"，由该大臣精选中外良医，立即设立戒烟所，专司查验戒断成效，并拨经费6万两，以资开办。自此，禁烟总局正式成立。

禁烟总局成立后，与会议政务处、外务部、民政部、度支部等衙门先后拟定了"禁烟章程""禁烟查验章程""洋药进口、土药出产及行销办法""发给购烟执照章程""管理售卖膏土章程"等规章达十余种。后来，民政部又奏请将禁烟总局事务附隶于该部管理。

总局设大臣五人、提调五人、帮办一人、委员若干人。内部机构有文牍所、会计所、检察所、差遣所、收发所，分别管理各项事务。

二、档案情况

　　馆藏禁烟总局全宗档案数量很少。1975年，设立全宗整理，编制案卷目录，与禁卫军训练处、京城巡防处、京城善后协巡总局、京防营务处全宗目录合编为1册。2014年，该全宗档案由专业技术服务公司进行了文件级整理，共1卷38件。

　　禁烟总局全宗档案起止时间自光绪二十八年（1902）至宣统三年（1911），包括禁烟总局成立以前的一部分禁烟文件，主要内容有：关于禁烟、戒烟的说帖、条陈、节略，戒烟甘结；归德府民风、政事弊端、种植罂粟情形折；贵州种植罂粟情形禀；京师换发吸烟牌照；昌平县各土膏店资本及存土膏数目单；陕西禁烟办法；各直省禁烟大纲；筹拟禁烟办法十条稿；统筹禁烟事宜设局立会奏底；实行禁烟章程大纲；鸦片专卖总局应行之事章程；吸食鸦片男女人数统计表；武清县巡警总局呈送宣统三年秋季换发吸户牌照清册；禁烟总局收发所光绪三十四年三月至宣统三年三月所用关防簿及发文簿等文件。

　　禁烟总局全宗档案经文件级整理后，形成案卷级秩序目录1条（格式如：74-00-000-000001），与馆藏长芦盐运使司等共38个全宗合编为1册。形成文件级秩序目录38条（格式如：74-00-000-000001-0001），与馆藏乐部等共20个全宗合编为1册。

赵尔巽全宗

全宗号 75

一、个人概况

赵尔巽（1844—1927），字公让，号次珊，又号无补，汉军正蓝旗人。同治六年（1867）丁卯科举人，十三年甲戌科进士，选庶吉士。光绪二年（1876）授编修，三年任国史馆协修。此后，历任湖北乡试副考官、福建道监察御史、贵州石阡府知府、贵阳府知府、贵东兵备道、安徽按察使、陕西按察使、甘肃布政使、新疆布政使、山西布政使、湖南巡抚、户部尚书、盛京将军、湖广总督、四川总督，宣统三年（1909）三月授钦差大臣、东三省总督兼三省将军事务。1912年，任东三省都督、奉天都督。同年十一月告退，隐居青岛。1914年，出任清史馆馆长。1927年，病逝于北京。

二、档案情况

1960年，国家组织清查旧档时，在青岛发现赵尔巽遗物共360余木箱，内有大量文书档案和字画、瓷器、金属器物等。其中文书档案随即移交本馆，设立全宗，按照其职任先后立卷，编制案卷目录。2014年，该全宗档案由专业技术服务公司进行了文件级整理，重新组卷，共113卷20523件。

兹以赵尔巽任职先后，对该全宗档案内容进行介绍：

1.任石阡、贵阳知府及贵东兵备道时期的文件

主要有贵州当时在任司、道、府、厅、州、县、候补道、抚标、练军名册及赵尔巽私人函札等；提督刘永福关于择日从越南撤兵的呈禀，黄仁济关于中法越南交涉问题条陈，各营兵饷银单及收支清册，古州等处120户堡军户应征屯粮米

数表册等文件；保节堂经费收支表册及关于应扣各厅、州、县佐杂人员捐银两数目清单等文件。

2.任安徽按察使时期的文件

主要有安徽省道、府、州、县等各级官员履历册，全省九品至未入流佐杂各员履历册等文件；禁止洋药土药办法，设立育婴堂及江面救生民船事稿，拟定保甲章程及严禁刁徒诈伪等事折、札稿等文件；军械所呈报练军各炮营炮位和枪弹情况单，省城支应皖北练防、马步水师及各局处按月开支薪粮底簿、收入银两总库簿等文件；关于书院及安徽法政学堂章程等文件；记载镇压光绪二十四年刘疙瘩领导的涡阳县曹市集事变详细经过的"涡匪纪实"；府、州等"各属禀详批钞簿""安徽公牍"以及赵尔巽处理日常公务的文书汇存底簿等文件。

3.任陕西按察使时期的文件

主要有光绪二十四年十月赵尔巽离陕西去新疆，沿途经过各地路程表及当地官员迎送登记簿以及赵尔巽沿途所作诗稿、所抄诗词等文件。

4.任甘肃、新疆布政使时期的文件

主要有四川、河南、福建等11省文武官员名号簿；甘肃、新疆布政使司司库收支簿以及《新疆公牍》等文件。

5.任山西布政使时期的文件

主要有光绪二十八年四月至十二月形成的山西官录，山西通省现任正印官员简明履历册，山西通省现任杂职官员简明履历册，通省候补司狱、巡检、典史、从九品至未入流各班简明履历册；关于筹解边务经费、学务经费、教案赔款、筹借洋款、筹措赈捐、收放各地各项银两簿；前任布政使移交各项钱粮清册；示谕晋省"民人十四则"及山西各项通饬文书抄稿；赵尔巽与其他官员的来往函札等文件。

6.任湖南巡抚时期的文件

主要有整顿吏治和官员调补、参劾方面的奏稿、片、札等，通饬整顿乡规二十八条，保甲、团练章程及禁烟文件等；通饬各营旗现行章程稿，练兵事宜条陈，裁减水陆兵员、筹办防务和剿匪等事的奏稿、札稿，考察北洋军队情形的报告，湖南全省武职现任提督、总兵、副将、参将、游击、都司、守备等官员及水陆营务驻泊地方统带官员的名单，湖南陆军军法草案，湖南将弁学堂简章等文件；修改湖南模范监狱章程的抄件，劝禁抢劫械斗告示稿和白话讲义，关于设立习艺所、推广自行投审谕单以及词讼日记制度的奏稿、札稿等文件；奏办湖南全省矿务总公司章程，创办湘省枪炮厂入股启；关于铁路、矿务、茶叶、纺织、造

币、驿站、木植等方面的函、札稿，筹办商务局等文件；奏报湖南省学堂情况的奏稿，在湖南第一女子学堂的演说稿，创办、改革学堂的札稿，给留学生的谕稿等，筹办蒙养学堂、设立阅报馆等条陈、禀文，留学生名单、肄业生名册、同学录等，为创立万国红十字会筹款等文件；日本东京东亚同文会会长近卫笃磨、福岛安正等关于留日武备学生事宜致赵尔巽信函，赵尔巽为印刷纸币等事给日本领事及礼和洋行的信稿，外务部为日本使臣催促开长沙为商埠事致赵尔巽电报等文件。

7.任署户部尚书时期的文件

主要有户部设立计学馆、计学会及有关章程、宗旨等文件，户部关于官民报效股票，为赈济江西、广西、云南等事人员请奖等文件，户部所属各司、库、处官员名单，户部各司文稿，赵尔巽调离户部赴任盛京将军及其下属升调、病故、请假、革职、开复等人事方面的文件；科布多参赞瑞洵贪污案，刑部关于严办木材走私犯等事的文件；浙江防军沿革表，新疆南路郡县等安设驿站经费章程以及各省裁留绿营、筹备练兵款项、增加兵饷等文件；有关军饷库款、铸钱造币、关税盐务、借赔存款等文件；卢汉铁路竣工、湖南衡山开办矿砂厂、江宁织造归入苏州织造的簿册文件；盛京三陵所需经费、缎布、纸张数目，三陵档房官员名册，变通东西陵守护章程以及陵寝工程经费、陈设、增设官役等文件，慈禧太后生日赏赐官员缎匹、进贡临清地毡等文件；赵尔巽参加日本十字社为英国人科龄开办医学堂捐款等文件；赵尔巽与其亲属旧部的来往信函等。

8.任盛京将军时期的文件

主要有日俄战争时期清政府颁布的《局外中立条规》、日本组织的土匪武装"东亚义勇军"与俄兵作战情况等文件；东三省善后建设的文电；赵尔巽为英、日在奉天派驻领事与英国驻华公使萨道义、外务部大臣那桐、瞿鸿禨、载振、袁世凯等人的往来信函，各国驻中国公使及驻奉领事名单等外交事务文件；更定奉省官制奏稿、官制改革清单、奉省改定官制说略、奉省酌改地方官说略、东三省改设行省章程等有关改革东三省行政机构和官员设置的文件；改革军警事务、练兵筹饷、武器制造等问题的奏稿、函电，筹办奉省乡镇巡警、设立警务学堂、警员管理等文件；有关筹款兴办实业、考察矿务、招商办矿以及集股创办洮南至新民铁路的文件，铁路、矿产勘测调查图表，清丈地亩、苇塘、垦荒等文件；旗员仕学馆章程、疆务学堂特别章程、奉天女子美术学堂章程以及废科举、兴学堂、选派留学生、考察学务等方面的文件；赵尔巽派往京城及其它地方探查内政、官场、时局等情况密探的报告，与其亲朋旧部的往来函札，明码、密码的电码本等。

9.任湖广总督时期的文件

主要有官员升迁调补、开缺、考语、履历、参奏案件及整顿吏治文件，赵尔巽旧部亲友求职谋官等事的来信等；湖北地方自治局章程等改革警务文件；有关民刑案件及监犯反狱等情形文件；有关镇压剿抚浙江桐乡、海宁等处乡民因灾荒而"聚众闹漕"，苏浙两省青红帮、盐枭等活动的来往文电，查审"竞业学会"活动等文件；湖南、湖北两省属各级官兵名册、武职官员履历单，升迁调补、驻防、巡逻、演操等有关文电，考查军事、整顿军务方面的条陈、说帖，军队营制饷章等文件；有关衙署经费、官员薪俸发放等文件；兴办铁路、整顿铁路积弊等条陈、说帖，湖北官钱局承办粤汉、川汉铁路湖北境内路段招股章程，为赎川汉、粤汉铁路、湖北铁路事筹款等文件；商务局办理商务说帖及职司人员名单，武汉成立商会、研究章程等文件；湖北、湖南创办学堂及整顿学务方面的文件；各国驻汉领事暨税务司洋员名单，督署与各领事交际办法，与各国驻汉领事为接见、交涉、贺年、赠礼等事往来函件等文件；枣阳两教滋闹案、老河口天主教案及美国传教士买地建房案等文件。

10.任四川总督兼成都将军时期的文件

主要有官员的升迁调补、请假奖叙、辞职病故、参劾、荐举、考绩、旧部亲友求职、绅民挽留官员，整顿吏治、改革机构方面的文件；警务、行政、保甲、赈灾、禁烟等文件；关于预备立宪筹备事宜和划分行政、司法权限办法等奏稿；筹办四川省谘议局，拟定权限、规章、办事细则及议员的选举、资格、名额分配，并谘议局成立、选举资政院议员、派旁听代表等往来文电等文件；四川省成立各级审判厅、变通讼费办法及各状格式，学治馆聘请教习、法政学堂教习和学员名单等文件；四川各地官员密报革命党人组织革命团体大同会、聚众演说、刷印刊物、散发传单、运藏武器、计划于重庆武装起义，赵尔巽布置镇压上述活动、搜捕革命党人致各地官员的函电等文件；同治八年贵州提督周达武所撰剿办建南夷匪记；宣统二年平定宁远、叙州、嘉定等地彝族反清斗争的文电，为川藏划界、整顿和加强藏边防务事的奏稿文电，有关藏事问题说略条陈、应办事宜细章、川藏路程图及赴藏沿途各种风俗习惯情况报告等文件；关于川军编制、训练、改编、增并、裁撤、驻防、演习，军官调补、奖惩，军饷筹解、军火购运、枪弹制造等方面的文件；有关川省财政预算收支情况、改良币制、京饷协饷、发行彩票等函电，筹划税种、税法、税率的函电、条陈等文件，裁撤官运局、改革四川盐务、查禁私盐等文件；历年外国人在四川开矿情况清单、签订的合同等文件，四川省自行开矿、兴办实业等文件，修筑川汉铁路的有关文件，创办川江行轮公司、整顿四川转运局及有关购船、运输的文件，开办川省电报、电话等文件；办理垦务、报告收成分数，水旱灾荒、雨雪粮价、兴修水利情况等文件；川省组织商会、商事裁判所，办理统一度量衡规定，招商承办官销店，购运布匹、牲畜，禁止买空卖空等事的文件；举办中小学堂，农林、矿务、工业、法政、法文等专业学堂及女子学堂等章程、办法、规程，各学堂招生、考试，派遣留学生，聘请英、日、俄等国籍的教员，筹备赴德国参加卫生博览会，设立医院等方面的文件；有关光绪帝、慈禧太后大丧，宣统帝登极，隆裕皇太后上徽号，年例贡物等礼仪方面的文件；与外国使领人员、教习、名士等的来往活动，外国人来华游历、护送及禁止外国人到少数民族地区游历、测绘事宜等文件；有关美、英、法传教士在灌县扩建房屋案，梁山、渠县、嘉定、雅州、炉厅等地天主教堂扰民、强占民产案，与英、法领事交涉等文件。

11.任东三省总督时期的文件

主要有镇压辛亥革命运动在东三省活动及南北议和方面的文件，包括侦探革命党人在大连、营口、安东等地起事的报告及派兵镇压情况，成立奉天保安会并发布告示、颁定会章等文件，为镇压革命党活动发布的晓谕及致袁世凯内阁电，为加强镇压力量而筹办扩军、增加兵额，镇压兵变、向俄国人借枪支弹药事来往函札等；陆军部、军谘府及各省为镇压革命军，要求东三省派兵、借调军火支援并加强京畿防务的文电，革命军占领武汉、长沙、九江、湖口、南昌、南京、上海、嘉定、芜湖、下关、江阴、苏州、福州等地及交战情况的文电，湖南、云南、贵州、江苏等省宣布独立的通电，新任广州将军凤山在广州被炸死、军谘府军谘使良弼在北京被炸伤等事电报等；唐绍仪为代表赴武昌与革命军谈判情况的文电，孙中山、黄汉湘、蔡锷、程德全、孙宝琦、张謇、汤寿潜、熊希龄等通电敦促南北和议，并奉劝赵尔巽切勿反对共和文电，吉林、齐齐哈尔将军等为力主保持君主立宪、反对共和致赵尔巽电报，赵尔巽表示要组织东三省勤王军队待命致内阁电稿等；赵尔巽致孙中山、袁世凯要求组成南北统一政府等电，袁世凯宣誓就职要求赵尔巽维持局势以及赵尔巽表态仍旧忠于清皇室电，东三省宣布共和以后赵尔巽与袁世凯所派民军往来商谈文件等。

东三省地方事务方面文件，包括赵尔巽拟定的东三省政纲、东三省特别行政官制备考、议事会议规划、局员的谘事通则以及官制改定问题的奏稿等，官员的任免、调补、奖惩、丁忧及履历单等文件；地方自治预警办法，缉办刑事案件，调查吉林、安东火灾情况及办理赈济，调查长春等地种植鸦片情况及设置禁烟公所等文件；拟成立法律协会、法官养成所，各种章程及设立模范监狱等文件；东

三省财政预算、岁出岁入统计，经费拨解、公费收支、官员养廉，东三省地区内发行钱币、管理金融活动以及征收正税、杂税数目等文件；办理本溪煤矿、兴办采木与造纸等实业、开设商埠、办理垦务，改良安奉铁路路线等文件；创办女子学堂、吉林外国语学堂、南满医学堂，拟办奉天省官报并严格新闻检查制度等文件；有关东三省各项政策的综合性条陈，赵尔巽旧属亲友给他的私人信函和一些文书处理电报密码等。

涉外事务方面文件，包括因日本人在东三省活动、革命党利用日本占领地区在大连等地活动与日本领事进行交涉的文电，向日本三井、日升等洋行购买军火，为日本人在奉天省城投掷炸弹等事与日本领事交涉的往来文件；关于俄国人在蒙古、黑龙江等地活动的文件，关于中俄划界、中东铁路、购买俄国军火、向俄国借款等问题文件；向德国礼和洋行购买军火，向英、法两国借款，与德、美、荷、英、法等国使领的往来文件。

12.寓居青岛时期的文件

为赵尔巽寓居青岛时期收到的私人信函。

各处档案汇集全宗

全宗号76

一、全宗概况

各处档案汇集全宗，始置于2014年3月，旨在用以收纳历史上形成的成因复杂及来源含混的呈零散残乱状态保存的各种档案。其类项设置如下：原南京移交"清代各衙门档案汇集"为01类，类下不设项；汉文过渡库档案定为02类，类下5项；各处满文档案为03类，类下设14项；阁楼残档为04类，类下设13项。

馆藏各处档案汇集全宗档案的时间起于后金天命年间，晚至宣统小朝廷与民国时期，间有明代结状文书与刻印经书残页。其构成来源主要有：

1.清代各衙门档案汇集

1966年由中国第二历史档案馆移交（目录编号"一五二二"），已按机构、各省及个人立卷整理到案卷级，原目录编号0—3。2014年以前，该部分档案作为馆藏中一个单独系列，一直保持接收时状态，没有全宗归属。2014年作为第四期汉文整理项目重新组卷并整理到文件级。

2.过渡库档案

1976年我馆迁入西华门馆址后设过渡库，专门存放历次清理出的残档与整理中挑出的零散档案、资料、实物。过渡库分满、汉库。过渡库零散档案曾于1990年、1998年两次组织人员简单清理，2010年曾运往二炮档案库房（现火箭军档案馆）寄存，总共316箱。过渡库档案，未区分全宗、类项、文种，未组卷。档案形制包括簿册、折件、卷单等，文种繁多，有咨文、移会、信函、乡试朱卷、门照、护照、电报、拓片、经文、请安折等，有些档案内容比较珍贵，另有档案文封、信封、各种实物、资料等。档案文字主要为汉文，间有满文、蒙古文、藏文等多种文字。档案时间，主要为清代，亦有少量溥仪小朝廷及民国时

各处档案汇集全宗

期。档案保存状况较差，除少量完整外，大部分残损。2015年这部分档案被纳入"各处档案汇集"全宗，定为"汉文过渡库档案"类（76-02）和"各处满文档案"类（76-03）。过渡库档案于2017年完成全部清理整理工作。

3.阁楼残档

阁楼残档包括西华门馆址5号楼阁楼残破档案与故宫博物院贞度门残破档案两部分，二者同为1921年"八千麻袋"事件后历次整理挑拣后遗留的残档。其大致流转过程是：1954年，故宫博物院档案馆接收留存端门的1694麻袋残档转存清史馆大库。1958年，第一历史档案馆动员人力对此残档进行突击清理，经此次清理后的残烂档案暂存于红本库，1970年移至文华殿，1971年迁庆寿堂，1975年移存贞度门西南朝房。1980年将该档案中贺表、贺笺、请安折进行清理后，剩余残档1355麻袋。1987—1989年对此1355麻袋残破档案进行了比较彻底的清理。基本完好者挑出送入馆过渡库；中等残破者挑出以高丽纸包裹，运至西华门馆址5号楼阁楼上架保管；剩余残渣碎末480麻袋，仍留故宫博物院贞度门库房。2000年前后，故宫博物院维修贞度门古建，存于此处的480麻袋残渣碎末运至我馆4号楼楼后库房存放。

贞度门残档绝大多数属于残渣碎末与霉烂虫蛀档案，因在贞度门集中保管时间最长故得名"贞度门残档"。2016年经初步清理区分，除不具备整理价值的残碎档案693箱外，尚有可整理利用的档案资料139箱。2017年8月我馆决定将贞度门残档归入阁楼残档类，命名为"贞度门残档"项（76-04-007）。

5号楼阁楼残档在接收进馆后经数次清理整理，除过去认为价值不大的贺表保存较好外，绝大部分档案在1987年清理时视为"中度残破"。

阁楼残档内容复杂、来源多样，除清代皇室和中央衙门档案外，还有地方府县衙门档案。2017年阁楼残档被纳入"各处档案汇集"全宗，设为"阁楼残档"类（76-04），下设14项，于2018年底完成全部清理整理工作。

4.各库零散档案

此项档案是指散存在我馆各库房因历史遗留问题未被纳入到全宗体系中的档案，事类庞杂，保存状况千差万别。其中，大多数零散档案虽有全宗出处，却因各全宗均已大规模重新整理完毕而无法归回。2015年7月各库零散档案被纳入各处档案汇集全宗，设"各库零散档案"项（76-02-001），于2018年底完成全部文件级整理。

二、档案介绍

2018年底，我馆完成阁楼残档项目后，各处档案汇集全宗内全部档案完成了清理与整理工作，共15382卷990588件。

全宗名	类	项	案卷起止	卷数	项下总件数	类下总件数
各处档案汇集（76）	清代各衙门档案汇集（01）	（000）	1—28	28	3760	3760
		各库零散档案（001）	1—332	332	9727	9727
	汉文过渡库档案（02）	折件（002）	1—2599	2599	220064	264541
		档册（003）	1—668	668	24839	
		资料（004）	1—227	227	8150	
		空白文封（005）	1—79	79	11488	
	各处满文档案（03）	军机处满文杂档（001）	1—18	18	818	30778
		宫中满文杂档（002）	1—60	60	2169	
		内务府满文杂档（003）	1—195	195	12670	
		宗人府满文杂档（004）	1—96	96	3577	
		兵部陆军部满文杂档（005）	1—9	9	753	
		八旗满文杂档（006）	1—14	14	1026	
		銮仪卫满文杂档（007）	1—5	5	387	
		国子监满文杂档（008）	1—1	1	14	
		翰林院满文杂档（009）	1—7	7	220	
		会考府满文杂档（010）	1—1	1	33	
		其他满文杂档（011）	1—20	20	1410	

续表

全宗名	类	项	案卷起止	卷数	项下总件数	类下总件数
		满文档案残件（012）	1—104	104	7515	
		满文图书残页（013）	1—12	12	52	
		出版资料（014）	1—20	20	134	
	阁楼残档（04）	汉文杂件（001）	1—3302	3302	320231	681782
		汉文档册（002）	1—1092	1092	26474	
		满文档册（003）	1—490	490	8641	
		满文杂件（004）	1—1231	1231	76082	
		实物档案（005）	1—89	89	746	
		档案残片（006）				
		贞度门残档（007）	1—88	88	6853	
		制诏诰敕补遗（008）	1—308	308	7201	
		金榜补遗（009）	1—47	47	220	
		贺表补遗（010）	1—2003	2003	71293	
		请安折补遗（011）	1—463	463	20162	
		空封套（012）	1—777	777	112468	
		资料（013）	1—997	997	31411	

现将其内容按类撮要分述如下：

1.清代各衙门档案汇集

各衙门档案汇集共28卷3760件。系中国科学院历史研究所第三所南京史料整理处在接收民国南京旧政权档案时挑出整理的清代档案与民国时期清室相关档案，因其内容庞杂、出处多源，故命名为清代各衙门档案汇集，文种涉及奏折、咨文、章程、电报、公函、移会、呈文、禀文、传谕、清单、合同、图书、地图、报告、请愿书、甘结、札、批等。

其内容主要有：

（1）清末新政时期的文件，主要出自宪政编查馆，涉及出国考察宪政、机构改革、厘定官制等要政庶务，如光绪三十四年（1908）宪政编查馆会同资政院奏订各省谘议局选举议员章程稿，厘定官制大臣请各省速定所属官制为立宪预备的通电，《欧洲列国立宪始末记》书稿等文件。

（2）与清室内务府、宗人府相关的文件，如道光元年（1821）热河总管任内奏档，光绪三十年孚敬郡王府向总管内务府大臣报销各项收支银粮事宜的呈单等，总管东西陵事务大臣奏折底，1923年宗人府租放地亩合同，1927年镇威军团司令部致宗人府公函，1929年两陵承办事务载涛、载泽等上河北省政府主席请愿书等文件。

（3）清末王府相关档案文书，如泽公府属官、苏拉等府内各项庶务传谕、呈报的文件。满蒙学堂宣统二年收到信件簿。

（4）清末中央各部院档案，如陆军第二十镇请添设军需处呈部文稿，总理衙门为派杨儒充任出使俄、奥等国钦差大臣致定边左副将军咨文，光绪年间国子监颁给捐生的监照等文件。

（5）清末吉林、直隶、山东、山西、陕西、河南、江苏、浙江、湖北、湖南、福建、四川、贵州等省地方档案，有光绪十九年靖边等营管带截捕盗匪事呈函，光绪二十年长顺致荣禄陈述甲午战况及其督师赴辽防边情形函稿，同治七年（1868）直隶总督官文关于捻军进入直境及筹防情形的奏稿，道光五年、十二年山东藩司奏报护理抚篆任时期办理漕运、水旱蝗灾等事宜等奏稿底簿。此外，还有康熙至光绪各朝的房契、田契及民间借贷票据等文书。

2. 汉文过渡库档案

汉文过渡库档案共3573卷，264541件（不含02-001各库散存档案项）。下设折件、档册、资料、空白文封4项。此外，整理到案卷级的包袱布、空白档案、重度残破档案共88卷。其内容大多是源出自内阁、军机处、内务府、宗人府、国史馆、钦天监、銮仪卫、陆军部、宪政编查馆等机构的题奏移咨公文与文图庶务等内部稿件，主要有奏折、请安折、时宪书、京报、史书、乡试题、会试题、文凭、御笔、舆图、字画、誊黄、书票、税票、邮票、官报、军令条约等，另有材质各异的实物，如绿头牌、木匣、夹板、刻版等。

3. 各处满文档案

包括满文过渡库档案和汉文过渡库清理移交的满、蒙古文档案，共562卷30778件。类下设14项，依次是军机处满文杂件、宫中满文杂档、内务府满文杂档、宗人府满文杂档、兵部陆军部满文杂档、八旗满文杂档、銮仪卫满文杂档、国子监满文杂档、翰林院满文杂档、会考府满文杂档、其他满文杂档、满文杂档残件、满文图书残页、出版资料。其中不乏清初重大政治事件的稀见史料，如康熙遗诏的蒙古文版等。

4.阁楼残档

阁楼残档共计10887卷681782件。类下设13项，依次是汉文杂件、汉文档册、满文档册、满文杂件、实物档案、档案残片、贞度门残档、制诏诰敕补遗、金榜补遗、贺表补遗、请安折补遗、空封套、资料。另有档案残片整理到案卷级，共8323卷，档案残渣320箱。

阁楼残档内容种类庞杂，大多残破，少数档案较为完整，间有内容、形制重要的档案，如顺治元年清军入关后摄政王多尔衮出具的安抚官民的令旨誊黄稿、顺治遗诏稿、雍正遗诏、顺治帝追论多尔衮罪状诏与上昭圣慈寿皇太后尊号的蒙古文诏书、康熙帝册封佟佳氏为皇后的册文、乾隆八旬圣寿的恩诏稿等制诏诰敕档案；雍正帝寻访医药方士朱谕，军机处关于法国赁居衙署扣款、与俄使会勘地界、拨饷解炮进剿太平军、密速查抄肃顺热河财产等的寄信，同治七年谕吉林将军富明阿慎守边隘、搜捕余匪、开垦围荒的寄信等文件；朝鲜、安南、琉球国王所进表文及原装封套，同治元年四月二十四日载淳所进慈禧皇太后贺表，乾隆三十六年（1771）寿春总兵陈杰九为土尔扈特通国归顺所上贺折，光绪朝冯子材奏报镇南关外连获大捷谢恩折，光绪朝刘坤一、张之洞筹议变法拟采用西法十一条事奏稿，光绪三十四年选派学生赴美留学奏稿，光绪二十三年福建水师提督杨岐珍关于巡洋往返经历的录副奏折等内外臣工奏贺文书；乾隆十二年都察院恭缴敕书等事揭帖，同治七年闰四月十六日都察院、理藩院、吏部恭缴"御赏"印章字样的上谕；光绪二十九年外务部権算司关于参加比利时万国赛会的呈文等档案；河南省城驻跸所有道里全图、道光朝京郊天龙山等地万年吉地风水图、帝后棺椁金柜样式图、御舟陈设位置图及拜月上供位置图等；皇太后万寿表请用皇帝尊亲之宝请宝牌，满蒙汉藏合璧"礼仪番选　无量寿佛"签，红绿头牌等实物档案。

5.各库零散档案

各库零散档案所涉事类庞杂，从源流看涉及内阁、军机处、宫中、内务府、宗人府及六部等多个全宗，文种有朱谕、谕旨、册文、敕谕、奏折、奏稿、奏副、启本、题本、奏本、揭帖、手本、堂稿、呈文、禀文、舆图等，内容涉及有太平天国及捻军、滇缅界务、蒙藏事务、圆明园、皇史宬、官员引见、科举考试、宗教经卷、蒙学读物及传奇小说等。包括有崇德元年（1636）七月册封庄妃册文、南明永历时期印谱、顺治朝阁钞朱谕、吴三桂伪周令牌、雍正朝曹頫请安折、乾隆朝万寿进单、颙琰上乾隆帝石鼓文缂丝书、乾隆朝英咭唎国英文及拉丁文羊皮纸原禀、大清国致比利时国书、首任驻日公使许景澄出使国书、醇亲王信簿册、辛丑条约《画押公约十二条》清单等珍贵档案。

征集接受捐赠档案全宗

全宗号77

一、全宗概况

自20世纪20年代故宫博物院成立之初，中国第一历史档案馆的前身——故宫博物院文献馆在整理馆藏档案的同时，便已开展了档案征集工作，接收、购买了大批散失于社会的清代档案。中华人民共和国成立以后，此项工作仍在继续，且成果颇丰。至70年代末，我馆对征集档案都采取"纳入全宗、归并整理"的原则，即将征集来的档案或独立设置全宗，或经区分纳入已有全宗统一整理。

1981年根据国务院批示，明清两朝档案一律移交中国第一历史档案馆集中保管。自此我馆专门成立了档案征集组，陆续开展境内外明清档案的征集工作，并接受社会捐赠。鉴于当时我馆档案初步整理已经基本结束，不便将新征集来的档案归并到已有全宗，故形成了独立于各全宗之外的征集与接受捐赠档案。

2015年，我馆档案整理领导小组考虑到现有征集与接受捐赠档案的保存体系与其他全宗不同，且档案征集工作将长期持续开展，档案数量仍将不断增加，故增设一个开放性全宗——"征集接受捐赠档案全宗"（全宗号77），以容纳现有馆藏征集与接受捐赠档案。

二、档案情况

馆藏征集接受捐赠档案全宗下设两类：征集类（01）、接受捐赠类（02）。类下设项，基本按征集或接受捐赠的时间先后为序给定项号，项名则按档案内容构成命名。截至2016年底，完成了已有征集接受捐赠档案全宗的立卷分件整理工作。共有档案2类145项328卷8526件。

其中征集类档案68项117卷3656件，内容如下表：

全宗名	类	项	案卷起止	项下总件数	类下总件数
征集接受捐赠档案（77）	征集（01）	郑工报捐新例（001）	1—1	1	3656
		胡林翼信札（002）	1—1	9	
		出书稿（003）	1—1	4	
		烹饪述要（004）	1—1	2	
		熊成基案（005）	1—1	12	
		白恩佑书信（006）	1—1	1	
		或庵文钞（007）	1—1	1	
		钱恂奏折（008）	1—1	52	
		明代契约（009）	1—1	24	
		孙氏浩命（010）	1—1	2	
		执照契据（011）	1—1	89	
		齐福田札禀（012）	1—1	4	
		亲郡王家谱（013）	1—2	19	
		清代浩命（014）	1—2	16	
		李鸿藻信札（015）	1—1	18	
		西陲要略（016）	1—1	2	
		国朝贡举考略（017）	1—1	2	
		北京名人第宅考（018）	1—1	1	
		丧发放银两簿（019）	1—1	2	
		进士题名录（020）	1—1	9	
		历代治黄史（021）	1—1	2	
		清代治黄史料（022）	1—2	65	
		道咸英国照会（023）	1—1	82	
		杂件（024）	1—1	56	
		文苑传（025）	1—1	40	
		豪格谱系（026）	1—1	1	

全宗名	类	项	案卷起止	项下总件数	类下总件数
		完颜氏宗谱（027）	1—1	1	
		汉冶萍厂矿档（028）	1—1	1	
		忌辰单（029）	1—1	1	
		英和日记（030）	1—1	1	
		杨度文献（031）	1—1	1	
		满文兵部执照（032）	1—3	16	
		清代贺表（033）	1—1	1	
		藏文档案（034）	1—1	2	
		龚鼎孳年谱（035）	1—1	1	
		京察册（036）	1—1	1	
		麟见亭传（037）	1—1	2	
		醇贤亲王家谱（038）	1—1	3	
		帝系（039）	1—1	1	
		阿什坦传（040）	1—1	1	
		朝鲜户籍册（041）	1—1	1	
		文童科试履历（042）	1—1	1	
		使欧大事记（043）	1—1	1	
		八旗武职品级（044）	1—1	1	
		馆选录（045）	1—1	1	
		满文簿册（046）	1—1	1	
		京察履历册（047）	1—1	1	
		清代民事案件（048）	1—1	23	
		英德借款（049）	1—1	15	
		清代信札（050）	1—1	40	
		舆图杂件（051）	1—1	3	
		满文国语（052）	1—1	1	

续表

全宗名	类	项	案卷起止	项下总件数	类下总件数
		张仲欣信札（053）	1—1	1	
		王庆云家藏档案（054）	1—29	2172	
		永瑆书法（055）	1—1	2	
		岳氏诰命（056）	1—1	1	
		黑龙江舆图（057）	1—1	1	
		洪亮吉上书（058）	1—1	1	
		云南保山县志（059）	1—1	1	
		地契（060）	1—1	14	
		康德诏书（061）	1—1	1	
		清代契约（062）	1—17	767	
		明隆庆诰命（063）	1—1	1	
		土尔扈特册文（064）	1—1	1	
		光绪帝梓宫照片（065）	1—1	1	
		朝鲜科考凭证（066）	1—1	11	
		太平天国档案（067）	1—1	41	
		出版舆图（068）	1—1	2	

接受捐赠类档案77项211卷4870件，内容如下表：

全宗名	类	项	案卷起止	项下总件数	类下总件数
征集接受捐赠档案（77）	接受捐赠（02）	传教士租地合约（001）	1—1	2	4870
		吐鲁番布告（002）	1—1	1	
		王景禧护照（003）	1—1	1	
		奏底（004）	1—1	3	
		瞿鸿機信札（005）	1—1	51	
		丁开嶂档案（006）	1—1	8	

全宗名	类	项	案卷起止	项下总件数	类下总件数
		八旗甲喇事宜册（007）	1—1	20	
		纂修方略稿底（008）	1—1	37	
		沈家本档案（009）	1—1	65	
		税契牙帖（010）	1—1	22	
		清末信札（011）	1—1	5	
		齐氏医案（012）	1—1	2	
		明汪氏宗谱（013）	1—1	1	
		日藏黄帝内经（014）	1—1	1	
		民国公函（015）	1—1	25	
		绩溪档案（016）	1—1	21	
		民国河南政务档（017）	1—1	61	
		民国杂册（018）	1—1	45	
		题奏残档（019）	1—1	17	
		户部奏底（020）	1—2	230	
		内务府杂件（021）	1—2	223	
		内务府略节（022）	1—2	163	
		内务府呈禀（023）	1—3	585	
		内务府奏底（024）	1—1	74	
		内阁杂件（025）	1—1	193	
		内阁题本（026）	1—5	121	
		治学问答录（027）	1—1	4	
		满文档案（028）	1—1	28	
		清代房地契（029）	1—2	108	
		清末铁路书籍（030）	1—6	39	
		大清邮政舆图（031）	1—1	1	
		京旗营调查表（032）	1—1	1	

全宗名	类	项	案卷起止	项下总件数	类下总件数
		中俄库伦商贸档（033）	1—1	1	
		清末地方档案（034）	1—1	219	
		万历大统历（035）	1—1	1	
		徐谦殿试卷（036）	1—1	1	
		吉林九河图（037）	1—1	1	
		天津藏地方档（038）	1—1	15	
		总理衙门档案（039）	1—1	1	
		台北藏专案档（040）	1—1	4	
		脉案用药簿册（041）	1—2	22	
		清末商会文件（042）	1—1	7	
		许宝蘅藏档（043）	1—4	67	
		庚子事变告示（044）	1—1	5	
		清末文凭（045）	1—1	3	
		契约文凭（046）	1—1	8	
		澳洲明信片（047）	1—1	1	
		双城堡设立档（048）	1—1	1	
		古巴华工档案（049）	1—1	6	
		布彦泰档案（050）	1—1	19	
		李準年谱（051）	1—1	1	
		粮价单（052）	1—1	42	
		明万历敕命（053）	1—1	2	
		陈氏试卷（054）	1—1	1	
		履历折（055）	1—1	9	

全宗名	类	项	案卷起止	项下总件数	类下总件数
		清代表笺（056）	1—1	43	
		战图与册文（057）	1—2	9	
		内阁杂单（058）	1—1	20	
		邓世昌照片（059）	1—1	1	
		职思随笔（060）	1—1	18	
		正德罪己诏（061）	1—1	2	
		许氏藏契约（062）	1—1	46	
		梁启超信札（063）	1—8	411	
		八国联军照片（064）	1—1	1	
		刘春霖书法（065）	1—1	1	
		日本侵华照片（066）	1—4	12	
		章钰档（067）	1—3	230	
		马一浮书法（068）	1—14	154	
		秋瑾档案（069）	1—1	1	
		文物运台照片（070）	1—1	1	
		近人书画（071）	1—1	8	
		樊增祥手稿（072）	1—1	4	
		清末人物照片（073）	1—1	2	
		家谱（074）	1—86	1082	
		人大资料（075）	1—5	214	
		股票（076）	1—1	12	
		债券（077）	1—1	3	

征集接受捐赠档案全宗包含内容庞杂，从形制上看，有纸质档案、实物档案、历史照片、古籍、国内机构及个人收藏档案复制件等；从内容上看，部分档案与我馆原有馆藏结构存在一定的差异，是对我馆馆藏资源的重要补充，如涉及清代中央各衙门档案、王庆云家族档案等，数量较多，且较为系统。

征集接受捐赠档案全宗是一个开放性全宗，档案内容及数量并不恒定，随着我馆此项工作的后续开展，新征集及接受捐赠的档案亦将纳入此全宗体系。

征集接受捐赠档案全宗

附录

档案整理分类汇总表

全宗名	类	项	案卷起止	案卷数	项下总件数	类下总件数
明朝档案（01）	题行稿（01）	北大移交（001）	1—93	93	2596	3463
		馆藏（002）	1—8	8	294	
		东北移交（003）	1—9	9	527	
		文物处移交（004）	1—2	2	46	
	档簿（02）	馆藏（001）	1—103	103	112	128
		北大移交（002）	1—6	6	16	
	杂件（03）	馆藏（001）	1—5	5	19	264
		北大移交（002）	1—36	36	110	
		人大移交（003）	1—3	3	135	
内阁（02）	题本（01）	东北移交（001）	1—1720	1720	51486	1595519
		北大移交（002）	1721—3295	1575	30051	
		吏科（003）	3296—12819	9524	256419	
		户科（004）	12820—19311；19322—22680	9851	225104	
		礼科（005）	22681—23936	1256	73642	
		兵科及题本补遗（006）	1—6101	6101	169214	
		刑科（007）	1—3751；3952—37005	36804	659353	
		工科（008）	1—4793	4793	105381	
		钦天监前三朝题本及补遗（009）	1—23	23	1857	
		雍正六科（010）	1—34	34	553	
		内阁题本、进本单、票签（011）	1—228	228	22459	

中国第一历史档案馆 馆藏档案全宗概述

全宗名	类	项	案卷起止	案卷数	项下总件数	类下总件数
	满文题本（02）	001—037	1—2693	2693	86483	86483
	东北移交（03）	大库史料（001）	1—298	298	4019	17010
		各朝贺表（002）	1—44	44	2315	
		杂档（003）	1—174	174	8897	
		黄册（004）	1—223	223	1779	
	北大移交（04）	诏敕诰表（001）	1—3	3	409	45937
		清初谕表奏（002）	1—6	6	171	
		顺治朝奏启（003）	1—33	33	881	
		揭帖（004）	1—586	586	32493	
		各朝报销册（005）	1—1294	1294	7600	
		各部档册（006）	1—176	176	1875	
		殿试卷乡试录（007）	1—129	129	1939	
		图书（008）	1—178	178	569	
	人大移交（05）	各朝杂件（001）	1—47	47	2451	2451
	南京移交（06）	—	1—6	6	296	296
	实录（07）	—	—		12172	12172
	满文实录（08）	小黄绫本（001）	1—753	753	3767	14050
		小红绫本（002）	1—810	810	4085	
		小红绫本（003）	1—561	561	2370	
		大红绫本（004）	1—760	760	3820	
		满洲实录（005）	1—2	2	8	
	蒙古文实录（09）	—	1—1785	1785	15512	15512
	圣训（10）	—	1—432	432	2076	2076
	满文圣训（11）	小黄绫本（001）	1—214	214	1002	2884
		小红绫本（002）	1—195	195	947	
		大红绫本（003）	1—193	193	935	
	历博移交（12）	试卷（01）	1—128	128	4750	9955
		表文（02）	1—56	56	3630	

全宗名	类	项	案卷起止	案卷数	项下总件数	类下总件数
		题本（03）	1—34	34	1053	
		卷轴（04）	1—133	133	133	
		簿册（05）	1—9	9	128	
		其他（06）	1—8	8	261	
	起居注（13）	—	1—391 补遗1—23	414	3863	3863
	满文起居注（14）	满文起居注（001）	1—174	174	736	736
	旅大移交（15）	杂册（001）	1—69	69	709	709
故宫博物院文献馆原藏（16）		制诏诰敕文稿（001）	1—94	94	8362	419735
		祭祝碑文稿（002）	1—18	18	1154	
		册文（003）	1—32	32	1899	
		表笺（004）	1—36	36	1373	
		讲章（005）	1—60	60	2619	
		诏谕启奏钞稿（006）	1—80	80	3526	
		奏本奏付奏稿（007）	1—211	211	22734	
		手本（008）	1—26	26	1430	
		揭帖（009）	1—75	75	3020	
		金榜（010）	1—2	2	228	
		宝印关防（011）	1—15	15	1210	
		各房各馆簿册（012）	1—1446	1446	16644	
		修书馆簿册（013）	1—38	38	312	
		黄册（014）	1—758	758	7159	
		汉文丝纶簿（015）	1—36	36	105	
		八旗世职谱档（016）	1—78	78	469	
		重囚招册（017）	1—89	89	1303	
		光绪会典及会典事例汉文稿本（018）	1—189	189	3093	

档案整理分类汇总表

中国第一历史档案馆

馆藏档案全宗概述

全宗名	类	项	案卷起止	案卷数	项下总件数	类下总件数
		本纪稿本（019）	1—25	25	576	
		外纪（020）	1—35	35	102	
		谕旨记事等簿册（021）	1—464	464	9062	
		科考档（022）	1—632	632	26187	
		移会移付（023）	1—740	740	143176	
		咨文（024）	1—138	138	26327	
		知会知照（025）	1—26	26	6015	
		呈文禀文（026）	1—101	101	20806	
		典籍厅堂谕堂稿（027）	1—172	172	17519	
		片文（028）	1—50	50	14705	
		收发文稿（029）	1—13	13	3697	
		执照发单（030）	1—90	90	15530	
		清单（031）	1—284	284	48831	
		印领（032）	1—11	11	1803	
		贺表（033）	1—161	161	305	
		杂件（034）	1—15	15	234	
		杂册（035）	1—100	100	1036	
		汉文圣训稿本（036）	1—77	77	647	
		外交专案（037）	1—32	32	1540	
		三藩史料（038）	1—5	5	375	
		内阁会典图稿图（039）	1—869	869	1552	
		清末预算表（040）	1—34	34	3070	
	史书（17）	吏科史书（001）	1—3386	3386	3400	24981
		户科史书（002）	1—5013	5013	5653	
		礼科史书（003）	1—2376	2376	2376	
		兵科史书（004）	1—3708	3708	3737	
		刑科史书（005）	1—6908	6908	6921	
		工科史书（006）	1—2839	2839	2848	
		史书补遗（007）	—		46	

全宗名	类	项	案卷起止	案卷数	项下总件数	类下总件数
	盛京满文旧档（18）	满文木牌（001）	1	1	30	399
		其他文件（012）	2—5；11—15；18—19	11	234	
		盛京五部档（003）	6—10；16—17	7	135	
	蒙古文档案（19）	内秘书院蒙古文档簿（001）	1—10	10	33	1165
		内阁蒙古堂档簿（002）	1—55	55	124	
		内阁蒙古文盛京旧档（003）	1—4	4	87	
		内阁理藩院记事档（004）	1—3	3	52	
		内阁蒙藏文表文（005）	1—4	4	104	
		内阁托忒文档案（006）	1—20	20	297	
		内阁蒙古文杂件（007）	1—7	7	468	
	满文老档（20）	无圈点正本（001）	1—26	26	180	720
		有圈点正本（002）	27—52	26	180	
		无圈点草本（003）	53—78	26	180	
		有圈点草本（004）	79—104	26	180	
	满文黄册（21）	满文黄册序列一（001）	1—695	695	1933	3802
		满文黄册序列二（002）	1—575	575	1485	
		满文黄册序列三（003）	1—77	77	384	
	满文杂件（22）	记奏事档（001）	1—51	51	1220	47489
		来文（002）	52—114	63	5068	
		奏折（003）	115—212	98	8432	
		表笺（004）	213—243	31	1210	

档案整理分类汇总表

全宗名	类	项	案卷起止	案卷数	项下总件数	类下总件数
		诏诰敕谕册文（005）	244—274；545	32	4242	
		祭文祝版碑文（006）	275—282；546	9	477	
		试卷（007）	283—287	5	586	
		家谱（008）	288—315	28	1137	
		五部档修史史料（009）	316—334	19	747	
		三藩史料（010）	335—343	9	525	
		签（011）	344—357	14	4100	
		贴黄底（012）	358—361	4	150	
		单（013）	362—449	88	13326	
		其他文件（014）	450—520	71	4592	
		东北移交（015）	521—544	24	1677	
	满文杂档（23）	上谕簿（001）	1—19	19	88	89319
		寄信簿（002）	20—24	5	20	
		议复簿（003）	25—32	8	34	
		月折簿（004）	33—84	52	242	
		奏事档（005）	85—106	22	245	
		行来文档（006）	107—163	57	355	
		世袭世职册（007）	164—187	24	328	
		名册（008）	188—213	26	509	
		其他簿册（009）	214—366	153	2308	
		来文行文（010）	367—592	226	18345	
		副折、抄折、奏稿、奏疏、奏书、奏本、奏折（011）	593—844	252	13403	
		表笺（012）	845—852	8	386	
		诏册诰敕谕（013）	853—1347	495	6235	
		祝文祭文碑文（014）	1348—1352	5	356	
		金榜试题试卷（015）	1353—1385	33	996	
		家谱（016）	1386—1396	11	630	

全宗名	类	项	案卷起止	案卷数	项下总件数	类下总件数
		修史史料（017）	1397—1405	9	485	
		三藩史料（018）	1406—1408	3	260	
		签（019）	1409—1428	20	4731	
		贴黄底（020）	1429—1434	6	393	
		单（021）	1435—1471	37	3601	
		其他文件（022）	1472—1608	137	7235	
		题本（023）	1609—1729	121	4290	
		残题本（024）	1730—1945	216	23844	
	俄罗斯来文（24）	俄罗斯来文原件（001）	1—2；14	3	118	461
		俄罗斯来文汇抄册（002）	3—4	2	21	
		俄罗斯来文照片（003）	5—6	2	71	
		俄罗斯档案编辑书稿（004）	7—13	7	118	
		俄罗斯馆档案（005）	1—21	21	133	
	满文档簿（25）	国史院档、秘书院档、密本档、票签档、清折档、上谕档（001）	1—40；46—69；73—180；191—285；301—373；381—394	354	652	3626
		满文丝纶簿（一）（002）	1—133	133	320	
		满文丝纶簿（二）（003）	1—51	51	134	
		满文大记事（一）（004）	1—246	246	601	
		满文大记事（二）（005）	1—271	271	937	
		满文皇册（006）	1—122	122	133	
		满文京察册（007）	1—28	28	201	

中国第一历史档案馆 馆藏档案全宗概述

全宗名	类	项	案卷起止	案卷数	项下总件数	类下总件数
		满文世袭谱档册（一）（008）	1—483	479	494	
		满文世袭谱档册（二）（009）	1—98	98	98	
		太祖、太宗朝投诚官员世袭档（010）	1—9	9	18	
		满文俄罗斯档（011）	1—5	5	23	
		满文随手档（012）	1—2	2	15	
	满文图书（26）	清本纪（001）	1—102	102	487	8629
		清实录稿本（002）	1—151	151	1003	
		清圣训殿本、稿本（003）	1—127	127	705	
		会典稿本（004）	1—414	414	3290	
		列传（005）	1—103	103	1290	
		则例（006）	1—51	51	246	
		大清律（007）	1—13	13	69	
		方略稿（008）	1—6	6	40	
		时宪书（009）	1—10	10	39	
		明实录（010）	1—51	51	193	
		表传（011）	1—16	16	122	
		八旗通志（012）	1—26	26	109	
		其他（013）	1—122	122	822	
		雍正上谕（014）	1—22	22	148	
		修书资料（015）	1—14	14	66	
	蒙古文图书（27）	实录稿本（001）	1—83	83	419	1030
		律例、则例（002）	1—11	11	112	
		表传（003）	1—7	7	63	
		历法、时宪（004）	1—30	30	275	
		其他图书（005）	1—40	40	161	
军机处（03）	录副奏折（01）		1—9996	9996	721536	721536
	满文录副奏折（02）		1—4601	4601	181074	181074

全宗名	类	项	案卷起止	案卷数	项下总件数	类下总件数
	来文（03）	—	1—435	435	71481	71481
	奏表（04）	奏表（001）	1—9	9	122	122
	清末各国照会（05）	英国（001）	1—26	26	1236	4090
		美国（002）	1—10	10	595	
		法国（003）	1—7	7	499	
		俄国（004）	1—7	7	471	
		布鲁斯国（005）	1—3	3	193	
		德国（006）	1—5	5	322	
		日本国（007）	1—2	2	170	
		意大利国（008）	1—1	1	59	
		奥斯马加国（009）	1—1	1	56	
		日斯巴尼亚国（010）	1—3	3	211	
		葡萄牙国（011）	1—1	1	32	
		丹麦国（012）	1—1	1	15	
		荷兰（013）	1—2	2	123	
		比利时国（014）	1—1	1	43	
		巴西国（015）	1—1	1	21	
		秘鲁国（016）	1—1	1	21	
		各国联衔（017）	1—1	1	23	
	奏稿、行稿、底稿（06）	奏稿（001）	1—25	25	2543	2691
		校邠庐抗议（002）	1—1	1	11	
		堂稿（003）	1—2	2	137	
	军机处上谕（07）	—	1—19	19	3416	3416
	杂项清单（08）	—	1—61	61	11867	11867
	光绪庚子辛丑、宣统朝电报（09）	庚子（001）	1—18	18	1075	1616
		辛丑（002）	1—4	4	259	
		宣统朝（003）	1—5	5	265	
		民国（004）	1—1	1	17	
	函札登记（10）	—	1—2	2	356	356

全宗名	类	项	案卷起止	案卷数	项下总件数	类下总件数
	筹办夷务始末稿本（11）	—	1—36	36	249	249
	清册（12）	—	1—71	71	2090	2090
	杂件（13）	—	1—6	6	221	221
	舆图（14）	—	1—424	424	816	816
	档簿（15）	档册（001）	1—2365	2365	7223	7223
		各项簿册（002）	1—147	147	4094	4094
	俄罗斯来文（16）	俄罗斯来文（001）	1—11	11	799	799
	满文杂件（17）	谕旨（001）	1—7	7	1498	3446
		来文（002）	8—23	16	1524	
		奏折奏片（003）	24—25	2	230	
		其他文件（004）	26—28	3	194	
	满文档簿（18）	满文月折档（001）	1—777	777	2451	5991
		满文议复档（002）	778—1067	290	742	
		满文上谕档、寄信档小本（003）	1068—1227，1228—1260	193	483	
		满文日记档（004）	1468—1606	139	658	
		满文俄罗斯档（005）	1607—1624	18	97	
		满文木兰档（006）	1625—1642	18	109	
		满文行文档（007）	1643—1656	14	81	
		满文专档（008）	1657—1780	124	625	
		满文上谕档、寄信档大本（009）	1—127，128—149	149	745	
宫中各处档案（04）	朱批奏折（01）	朝年类项立卷档案（001）	1—1118	1118	66410	652158
		内政（002）	1—158	158	3322	
		军务（003）	1—208	208	3822	
		农业（004）	1—35	35	688	
		水利（005）	1—314	314	10208	
		商业贸易（006）	1—12	12	93	
		交通运输（007）	1—30	30	311	

全宗名	类	项	案卷起止	案卷数	项下总件数	类下总件数
		法律（008）	1—194	194	2759	
		宗教（009）	1—5	5	48	
		天文地理（010）	1—25	25	229	
		综合（011）	1—17	17	186	
		内政·职官（包）（012）	1—691	691	73382	
		内政·职官（卷）（013）	1—263 265—447	446	20850	
		内政·礼仪（包）（014）	1—104	104	8151	
		内政·礼仪（卷）（015）	1—99	99	2055	
		军务·人事（包）（016）	1—307	307	30286	
		军务·人事（卷）（017）	1—195	195	7757	
		军务·训练（包）（018）	1—57	57	4334	
		军务·训练（卷）（019）	1—76	76	898	
		军事工程（包）（020）	1—21	21	832	
		军事工程（卷）（021）	1—20	20	173	
		农业·屯垦（包）（022）	1—68	68	5485	
		农业·屯垦（卷）（023）	1—227	227	7302	
		农业·雨雪粮价（包）（024）	1—169	169	16057	
		农业·雨雪粮价（卷）（025）	1—600	600	20600	
		法律·命案（包）（026）	1—96	96	6877	

全宗名	类	项	案卷起止	案卷数	项下总件数	类下总件数
		法律·命案（卷）（027）	1—56	56	743	
		法律·监狱解护（包）（028）	1—26	26	1864	
		法律·监狱解护（卷）（029）	1—30	30	332	
		类项朝年立·新整十八大类（030）	1—517	517	15596	
		民族（031）	1—2101	2101	17795	
		外交（032）	1—433	433	6566	
		帝国主义侵略（033）	1—317	317	2246	
		农民运动（034）	1—1144	1144	17399	
		财政（035）	1—1388	1388	83502	
		工业（036）	1—121	121	4658	
		工程（037）	1—157	157	5373	
		文教（038）	1—208	208	9404	
		粮价单（039）	1—249	249	10626	
		晴雨录（040）	1—33	33	2163	
		缴回朱笔（041）	1—116	116	14377	
		请安折（042）	1—5069	5069	166399	
	满文朱批奏折（02）	人名（001）	1—700	700	43256	138589
		朝年（002）	1—1453	1453	92040	
		其他（003）	1—56	56	3293	
	电报、电旨（03）	—	1—140	140	16846	16846
	库贮档（04）	—	1—69	69	565	565
	夹板档（05）	—	1—54	54	209	209
	奏事略节档（06）	—	1—26	26	117	117
	杂件（07）	杂件一（001）	1—56	56	6864	22674
			1—28	28	2485	

全宗名	类	项	案卷起止	案卷数	项下总件数	类下总件数
			1—10	10	1277	
			1—69	69	7076	
			1—15	15	341	
			1—13	13	213	
			1—4	4	283	
			1—39	39	3982	
			1—6	6	153	
		杂件二（002）	1—1759	1759	318068	330576
			1—32	32	8927	
			1—45	45	3581	
		杂件三（003）	1—131	131	2925	2925
	进单（08）	进单（001）	1—1438	1438	69176	72116
		民族进单（002）	1—51	51	2792	
		外交进单（003）	1—2	2	148	
	御制诗文（09）	—	1—333	333	2258	2258
	履历引见折单片（10）	履历引见折（001）	1—1913	1913	36693	55683
		履历引见单（002）	1—437	437	8699	
		履历引见片（003）	1—516	516	10291	
	谕旨（11）	廷寄（001）	1—45	45	5732	41905
		上谕（002）	1—88	88	18571	
		旨（003）	1—7	7	1960	
		谕旨汇奏（004）	1—183	183	3092	
		朱谕（005）	1—25	25	1004	
		满文廷寄（006）	1—36	36	2723	
		满文上谕（007）	37—74	38	5705	
		满文谕旨汇奏（008）	75—145	71	1935	
		满文朱谕（009）	146—154	9	1183	
	寿事、白事、红事档簿（12）	寿事（001）	1—28	28	210	909
		白事（002）	1—55	55	446	
		红事（003）	1—17	17	253	
	各项簿册登记（13）	簿（001）	1—1	1	5619	6308

全宗名	类	项	案卷起止	案卷数	项下总件数	类下总件数
		事（002）	1—1	1	689	
	杂册（14）	—	1—170	170	3294	3294
	满文杂件（15）	请安折（001）	1—26	26	1318	40776
		贺折（002）	27—28	2	95	
		引见履历折单（003）	29—36	8	743	
		朱批票签（004）	37—63	27	7124	
		请皇太后安朱笔底（005）	64	1	24	
		御笔文稿（006）	65—76	12	443	
		朱批行文（007）	77—79	3	160	
		朱批文件（008）	80—85	6	1008	
		陪祀单（009）	86—93	8	425	
		朝单（010）	94—160	67	6866	
		进单（011）	161—212	52	2740	
		该班名单（012）	213—286	74	15652	
		谢恩官员花名数目单（013）	287—288	2	106	
		奏事处来文（014）	289—301	13	1144	
		其他文件（015）	302—344	43	2928	
	满文簿册（16）	紫禁城该班档（001）	1—55	55	146	410
		朝单挡（002）	56—57	2	23	
		本房和图礼档（003）	58—68	11	70	
		日记档（004）	69—74	6	50	
		记录谕旨档（005）	75—79	5	32	
		本房杂档（006）	80	1	4	
		奏事处簿册（007）	81	1	28	
		宫中各处杂册（008）	82—87	6	57	
内务府（05）	旧整内务府杂件（01）	礼仪（001）	1—101	91	17690	324464
		人事（002）	1—187	186	59191	
		财务（003）	1—374	366	108025	

全宗名	类	项	案卷起止	案卷数	项下总件数	类下总件数
		地租钱粮（004）	1—55	55	11938	
		物品（005）	1—52	51	9070	
		修建（006）	1—92	92	28415	
		土地房屋（007）	1—38	38	5873	
		文书往来（008）	1—40	40	10483	
		赏单（009）	1—21	21	5275	
		略节（010）	1—53	53	7829	
		卷单（011）	1—86	86	21146	
		各小机构（012）	1—37	37	5538	
		印单、报帖、信件（013）	1—22	22	7424	
		杂项（014）	1—121	121	24845	
		补遗（015）	1—12	12	1722	
	新整内务府杂件（02）	新整内务府杂件（001）	1—5808	5808	1003654	1008692
		景运门档房（002）	1—39	39	4897	
		稽察内务府（003）	1—5	5	141	
	织造缴回档案（03）	内务府织造缴回档案（001）	1—106	106	18241	18241
	奏案（04）	—	1—1076	1076	68742	68742
	奏底（05）	内务府奏底（001）	1—37	37	5253	5253
	月折（06）	内务府月折（001）	1—137	137	8582	8582
	题本（07）	内务府题本（001）	1—219	219	4805	4805
	呈稿（08）	内务府堂（001）	1—174	174	9442	326076
		广储司（002）	1—801	801	37440	
		都虞司（003）	1—258	258	16500	
		掌仪司（004）	1—399	399	19710	
		会计司（005）	1—324	324	18432	
		营造司（006）	1—830	830	57836	
		庆丰司（007）	1—174	174	9610	
		慎刑司（008）	1—119	119	7201	
		掌关防管理内管领事务处（009）	1—608	608	25215	

馆藏档案全宗概述

286

全宗名	类	项	案卷起止	案卷数	项下总件数	类下总件数
		管理三旗银两庄头处（010）	1—59	59	2713	
		官房租库（011）	1—164	164	6932	
		造办处（012）	1—91	91	5243	
		武英殿修书处（御书处）（013）	1—39	39	2599	
		御茶膳房（014）	1—6	6	203	
		中正殿念经处（015）	1—9	9	249	
		牺牲所（016）	1—13	13	671	
		景山官学（017）	1—39	39	2455	
		咸安宫官学（回子官学）（018）	1—10	10	179	
		织染局（019）	1—37	37	1896	
		三旗参领处（020）	1—556	556	26160	
		御药房（021）	1—16	16	753	
		南府、景山、升平署（022）	1—5	5	57	
		慈宁宫花园事务处（023）	1—6	6	345	
		查核处（024）	1—3	3	66	
		精捷营（025）	1—1	1	17	
		自鸣钟（026）	1—1	1	3	
		绮华馆事务处（027）	1—1	1	1	
		宁寿宫（028）	1—2	2	7	
		其他（029）	1—35	35	1519	
		补遗（030）	1—631	631	57194	
		上驷院（031）	1—98	98	6252	
		奉宸苑（032）	1—60	60	6126	
		民国（033）	1—62	62	3050	
	奏稿（09）	内务府奏稿（001）	1—223	223	14704	14704
	题稿（10）	内务府题稿（001）	1—266	266	3500	3500

全宗名	类	项	案卷起止	案卷数	项下总件数	类下总件数
	堂谕、堂交（11）	内务府堂谕堂交（001）	1—269	269	43856	43856
	上谕（12）	内务府上谕（001）	1—11	11	2299	2299
	来文（13）	内务府来文特字项（001）	1—10	10	900	528372
		内务府来文（002）	1—3715	3715	457236	
		内务府来文补遗（003）	1—125	125	20385	
		内务府所属机构来文补遗（004）	1—298	298	49851	
	领（14）	内务府领（001）	2—194	183	50302	50302
	结（15）	内务府结（001）	1—151	151	29458	29458
	事筒（16）	乾隆朝（001）	1—1	1	108	58649
		嘉庆朝（002）	1—7	7	829	
		道光朝（003）	1—29	29	5420	
		咸丰朝（004）	1—13	13	2464	
		同治朝（005）	1—30	30	5469	
		光绪朝（006）	1—181	181	34254	
		宣统朝（007）	1—61	61	10105	
	沟渠工程档案（17）	内务府沟渠工程档案（001）	1—3	3	174	174
	舆图（18）	—	1—1951	1951	4341	4341
	簿册（19）	奏销档（001）	1—344	344	1026	132664
		红本档（002）	1—76	76	309	
		堂谕档（003）	1—7	7	37	
		上传档（004）	1—63	63	205	
		行文档（005）	1—43	43	147	
		呈文档（006）	1—23	23	52	
		来文档（007）	1—31	31	55	
		杂录档（008）	1—54	54	166	
		各项号簿（009）	1—74	74	483	
		堂簿册（谕旨）（010）	1—69	69	828	

档案整理分类汇总表

全宗名	类	项	案卷起止	案卷数	项下总件数	类下总件数
		堂簿册（奏事、外交、典礼、财务）（011）	1—75	75	1444	
		堂簿册（文移）（012）	1—218	218	1870	
		堂簿册（文件登记）（013）	1—305	305	3597	
		堂簿册（杂记）（014）	1—293	293	5900	
		堂簿册（人事）（015）	1—166	166	2692	
		堂清册（人事）（016）	1—703	703	11454	
		堂清册（财务）（017）	1—711	711	16666	
		堂清册（土地房屋）（018）	1—22	22	382	
		堂清册（工业）（019）	1—36	36	756	
		堂清册（陈设库贮）（020）	1—133	133	2499	
		陈设册（021）	1—624	624	7983	
		书籍档案等（022）	1—2	2	31	
		堂清册（生活用品）（023）	1—85	85	1303	
		堂清册（其他）（024）	1—53	53	2040	
		广储司（025）	1—656	656	14643	
		织染局等（026）	1—20	20	350	
		都虞司等（027）	1—81	81	2075	
		掌仪司等（028）	1—34	34	1577	
		御茶膳房（029）	1—112	112	913	
		中正殿等（030）	1—36	36	699	
		升平署（031）	1—114	114	10978	

全宗名	类	项	案卷起止	案卷数	项下总件数	类下总件数
		会计司（032）	1—104	104	1848	
		庄头处等（033）	1—91	91	2205	
		营造司等（034）	1—53	53	1016	
		官房租库（035）	1—37	37	1947	
		庆丰司等（036）	1—2	2	43	
		上驷院等（037）	1—449	449	5205	
		奉宸苑等（038）	1—62	62	1567	
		御药房（039）	1—263	263	5433	
		武英殿修书处等（040）	1—10	10	213	
		造办处等（041）	1—624	624	13597	
		大婚礼仪处等（042）	1—74	74	760	
		统计处（043）	1—35	35	874	
		办理捐输助赈事宜处等（044）	1—48	48	1156	
		宪政筹备处等（045）	1—11	11	188	
		三织造缴回档（046）	1—30	30	765	
		黄册（047）	1—130	130	2687	
	满文杂件（20）	连报单（001）	1—52	52	10696	213788
		来文（002）	53—885；2982—2989	841	74916	
		略节（003）	886—966	81	2722	
		呈稿、呈文及考勤报单（004）	967—1001	35	915	
		堂谕（005）	1002—1044	43	4003	
		上谕（006）	1045	1	134	
		奏稿（007）	1046—1055	10	412	
		题本、奏案、奏折（008）	1056—1076	21	2019	
		行文（009）	1077—1080	4	428	

全宗名	类	项	案卷起止	案卷数	项下总件数	类下总件数
		单（010）	1081—1089；2990—2991	11	1191	
		广储司（011）	1090—1432；3000—3003	347	31853	
		庆丰司（012）	1433—1465	33	1754	
		都虞司（013）	1466—1476	11	770	
		掌仪司（014）	1477—1488	12	770	
		会计司（015）	1489—1492	4	154	
		营造司（016）	1493—1495	3	171	
		慎刑司（017）	1496—1497	2	68	
		上驷院（018）	1498—2483	986	61230	
		奉宸苑（019）	2484—2488	5	509	
		武备院（020）	2489	1	96	
		中正殿（021）	2490—2568	79	5813	
		三旗参领处（022）	2569—2579	11	1027	
		雍和宫（023）	2580—2584	5	369	
		官房租库、三旗庄头处、御茶膳房等（024）	2585—2604	20	1632	
		卷单（025）	2605—2968；2992—2995	368	8941	
		景运门（026）	2969—2970	2	210	
		銮仪卫（027）	2971—2972	2	92	
		其他文件（028）	2973—2981；2996—2999	13	893	
	满文簿册（21）	内务府堂（001）	1—51	51	971	20965
		广储司（002）	52—338	287	1916	
		都虞司（003）	339—413	75	1065	
		掌仪司（004）	414—418	5	13	
		会计司（005）	419—434	16	364	
		上驷院（006）	435—1143	709	14711	
		武备院（007）	1144—1147	4	43	
		三旗参领处（008）	1148—1216	69	570	
		圆明园（009）	1217—1244	28	248	

全宗名	类	项	案卷起止	案卷数	项下总件数	类下总件数
		敬事房（010）	1245—1253	9	41	
		其他机构（011）	1254—1269	16	320	
		八旗钱粮册（012）	1270—1329	60	703	
	旧整宗人府（01）	来文（001）	1—796	796	177957	290017
		说堂稿（002）	1—951	951	104017	
		行稿（003）	1—5	5	345	
		存稿（004）	1—5	5	758	
		题稿（005）	1—13	13	633	
		奏稿（006）	1—93	93	6307	
	新整宗人府（02）	簿册（001）	1—268	268	10676	196764
		印单（002）	1—52	52	2391	
		陪祀单（003）	1—69	69	3950	
		来文（004）	1—399	399	35209	
		奏折（005）	1—128	128	7257	
		奏稿（006）	1—175	175	6916	
宗人府（06）		说堂稿（007）	1—2417	2417	130365	
	玉牒类（03）	玉牒馆档案（001）	1—60	60	939	939
		小玉牒（002）	1—170	170	1310	1310
		星源集庆（003）	1—71	71	472	472
		宗室大玉牒（004）	1—52	52	346	346
		觉罗大玉牒（005）	1—218	218	1225	1225
		宗室觉罗名册（006）	1—474	474	2906	2906
	簿册（04）	左司（001）	1—62	62	872	7302
		右司（002）	1—60	60	900	
		黄档房（003）	1—41	41	651	
		经历司（004）	1—89	89	1328	
		银库（005）	1—68	68	2676	
		统计处（006）	1—53	53	846	
		杂件（007）	1—6	6	29	
	宗人府满文档案（05）	折件（001）	1—292	292	21687	22645
		簿册（002）	1—126	126	671	
		图书（003）	1—69	69	287	

档案整理分类汇总表

全宗名	类	项	案卷起止	案卷数	项下总件数	类下总件数
责任内阁（07）	档簿（01）	—	1—8	8	230	7079
	奏咨行稿（02）	—	1—25	25	6849	
弼德院（08）	—	—	1—1	1	7	7
宪政编查馆（09）	考察筹备宪政（01）	考察政治（001）	1—6	6	45	2846
		筹备立宪（002）	7—38	32	1004	
		官职（003）	39—51	13	577	
		司法（004）	52—56	5	365	
		军务（005）	57—64	8	186	
		学务（006）	65—68	4	109	
		财政经费（007）	69—79	11	265	
		其他（008）	80—93	14	295	
	文书档案（02）	综合	94—100	7	90	90
修订法律馆（10）	—	—	1—19	19	152	152
国史馆（11）	—	—	1—484	484	42418	42418
吏部（12）	—	—	1—45	45	4757	4757
户部—度支部（13）			1—1636	1636	38702	38702
礼部（14）	—	—	1—24	24	2702	2702
兵部—陆军部（15）	南京移交（01）		1—81	81	22442	22442
	旧整（02）	—	1—1471	1471	247004	247004
	新整（03）	职官官制（001）	1—8	8	978	6486
		军务（002）	1—2	2	157	
		钱粮经费（003）	1—11	11	724	
		马政驿站（004）	1—2	2	186	

全宗名	类	项	案卷起止	案卷数	项下总件数	类下总件数
		文图庶务（005）	1—5	5	590	
		人事庶务（006）	1—3	3	525	
		军制军衡（007）	1—13	13	1547	
		军需军实（008）	1—21	21	1067	
		军乘军牧（009）	1—2	2	182	
		军学军医（010）	1—5	5	530	
刑部—法部（16）	刑部（01）	直隶司（001）	1—124	124	5944	103462
		奉天司（002）	1—316	316	16129	
		江苏司（003）	1—179	179	11201	
		安徽司（004）	1—25	25	2111	
		江西司（005）	1—44	44	4118	
		福建司（006）	1—26	26	2566	
		浙江司（007）	1—31	31	1939	
		湖广司（008）	1—126	126	14167	
		河南司（009）	1—115	115	9347	
		山东司（010）	1—146	146	9494	
		山西司（011）	1—59	59	2460	
		陕西司（012）	1—96	96	4064	
		四川司（013）	1—31	31	3751	
		广东司（014）	1—55	55	3447	
		广西司（015）	1—8	8	436	
		云南司（016）	1—39	39	2267	
		贵州司（017）	1—41	41	2390	
		督捕司（018）	1—1	1	3	
		秋审处（019）	1—49	49	1545	
		减等处（020）	1—1	1	42	
		律例馆（021）	1—1	1	38	
		提牢厅（022）	1—1	1	10	
		赃罚库（023）	1—1	1	14	
		饭银库（024）	1—1	1	7	
		清档房（025）	1—1	1	131	
		汉档房（026）	1—1	1	18	
		司务厅（027）	1—27	27	4511	

馆藏档案全宗概述

294

全宗名	类	项	案卷起止	案卷数	项下总件数	类下总件数
		督催所（028）	1—4	4	154	
		当月处（029）	1—1	1	9	
		钦派查办处（030）	1—20	20	1149	
	法部（02）	承政厅（001）	1—1	1	65	45251
		参议厅（002）	1—1	1	30	
		审录司（003）	1—196	196	10556	
		制勘司（004）	1—99	99	4417	
		编置司（005）	1—121	121	4598	
		宥恤司（006）	1—178	178	9607	
		举叙司（007）	1—46	46	2549	
		典狱司（008）	1—46	46	4819	
		看守教练所（009）	1—1	1	15	
		会计司（010）	1—1	1	10	
		都事司（011）	1—1	1	3	
		收发所（012）	1—39	39	1993	
		堂房（013）	1—5	5	84	
		律学馆（014）	1—48	48	5118	
		宪政筹备处（015）	1—12	12	1274	
		钦派查办处（016）	1—1	1	113	
	新整刑法部（03）	清档房（001）	1—1	1	2	2688
		司务厅（002）	2—2	1	32	
		督催所（003）	3—3	1	11	
		当月司（004）	4—4	1	34	
		现审左右司（005）	5—5	1	2	
		奉天司（006）	6—6	1	86	
		直隶司（007）	7—7	1	53	
		河南司（008）	8—8	1	117	
		山西司（009）	9—9	1	55	
		山东司（010）	10—10	1	29	
		陕西司（011）	11—11	1	29	
		江苏司（012）	12—13	2	49	
		浙江司（013）	14—14	1	132	
		江西司（014）	15—15	1	6	

全宗名	类	项	案卷起止	案卷数	项下总件数	类下总件数
		安徽司（015）	16—16	1	34	
		福建司（016）	17—17	1	6	
		云南司（017）	18—18	1	8	
		贵州司（018）	19—19	1	17	
		广东司（019）	20—20	1	28	
		广西司（020）	21—21	1	23	
		湖广司（021）	22—22	1	16	
		四川司（022）	23—23	1	25	
		督捕司（023）	24—24	1	1	
		秋审处（024）	25—31	7	92	
		律例馆（025）	32—33	2	30	
		提牢厅（026）	34—34	1	5	
		赃罚库（027）	35—35	1	7	
		饭银处（028）	36—36	1	8	
		减等处（029）	37—37	1	23	
		承政厅（030）	38—38	1	11	
		参议厅（031）	39—39	1	23	
		审录司（032）	40—40	1	25	
		制勘司（033）	41—46	6	331	
		编置司（034）	47—47	1	18	
		宥恤司（035）	48—48	1	95	
		举叙司（036）	49—49	1	56	
		典狱司（037）	50—50	1	11	
		会计司（038）	51—51	1	15	
		收发所（039）	52—52	1	9	
		律学馆（040）	53—53	1	11	
		宪政筹备处（041）	54—54	1	6	
		查办处（042）	55—55	1	4	
		刑法部残件（043）	56—68	13	1113	
工部（17）	—	—	1—46	46	4162	4162
外务部（18）	—	—	1—5171	5169	114002	114002

全宗名	类	项	案卷起止	案卷数	项下总件数	类下总件数
学部（19）	—	—	1—77	77	6546	6546
农工商部（20）	—	—	1—78	78	6998	6998
民政部 21	—	—	1—1079	1079	41481	41481
邮传部（22）	—	—	1—14	14	805	805
八旗都统衙门（23）	—	—	1—272	272	47834	47834
大清银行（24）	—	—	1—10	10	1285	1285
督办盐政处（25）	—	—	1—3	3	213	213
溥仪档案（26）	旧整（01）	—	1—1902	1902	278471	278471
	新整（02）	—	1—1158	1158	136730	136730
端方档案（27）	电报（01）	去电（001）	1—231	230	29271	76024
		来电（002）	1—336	334	39331	
		专案电（003）	1—113	113	7422	
	函件（02）	—	1—217	217	5660	5660
	杂件（03）	—	1—164	164	7085	7085
顺天府（28）	—	—	1—333	333	41839	41839
山东巡抚衙门（29）	—	—	1—5	5	317	317
黑龙江将军衙门（30）	—	—	1736—1796	737	737	737
宁古塔副都统衙门（31）	—	—	1—1273	1273	1564	1564

全宗名	类	项	案卷起止	案卷数	项下总件数	类下总件数
阿勒楚喀副都统衙门（32）	—	—	1—434	434	604	604
珲春副都统衙门（33）	—	—	1—574	574	961	961
长芦盐运使司（34）	长芦盐运使司（01）	—	1—382	382	2337	14551
	所属各机构（02）	—	1—273	273	12214	
会议政务处（35）	政务处簿册（01）	—	1—9	9	61	61
	政务处（02）	—	1—54	54	1241	1241
	会议政务处（03）	—	1—1072	1072	19300	19300
銮仪卫（36）	—	—	1—158	158	20887	20887
巡警部（37）	馆藏（01）	—	1—35	35	7640	13561
	南京移交（02）	—	1—52	52	5921	
醇亲王府（38）	—	—	1—6	6	270	270
总理练兵处（39）	—	—	1—15	15	2226	2226
神机营（40）	—	—	1—3	3	776	776
京师高等审判厅、检察厅（41）	—	—	1—147	145（已减去第78卷后）	2692	2692

全宗名	类	项	案卷起止	案卷数	项下总件数	类下总件数
近畿陆军各镇督练公所（42）	—	—	1—2	2	554	554
卓索图盟扎萨克衙门（43）	喀喇沁中旗（01）	折件（001）	1—316	316	12024	13696
	喀喇沁左翼旗（02）	折件（001）	1—165	165	1241	
	喀喇沁右翼旗（03）	簿册（001）	1—27	27	120	
	其他蒙古文档案（04）	折件（001）	1—5	5	311	
税务处（44）	—	—	1—12	12	1684	1684
理藩部（45）	总类01	89项	1—63	63	11332	11332
	典礼02		64—144	81		
	蒙旗03		145—509	365		
	回部04		510—544	35		
	土司05		545—550	6		
	喇嘛管理06		551—553，555—594	43		
	寺庙管理07		595—626	32		
	西藏08		627—653,655—657，659—696	68		
	南京增补09		697—709	13		
	本馆增补10		710—717	8		
方略馆（46）	—	—	1—344	344	10693	10693
舆图汇集（47）	—	—	1—648	648	819	819

全宗名	类	项	案卷起止	案卷数	项下总件数	类下总件数
都察院（48）	—	—	1—6	6	237	237
军谘府（49）	—	—	1—2	2	102	102
资政院（50）	—	—	1—2	2	123	123
步军统领衙门（51）	—	—	1—5	5	859	859
北洋督练处（52）	—	—	1—8	8	868	868
钦天监（53）	—	—	1—2	2	35	35
国子监（54）	—	—	1—2	2	231	231
乐部（55）	—	—	1—1	1	7	7
陵寝礼部（56）	—	—	1—1	1	39	39
太仆寺（57）	—	—	1—2	2	650	650
太常寺（58）	—	—	1—6	6	506	506
光禄寺（59）	—	—	1—1	1	4	4
鸿胪寺（60）	—	—	1—1	1	10	10
翰林院（61）	—	—	1—1	1	73	73
大理院（62）	—	—	1—1	1	10	10
会考府（63）	—	—	1—1	1	114	114

档案整理分类汇总表

全宗名	类	项	案卷起止	案卷数	项下总件数	类下总件数
清理财政处（64）	—	—	1—1	1	3	3
管理前锋护军等营事务大臣处（65）	—	—	1—2	2	623	623
健锐营（66）	—	—	1—1	1	3	3
火器营（67）	—	—	1—1	1	4	4
侍卫处（68）	—	—	1—1	1	15	15
尚虞备用处（69）	—	—	1—1	1	1	1
禁卫军训练处（70）	—	—	1—1	1	21	21
京城巡防处（71）	—	—	1—2	2	366	366
京城善后协巡总局（72）	—	—	1—1	1	7	7
京防营务处（73）	—	—	1—1	1	6	6
禁烟总局（74）	—	—	1—1	1	38	38
赵尔巽档案（75）	—	—	1—113	113	20523	20523

全宗名	类	项	案卷起止	案卷数	项下总件数	类下总件数
各处档案汇集（76）	清代各衙门档案汇集（01）	（000）	1—28	28	3760	3760
	汉文过渡库档案（02）	各库零散档案（001）	1—332	332	9727	9727
		折件（002）	1—2599	2599	220064	264541
		档册（003）	1—668	668	24839	
		资料（004）	1—227	227	8150	
		空白文封（005）	1—79	79	11488	
	各处满文档案（03）	军机处满文杂档（001）	1—18	18	818	30778
		宫中满文杂档（002）	1—60	60	2169	
		内务府满文杂档（003）	1—195	195	12670	
		宗人府满文杂档（004）	1—96	96	3577	
		兵部陆军部满文杂档（005）	1—9	9	753	
		八旗满文杂档（006）	1—14	14	1026	
		銮仪卫满文杂档（007）	1—5	5	387	
		国子监满文杂档（008）	1—1	1	14	
		翰林院满文杂档（009）	1—7	7	220	
		会考府满文杂档（010）	1—1	1	33	
		其他满文杂档（011）	1—20	20	1410	
		满文档案残件（012）	1—104	104	7515	
		满文图书残页（013）	1—12	12	52	
		出版资料（014）	1—20	20	134	

档案整理分类汇总表

全宗名	类	项	案卷起止	案卷数	项下总件数	类下总件数
	阁楼残档（04）	汉文杂件（001）	1—3302	3302	320231	681782
		汉文档册（002）	1—1092	1092	26474	
		满文档册（003）	1—490	490	8641	
		满文杂件（004）	1—1231	1231	76082	
		实物档案（005）	1—89	89	746	
		档案残片（006）				
		贞度门残档（007）	1—88	88	6853	
		制诏诰敕补遗（008）	1—308	308	7201	
		金榜补遗（009）	1—47	47	220	
		贺表补遗（010）	1—2003	2003	71293	
		请安折补遗（011）	1—463	463	20162	
		空封套（012）	1—777	777	112468	
		资料（013）	1—997	997	31411	
征集接受捐赠档案（77）	征集（01）	郑工报捐新例（001）	1—1	1	1	3656
		胡林翼信札（002）	1—1	1	9	
		出书稿（003）	1—1	1	4	
		烹饪述要（004）	1—1	1	2	
		熊成基案（005）	1—1	1	12	
		白恩佑书信（006）	1—1	1	1	
		或庵文钞（007）	1—1	1	1	
		钱恂奏折（008）	1—1	1	52	
		明代契约（009）	1—1	1	24	
		孙氏诰命（010）	1—1	1	2	
		执照契据（011）	1—1	1	89	
		齐福田札禀（012）	1—1	1	4	
		亲郡王家谱（013）	1—2	2	19	
		清代诰命（014）	1—2	2	16	
		李鸿藻信札（015）	1—1	1	18	
		西陲要略（016）	1—1	1	2	
		国朝贡举考略（017）	1—1	1	2	

全宗名	类	项	案卷起止	案卷数	项下总件数	类下总件数
		北京名人第宅考（018）	1—1	1	1	
		丧发放银两簿（019）	1—1	1	2	
		进士题名录（020）	1—1	1	9	
		历代治黄史（021）	1—1	1	2	
		清代治黄史料（022）	1—2	2	65	
		道咸英国照会（023）	1—1	1	82	
		杂件（024）	1—1	1	56	
		文苑传（025）	1—1	1	40	
		豪格谱系（026）	1—1	1	1	
		完颜氏宗谱（027）	1—1	1	1	
		汉冶萍厂矿档（028）	1—1	1	1	
		忌辰单（029）	1—1	1	1	
		英和日记（030）	1—1	1	1	
		杨度文献（031）	1—1	1	1	
		满文兵部执照（032）	1—3	3	16	
		清代贺表（033）	1—1	1	1	
		藏文档案（034）	1—1	1	2	
		龚鼎孳年谱（035）	1—1	1	1	
		京察册（036）	1—1	1	1	
		麟见亭传（037）	1—1	1	2	
		醇贤亲王家谱（038）	1—1	1	3	
		帝系（039）	1—1	1	1	
		阿什坦传（040）	1—1	1	1	
		朝鲜户籍册（041）	1—1	1	1	
		文童科试履历（042）	1—1	1	1	
		使欧大事记（043）	1—1	1	1	

档案整理分类汇总表

全宗名	类	项	案卷起止	案卷数	项下总件数	类下总件数
		八旗武职品级（044）	1—1	1	1	
		馆选录（045）	1—1	1	1	
		满文簿册（046）	1—1	1	1	
		京察履历册（047）	1—1	1	1	
		清代民事案件（048）	1—1	1	23	
		英德借款（049）	1—1	1	15	
		清代信札（050）	1—1	1	40	
		舆图杂件（051）	1—1	1	3	
		满文国语（052）	1—1	1	1	
		张仲欣信札（053）	1—1	1	1	
		王庆云家藏档案（054）	1—29	29	2172	
		永瑆书法（055）	1—1	1	2	
		岳氏诰命（056）	1—1	1	1	
		黑龙江舆图（057）	1—1	1	1	
		洪亮吉上书（058）	1—1	1	1	
		云南保山县志（059）	1—1	1	1	
		地契（060）	1—1	1	14	
		康德诏书（061）	1—1	1	1	
		清代契约（062）	1—17	17	767	
		明隆庆诰命（063）	1—1	1	1	
		土尔扈特册文（064）	1—1	1	1	
		光绪帝梓宫照片（065）	1—1	1	1	
		朝鲜科考凭证（066）	1—1	1	11	
		太平天国档案（067）	1—1	1	41	
		出版舆图（068）	1—1	1	2	

全宗名	类	项	案卷起止	案卷数	项下总件数	类下总件数
	接受捐赠（02）	传教士租地合约（001）	1—1	1	2	4870
		吐鲁番布告（002）	1—1	1	1	
		王景禧护照（003）	1—1	1	1	
		奏底（004）	1—1	1	3	
		瞿鸿禨信札（005）	1—1	1	51	
		丁开嶂档案（006）	1—1	1	8	
		八旗甲喇事宜册（007）	1—1	1	20	
		纂修方略稿底（008）	1—1	1	37	
		沈家本档案（009）	1—1	1	65	
		税契牙帖（010）	1—1	1	22	
		清末信札（011）	1—1	1	5	
		齐氏医案（012）	1—1	1	2	
		明汪氏宗谱（013）	1—1	1	1	
		日藏黄帝内经（014）	1—1	1	1	
		民国公函（015）	1—1	1	25	
		绩溪档案（016）	1—1	1	21	
		民国河南政务档（017）	1—1	1	61	
		民国杂册（018）	1—1	1	45	
		题奏残档（019）	1—1	1	17	
		户部奏底（020）	1—2	2	230	
		内务府杂件（021）	1—2	2	223	
		内务府略节（022）	1—2	2	163	
		内务府呈禀（023）	1—3	3	585	
		内务府奏底（024）	1—1	1	74	
		内阁杂件（025）	1—1	1	193	
		内阁题本（026）	1—5	5	121	
		治学问答录（027）	1—1	1	4	
		满文档案（028）	1—1	1	28	
		清代房地契（029）	1—2	2	108	

全宗名	类	项	案卷起止	案卷数	项下总件数	类下总件数
		清末铁路书籍（030）	1—6	6	39	
		大清邮政舆图（031）	1—1	1	1	
		京旗营调查表（032）	1—1	1	1	
		中俄库伦商贸档（033）	1—1	1	1	
		清末地方档案（034）	1—1	1	219	
		万历大统历（035）	1—1	1	1	
		徐谦殿试卷（036）	1—1	1	1	
		吉林九河图（037）	1—1	1	1	
		天津藏地方档（038）	1—1	1	15	
		总理衙门档案（039）	1—1	1	1	
		台北藏专案档（040）	1—1	1	4	
		脉案用药簿册（041）	1—2	2	22	
		清末商会文件（042）	1—1	1	7	
		许宝蘅藏档（043）	1—4	4	67	
		庚子事变告示（044）	1—1	1	5	
		清末文凭（045）	1—1	1	3	
		契约文凭（046）	1—1	1	8	
		澳洲明信片（047）	1—1	1	1	
		双城堡设立档（048）	1—1	1	1	
		古巴华工档案（049）	1—1	1	6	
		布彦泰档案（050）	1—1	1	19	

全宗名	类	项	案卷起止	案卷数	项下总件数	类下总件数
		李準年谱（051）	1—1	1	1	
		粮价单（052）	1—1	1	42	
		明万历敕命（053）	1—1	1	2	
		陈氏试卷（054）	1—1	1	1	
		履历折（055）	1—1	1	9	
		清代表笺（056）	1—1	1	43	
		战图与册文（057）	1—2	2	9	
		内阁杂单（058）	1—1	1	20	
		邓世昌照片（059）	1—1	1	1	
		职思随笔（060）	1—1	1	18	
		正德罪己诏（061）	1—1	1	2	
		许氏藏契约（062）	1—1	1	46	
		梁启超信札（063）	1—8	8	411	
		八国联军照片（064）	1—1	1	1	
		刘春霖书法（065）	1—1	1	1	
		日本侵华照片（066）	1—4	4	12	
		章钰档（067）	1—3	3	230	
		马一浮书法（068）	1—14	14	154	
		秋瑾档案（069）	1—1	1	1	
		文物运台照片（070）	1—1	1	1	
		近人书画（071）	1—1	1	8	
		樊增祥手稿（072）	1—1	1	4	
		清末人物照片（073）	1—1	1	2	
		家谱（074）	1—86	86	1082	
		人大资料（075）	1—5	5	214	
		股票（076）	1—1	1	12	
		债券（077）	1—1	1	3	

档案整理分类汇总表